兰州财经大学省级统计学一流特色学科资助

乡村振兴视域下甘肃省扶贫脱贫效果的调查案例研究

XIANGCUN ZHENXING SHIYUXIA GANSUSHENG
FUPIN TUOPIN XIAOGUO DE DIAOCHA ANLI YANJIU

杨盛菁 著

中国商业出版社

图书在版编目（CIP）数据

乡村振兴视域下甘肃省扶贫脱贫效果的调查案例研究/杨盛菁著.—北京：中国商业出版社，2019.12

ISBN 978-7-5208-1010-4

Ⅰ.①乡… Ⅱ.①杨… Ⅲ.①扶贫-工作经验-案例-甘肃 Ⅳ.①F126

中国版本图书馆 CIP 数据核字（2019）第 276772 号

责任编辑：孔祥莉

中国商业出版社出版发行
010-63180647　www.c-cbook.com
（100053　北京广安门内报国寺1号）
新 华 书 店 经 销
北京市京东印刷厂印刷
*　　*　　*
710 毫米×1000 毫米　16 开　14 印张　253 千字
2019 年 12 月第 1 版　2019 年 12 月第 1 次印刷
定价：42.00 元
*　　*　　*
（如有印装质量问题可更换）

前　言

深入有效地推进扶贫工作，不仅关系到甘肃省扶贫工作从精准扶贫向全面脱贫的顺利转变，也关系到甘肃省社会协调发展与共享发展战略的全面实现。2019年是脱贫攻坚的关键时期，及时总结精准扶贫、脱贫工作开展过程中的经验与不足，客观评价精准扶贫、脱贫政策的实施效果，对实现精准扶贫和脱贫工作具有重要的现实意义。

本研究采用问卷调查和个案研究相结合的方法，对选取的贫困村、扶贫车间、专业合作社等研究对象进行实地调查。从农户特征及致贫原因、政策知晓及参与情况、实施效果及满意度、乡村振兴及未来发展等方面进行深入研究；在此基础上，剖析扶贫脱贫政策实施过程中存在的问题及成因；并有针对性地提出了有效推进甘肃省脱贫攻坚的对策建议。

本研究内容包括共7章38节约25万字，分别深入访谈了扶贫车间和专业合作社的相关人员，共收集了1933份有效问卷。所有结论均由实际调查的一手数据整理分析所得。由于调查地点分散、样本量大，调查实施过程中，团队成员克服了种种困难，保证了数据的顺利采集和分析研究。涉及人员较多，具体参与调查人员如下：

第二章，东乡族自治县扶贫车间发展现状及前景调查（杨盛菁、黄苹、孔海英、刘春凤、刘雯雯、史雪娜、艾鹏飞）；

第三章，甘肃省"空壳村"现象的调查（杨盛菁、薛旺伟、冯云丰、张莉、张婷、赵艳、康玲晓）；

第四章，兰州市榆中县扶贫示范区居民幸福程度调查分析（杨盛菁、聂萌元、郝红梅、韩正琴）；

第五章，榆中县健康扶贫落实情况的调查（杨盛菁、董亚文、陆玉、张维娟、何苗苗、张从祥、温正峰）；

第六章，乡村振兴战略下榆中县乡村教育面临的困境与对策的调查分析（杨盛菁、魏璇、徐银刚、彭旭敏、何永妹、包嘉荣）；

第七章，面向精准扶贫的甘肃岷县中药材产业发展策略（杨盛菁、周君婷，胡思雨，王彦力，徐珊珊，刘小磊，邢秋月，孟康）。

本研究工作历时两年，过程中，离不开兰州财经大学有关部门和统计学院长期以来的大力支持与配合，离不开统计学院同学们的热心关注和积极参与。研究内容的框架设计受到了甘肃省政策研究室吴玉林主任的悉心指导，在此深表感谢！

由于资金的原因，调查范围未能覆盖全省；由于研究能力的原因，文中难免有不当和欠缺的地方，诚请读者予以指正。

杨盛菁
2019 年 12 月 10 日于兰州

目 录

第一章 导论 ... 1
第一节 研究背景与意义 ... 1
第二节 相关的概念 ... 2
一、扶贫历史 ... 2
二、扶贫背景 ... 3
三、脱贫目标 ... 3
四、精准扶贫 ... 3
五、农民专业合作社 ... 3
六、空壳村 ... 4
第三节 甘肃省相关的政策梳理 ... 4
一、甘肃省委省政府 ... 4
二、甘肃省扶贫开发办公室 ... 6
三、甘肃省农牧厅 ... 7
四、甘肃省农业农村厅 ... 8
五、甘肃省财政厅 ... 8
第四节 甘肃省近年来的扶贫成效 ... 8
一、甘肃省电商扶贫效果不断显现 ... 9
二、甘肃省网络扶贫工作成效显著 ... 10
三、甘肃省就业扶贫工作成效明显 ... 10

第二章 东乡族自治县扶贫车间发展现状及前景调查 ... 12
第一节 调查的前期准备 ... 12
一、研究背景 ... 12
二、研究目的与意义 ... 13
三、研究的侧重点 ... 13
四、研究内容与方法 ... 13

五、东乡县与"扶贫车间"的基本情况 …………………… 14
第二节　扶贫车间的发展现状 ………………………………… 16
　　一、扶贫车间由政府和当地企业或外地企业共同建成 …… 16
　　二、扶贫车间员工正式入职前要经过体检和培训 ………… 16
　　三、扶贫车间主要从事劳动密集型产业且大多结合当地特色 … 17
　　四、扶贫车间员工工资普遍在3000元以下 ……………… 17
　　五、扶贫车间主要采用电销和自销的销售方式 …………… 17
　　六、扶贫车间采用技能比赛的方式激励员工工作积极性 … 18
第三节　调查问卷分析 ………………………………………… 18
　　一、基本信息分析 …………………………………………… 18
　　二、实施效果及前景 ………………………………………… 21
第四节　扶贫车间的效果与员工的愿望 ……………………… 27
　　一、提升了妇女的地位 ……………………………………… 27
　　二、生活自信充实 …………………………………………… 27
　　三、解决就业 ………………………………………………… 27
　　四、员工的愿望 ……………………………………………… 27
第五节　扶贫车间发展中的利弊分析 ………………………… 28
　　一、扶贫车间的优势 ………………………………………… 28
　　二、扶贫车间发展中存在的问题 …………………………… 29
第六节　扶贫车间发展前景分析 ……………………………… 31
　　一、政府支持是扶贫车间发展的最大保障 ………………… 31
　　二、扶贫车间发展前景 ……………………………………… 31
第七节　扶贫车间发展的对策与建议 ………………………… 32
　　一、对策 ……………………………………………………… 32
　　二、建议 ……………………………………………………… 33

第三章　甘肃省"空壳村"现象的调查 ……………………… 35
第一节　问题的提出 …………………………………………… 35
　　一、调查背景 ………………………………………………… 35
　　二、临夏县的基本情况 ……………………………………… 35
第二节　调查准备与实施 ……………………………………… 36
　　一、调查对象 ………………………………………………… 36
　　二、调查流程 ………………………………………………… 36

第三节　调查数据的汇总分析 ······················· 37
      一、被调查者的基本信息 ······················· 37
      二、空壳村经济状况 ························· 41
      三、外出务工人员回乡意愿 ····················· 47
      四、大学生回乡意愿 ························· 51
   第四节　调查的主要结论 ························· 53
      一、对留守人员的主要调查结论 ··················· 53
      二、对外出务工人员的主要调查结论 ················· 54
   第五节　"空壳村"里的扶贫效果案例 ···················· 55
   第六节　"空壳村"现象引起的问题及成因分析 ··············· 56
      一、"空壳村"现象引起的问题 ····················· 56
      二、"空壳村"成因分析 ························ 57
   第七节　相应的对策及建议 ························ 58
      一、兴办集体企业 ·························· 58
      二、依法管好管活集体资产 ····················· 59
      三、建立农村合作社 ························· 59
      四、挖掘人文地理资源，发展特色旅游等服务业 ··········· 59
      五、狠抓主导产业 ·························· 59
      六、建立有效的土地流转使用制度 ·················· 59

第四章　兰州市榆中县扶贫示范区居民幸福程度调查分析 ············ 60
   第一节　调查的前期准备 ························· 60
      一、研究目的及意义 ························· 60
      二、国内外研究现状 ························· 61
      三、研究思路与内容 ························· 63
      四、分析方法 ···························· 64
   第二节　调查方案设计与实施 ······················ 65
      一、调查方案设计 ·························· 65
      二、数据搜集方法 ·························· 69
      三、调查实施过程 ·························· 69
      四、预调查分析 ··························· 71
   第三节　扶贫示范区居民基本信息及现状调查分析 ············· 80
      一、基本信息分析 ·························· 80

二、相关分析与检验 ························ 84
第四节　榆中县扶贫示范区居民幸福程度实证分析 ········ 90
　　一、结构方程模型的理论建立与研究假设 ············ 90
　　二、贫困区居民幸福程度验证性因子分析 ············ 92
　　三、影响因素的验证性因子分析 ·················· 103
　　四、结构方程模型的结论 ···················· 106
第五节　结论及建议 ······················· 107
　　一、结论 ··························· 107
　　二、建议 ··························· 108

第五章　榆中县健康扶贫落实情况的调查 ············ 130

第一节　调查的前期准备 ···················· 130
　　一、调查背景 ························ 130
　　二、调查目的及意义 ····················· 131
　　三、文献综述 ························ 132
　　四、研究的技术线路图 ···················· 133
第二节　调查方案设计与实施 ·················· 134
　　一、调查对象与单位 ····················· 134
　　二、调查与分析方法 ····················· 134
　　三、此问卷设计原则 ····················· 134
　　四、设计调查问卷 ······················ 134
　　五、问卷设计的基本程序 ··················· 134
　　六、编制抽样框 ······················· 135
　　七、问卷分配及发放 ····················· 137
　　八、调查时间和场所 ····················· 137
第三节　政策落实情况分析 ··················· 137
　　一、解决贫困家庭困难仍是脱贫攻坚的重点 ········· 137
　　二、因病致贫是导致绝大多数家庭贫困的主要诱因 ······ 138
　　三、电子健康档案建立情况不明确 ·············· 139
　　四、健康手册和医疗箱对居民有帮助 ············· 140
　　五、少数家庭的收入花费在医疗上所占比例极高 ······· 141
　　六、健康知识的宣传讲解对大多数人有积极引导作用 ····· 142
第四节　政策满意度分析 ···················· 143

  一、大多数居民对国家健康扶贫政策不了解 …………………… 143
  二、大多数居民对国家政策落实满意 …………………………… 144
  三、居民对扶贫政策了解情况及满意度——相关性分析 ……… 145
  四、收入在医疗中花费比例越低了解政策知识就越少 ………… 146
  五、因病致贫的家庭需要从技术和资金两方面的扶持 ………… 147
 第五节 结论与建议 ………………………………………………… 149
  一、结论 ……………………………………………………………… 149
  二、建议 ……………………………………………………………… 151

第六章 乡村振兴战略下榆中县乡村教育面临的困境与对策的调查分析 ………………………………………………… 157

 第一节 调查方案设计与实施 …………………………………… 157
  一、调查背景 ………………………………………………………… 157
  二、调查目的 ………………………………………………………… 158
  三、调查方式 ………………………………………………………… 158
  四、调查意义 ………………………………………………………… 158
  五、国家相关政策 …………………………………………………… 159
  六、文献综述 ………………………………………………………… 159
 第二节 主要调查结果分析 ……………………………………… 161
  一、被调查者中多数为女性 ………………………………………… 161
  二、被调查者的学历大多数为本科及以上 ………………………… 162
  三、被调查者的家庭收入大多数来源家庭种植和打工 …………… 163
  四、对乡村战略的了解和读书的作用分析 ………………………… 164
  五、绝大多数人认为读书是为了获得生存的技能 ………………… 165
  六、多半人认为读书对家庭经济有影响 …………………………… 166
  七、人们对乡村教育的关心程度较高 ……………………………… 167
  八、学校需要全方位改善 …………………………………………… 168
  九、乡村教育的主要着力点是政府 ………………………………… 169
  十、人们对读书的态度大多是正面的 ……………………………… 170
  十一、学校育人观念普遍较强 ……………………………………… 171
  十二、家庭教育的主要问题是家长和孩子缺少沟通 ……………… 172
  十三、多数人愿意留在乡村工作 …………………………………… 173
  十四、乡村教育在乡村振兴中有非常重要的作用 ………………… 174

十五、乡村振兴对改变城乡教育差距有非常大的影响 ……… 175
第三节 调查发现的主要问题 ……… 176
一、乡村学校的学生阅读量较少 ……… 176
二、老师与学生的交流普遍较少 ……… 176
三、学生参加大型的集体公益活动较少 ……… 176
四、家长们与老师的交流问题 ……… 176
五、老师的精神懈怠 ……… 176
六、乡村教师的自主发展能力不是太好 ……… 176
七、乡村教师所处的环境恶劣 ……… 177
第四节 榆中县乡村教育发展的对策及建议 ……… 177
一、依靠国家政策的调控和引领，建立乡村教师发展保障机制 ……… 177
二、政府应加大对乡村教育的资金投入 ……… 177
三、加强学校的管理 ……… 177
四、乡村教师的自主发展尤为重要 ……… 178

第七章 面向精准扶贫的甘肃岷县中药材产业发展策略 ……… 179
第一节 引言 ……… 179
一、研究背景及意义 ……… 179
二、扶贫理论与中药材发展 ……… 180
三、研究内容和研究方法 ……… 182
第二节 相关概念及政策制度 ……… 184
一、精准扶贫 ……… 184
二、产业扶贫 ……… 185
三、建档立卡贫困户 ……… 185
四、农民专业合作社 ……… 186
第三节 岷县精准扶贫政策供给与贫困农户需求的分析 ……… 186
一、贫困户致贫原因 ……… 186
二、岷县扶贫政策实施分析 ……… 187
三、贫困农户个案分析 ……… 189
四、中药材种植农户的扶贫政策建议 ……… 194
第四节 农民专业合作社参与产业精准扶贫的个案分析 ……… 195
一、岷县益农合作社简介 ……… 195
二、岷县益农合作社现状及脱贫效果 ……… 196

三、岷县益农合作社发展中存在的问题 ……………………… 197
四、岷县益农合作社发展规划 …………………………………… 198
五、专业合作社在扶贫攻坚中的作用评价 …………………… 199
第五节 助力精准扶贫的中药材加工企业 ………………………… 200
一、中药材加工企业发展现状 …………………………………… 201
二、中药材加工企业助推精准扶贫的方式 …………………… 203
三、中药材加工企业在发展中存在的问题及成因分析 ……… 204
四、对中药材加工企业现存问题的建议 ……………………… 206
第六节 结论与展望 …………………………………………………… 207
一、研究结论 ……………………………………………………… 207
二、未来展望 ……………………………………………………… 208

参考文献 ……………………………………………………………… 210

第一章 导论

第一节 研究背景与意义

改革开放以来，我国的扶贫开发事业大踏步发展，随着社会的发展，我国的扶贫开发的标准在逐渐提高，我国现今更加注重发展型的民生改善。而在"十三五"时期，扶贫工作不仅要改善贫困人口生产生活条件，更要注重提升群众接受的教育、医疗、文化等方面的公共服务水平，提升了这些水平就能使他们跟上全面建设小康的步伐。脱贫攻坚战极大地改变了贫困地区人民群众的生产生活状态和精神面貌，对促进社会进步、民族团结和谐、国家长治久安发挥了重要作用。

甘肃，素有"陇中苦瘠甲天下"之称。甘肃河西、定西和宁夏西海固地区，这片以"三西"并称的黄土地干旱少雨、地力贫瘠，曾被联合国专家评价为"不具备人类生存的基本条件"，目前，这里依然是全国最贫困的地区之一。

但愿苍生俱饱暖，不辞辛苦出山林。甘肃省各级领导深入贫困山区、贫困农户家中走访调研，摸情况，找出路。

2012年的春天，甘肃开展了以单位联系贫困村、干部联系贫困户为主要内容的联村联户为民富民行动。40余万干部直接联系40余万特困户，不实现全面小康目标不脱钩！

2013年6月，甘肃在全省实施了"1236"扶贫攻坚行动，强调要把扶贫开发作为全面建成小康社会的重中之重，作为民生工程的重中之重，作为检验和考核干部政绩的重中之重，举全省之力，坚决打好扶贫攻坚这场硬仗。

2013年和2014年，是甘肃贫困人口减少数量最多、农村面貌变化最大、贫困群众增收最快的时期。两年来，全省贫困人口由692万减少到417万，年均减贫140万，年均减幅20.2%；贫困发生率由33.2%下降到19.8%。

2015年6月，甘肃省精准扶贫精准脱贫工作会议召开，甘肃省委省政府精心制定的"1+17"精准扶贫方案重磅出炉。"1",指1个意见——《关于扎实推进精准扶贫工作的意见》;"17",指17个一揽子专项配套实施方案,制定了扶贫开发作战图,打出精准扶贫组合拳。甘肃省委省政府的一系列举措,赢得了人民群众的普遍赞誉。

本书通过搜集一手数据,对甘肃省扶贫政策的实践现状和实施效果进行调查分析,从而进一步把握贫困地区扶贫工作所面临的新形势和新问题。基于精准扶贫受众的视角,尝试从农户对精准扶贫政策的实施情况和对精准扶贫政策实施效果的感知性评价两个方面进行调查研究和总结提炼,形成系列的研究报告,以对类似贫困地区精准扶贫政策实施效果评价的研究有一定的参考和借鉴。同时,基于对实施效果的调查及制约因素分析的基础上提出合理的建议,以期丰富和完善贫困地区的实践脱贫路径和经验,对"三农问题"的解决有一定的积极促进意义。

第二节 相关的概念

一、扶贫历史

1. 我国第一次大规模扶贫开发政策的调整始于1986年,从上到下正式成立了专门扶贫机构,提出了开发式的扶贫方针,确定了划分贫困县的标准,并划定了273个国家级贫困县。后来将牧区县、"三西"项目县加进来,到1988年增加到328个国家级贫困县。

2. 我国在2008年前有两个扶贫标准,第一个是1986年制定的206元的绝对贫困标准,该标准以每人每日2100大卡热量的最低营养需求为基准,再根据最低收入人群的消费结构来进行测定。第二个是2000年制定的865元的低收入标准。2008年,绝对贫困标准和低收入标准合一,统一使用1067元作为扶贫标准。此后,随着消费价格指数等相关因素的变化,标准进一步上调至1196元。

3. 许多贫困地区的地下矿产资源和地表生物资源都比较丰富,有些还是国家经济建设重要的急需资源,有计划地开发这些地方的经济,可以带动社区的发展;从全国整体考虑,开发这些地区可为将来国家经济建设战略重点转移,有计划、大规模地建设大西北、大西南打下基础。

二、扶贫背景

经过改革开放 41 年来的努力，我国成功走出了一条具有中国特色的扶贫开发道路，使 7 亿多农村贫困人口成功脱贫，为全面建成小康社会打下了坚实基础。我国已成为世界上减贫人口最多的国家，也是世界上率先完成联合国千年发展目标的国家。

三、脱贫目标

"十三五"期间脱贫攻坚的目标是，到 2020 年稳定实现农村贫困人口不愁吃、不愁穿，农村贫困人口义务教育、基本医疗、住房安全有保障；同时实现贫困地区农民人均可支配收入增长幅度高于全国平均水平、基本公共服务主要领域指标接近全国平均水平。脱贫已经到了啃硬骨头、攻坚拔寨的冲刺阶段，必须以更大的决心、更明确的思路、更精准的举措、超常规的力度，众志成城实现脱贫攻坚目标，决不能落下一个贫困地区、一个贫困群众。

2018 年，脱贫攻坚在力度、广度、深度和精准度上都达到了新的水平。我国脱贫攻坚三年行动开局良好，深度贫困地区脱贫进程明显加快，作风治理和能力建设初见成效，精准扶贫精准脱贫举措扎实落地，东西部扶贫协作和定点扶贫取得突破性进展，资金保障进一步加大，贫困地区生产生活条件明显改善，多年困扰贫困群众的行路难、饮水难、用电难、通信难、教育难、就医难等问题，在大部分贫困地区得到了解决。然而，当前脱贫攻坚仍然存在一些困难问题，深度贫困地区脱贫难度大，实现"两不愁三保障"存在薄弱环节，稳定脱贫长效机制有待健全，帮扶工作方式方法不够精准，必须始终保持打攻坚战的状态，咬定目标，久久为功。年度任务全面完成，预计全年减少农村贫困人口 1000 万以上，280 个左右贫困县脱贫摘帽，完成 280 万人易地扶贫搬迁建设任务，连续 6 年超额完成千万减贫任务。

四、精准扶贫

精准扶贫是粗放扶贫的对称，是指针对不同贫困区域环境、不同贫困农户状况，运用科学有效程序对扶贫对象实施精确识别、精确帮扶、精确管理的治贫方式。一般来说，精准扶贫主要是就贫困居民而言的，谁贫困就扶持谁。

五、农民专业合作社

农民专业合作社是以农村家庭承包经营为基础，通过提供农产品的销售、加工、运输、贮藏以及与农业生产经营有关的技术、信息等服务来实现成员互助目的的组织，从成立开始就具有经济互助性。拥有一定组织架构，成员享有一定权利，同时负有一定责任。

我国在《中华人民共和国农民专业合作社法》的第一章第二条中对农民专业合作社进行了简要的定义，农业合作社包括两个方面的内容：一方面，从概念上规定合作社的定义，即"农民专业合作社是在农村家庭承包经营基础上，同类农产品的生产经营者或者同类农业生产经营服务的提供者、利用者，自愿联合、民主管理的互助性经济组织"；另一方面，从服务对象上规定了合作社的定义，即"农民专业合作社以其成员为主要服务对象，提供农业生产资料的购买，农产品的销售、加工、运输、贮藏以及与农业生产经营有关的技术、信息等服务"。

六、空壳村

空壳村是指集体经济薄弱、财政亏空的村子。村里青壮年劳动力到城里"掘金"，农村只留下老弱病残和妇孺，出现了"空壳化"。

第三节　甘肃省相关的政策梳理

一、甘肃省委省政府

打开中国甘肃网，进入关键词检索，我们发现与"扶贫"一词相关的信息有13629条。打开甘肃省政府办公厅官网，进入关键词检索，发现与"扶贫"一词相关的信息有46505条（具体结果见表1-1），甘肃省委省政府对扶贫工作的重视程度可见一斑。

表1-1　甘肃省政府办公厅与"扶贫"一词相关的信息统计

序号	关键词	词频（条）
1	扶贫	16846
2	产业扶贫	9804
3	贫困扶贫	8146
4	精准扶贫	6043
5	易地扶贫	1914

续表

序号	关键词	词频（条）
6	易地扶贫搬迁	1889
7	精准扶贫专项贷款	965
8	关于扎实推进扶贫工作的意见	460
9	扶贫车间	408
10	关于深入实施"1236"扶贫攻坚行动的意见	30
	合　计	46505

其中，与本研究相关的主要政策有：

1. 甘肃省人民政府办公厅关于深入开展消费扶贫助力打赢脱贫攻坚战的实施意见（甘政办发〔2019〕43号）

2. 甘肃省人民政府办公厅关于印发甘肃省"十三五"脱贫攻坚规划的通知（甘政办发〔2017〕55号）

3. 甘肃省人民政府办公厅关于调整完善精准扶贫专项贷款政策的通知（甘政办发〔2018〕70号）

4. 甘肃省人民政府办公厅关于印发甘肃省秦巴山片区区域发展与扶贫攻坚实施规划（2016—2020年）的通知（甘政办发〔2017〕98号）

5. 甘肃省人民政府办公厅关于加快推进贫困村农民合作社发展的意见（甘政办发〔2018〕102号）

6. 甘肃省人民政府办公厅关于印发《甘肃省"十三五"易地扶贫搬迁规划》的通知（甘政办发〔2016〕116号）

7. 甘肃省人民政府办公厅关于转发《甘肃省光伏扶贫实施细则》的通知（甘政办发〔2018〕117号）

8. 甘肃省人民政府办公厅关于全面消除贫困村村级集体经济"空壳村"的意见（甘政办发〔2018〕120号）

9. 甘肃省人民政府办公厅关于印发《甘肃省2018—2020年农业保险助推脱贫攻坚实施方案》的通知（甘政办发〔2018〕126号）

10. 甘肃省人民政府办公厅关于转发甘肃省扶贫项目资金绩效管理实施办法的通知（甘政办发〔2018〕127号）

11. 甘肃省人民政府办公厅关于印发甘肃省脱贫攻坚就业扶贫三年行动计划（2018—2020年）的通知（甘政办发〔2018〕132号）

12. 甘肃省人民政府办公厅关于扶持发展"扶贫车间"促进建档立卡贫困劳动力转移就业的意见（甘政办发〔2018〕134号）

13. 甘肃省人民政府办公厅关于加快实施交通扶贫行动的意见（甘政办发〔2018〕135号）

14. 甘肃省人民政府办公厅关于加强脱贫攻坚农村饮水安全工程建设及运行管理的意见（甘政办发〔2018〕140号）

15. 甘肃省人民政府办公厅关于促进"互联网+医疗健康"发展的实施意见（甘政办发〔2018〕148号）

16. 甘肃省人民政府办公厅关于加快发展农民专业合作社的意见（甘政办发〔2007〕152号）

二、甘肃省扶贫开发办公室

打开甘肃省扶贫开发办公室官网，进入关键词检索，发现与"扶贫"一词相关的信息有6769条，从2003年至2019年，与本研究相关的主要制度政策和实施办法有：

1. 2003-11-14 甘肃省扶贫开发工作重点县工作考核办法
2. 2004-03-23 甘肃省2001—2010年农村扶贫开发纲要
3. 2006-04-19 甘肃省《国家以工代赈管理办法》实施细则
4. 2006-08-10 甘肃省人民政府办公厅关于做好减轻农民负担工作的通知
5. 2006-11-07 甘肃省农村居民最低生活保障制度试行办法
6. 2006-11-10 甘肃省"十一五"易地扶贫搬迁规划
7. 2006-11-10 甘肃省"十一五"以工代赈建设规划
8. 2007-02-01 甘肃省人民政府办公厅关于分解落实"12件实事"的通知
9. 2007-02-16 甘肃省农村五保供养办法
10. 2010-12-30 国务院扶贫办出台相关指导意见 加强甘肃扶贫开发
11. 2012-08-13 甘肃省政府出台《人口计生与扶贫开发实施方案》
12. 2013-09-17 甘肃省农村扶贫开发条例
13. 2014-10-10 甘肃省农村扶贫开发条例
14. 2016-09-09 甘肃省机关事业单位养老保险制度改革实施细则
15. 2017-08-04 甘肃省扶贫开发办公室关于进一步加强问题整改克服形式主义减轻基层负担的通知
16. 2017-09-01 甘肃省农村扶贫开发条例

17. 2018-07-20 甘肃省人民政府办公厅关于转发《甘肃省光伏扶贫实施细则》的通知

18. 2018-07-20 甘肃省人民政府办公厅关于加强精准脱贫攻坚出行保障工作的意见

19. 2018-07-25 甘肃省人民政府办公厅关于扶持全省贫困地区龙头企业发展的意见

20. 2018-10-09 甘肃省人民政府关于批准皋兰县等6个县市区退出贫困县的通知

21. 2018-10-12 甘肃省人民政府关于批准七里河区等12个县区退出贫困县的通知

22. 2018-11-23 甘肃省人民政府办公厅关于加强地理标志品牌和区域公用品牌培育助力产业扶贫的意见

23. 2019-01-04 甘肃省农业农村厅 甘肃省财政厅 甘肃省扶贫开发办公室关于进一步加强到户产业扶持资金使用管理的指导意见

24. 2019-02-22 甘肃省关于开展2018年贫困县退出达标认定复核暨市县脱贫攻坚成效考核的通知

25. 2019-03-29 甘肃省人民政府办公厅关于支持贫困户发展"五小"产业的指导意见

26. 2019-04-30 甘肃省人民政府关于批准永登县等18个县市区退出贫困县的通知

三、甘肃省农牧厅

1. 甘肃省农牧厅关于成立产业扶贫工作机构及其职能分工的通知（甘农牧发〔2018〕24号）

2. 甘肃省农牧厅关于印发甘肃省牛产业精准扶贫三年行动工作方案的通知（甘农牧发〔2018〕27号）

3. 关于下达深度贫困村村干部培训和建档立卡贫困户特色优势产业示范培训资金计划的通知（甘农牧财发〔2018〕42号）

4. 甘肃省农牧厅关于下达贫困村农民合作社全覆盖省级补助资金任务计划的通知（甘农牧财发〔2018〕45号）

5. 甘肃省贫困村农民合作社全覆盖三年行动工作方案（甘农牧发〔2018〕65号）

6. 甘肃省农牧厅关于调整产业扶贫到户政策落实情况月报表内容及报送时间的通知（甘农牧函〔2018〕204号）

7. 甘肃省农牧厅关于认真落实到户产业扶持政策切实做好到户产业扶贫工作的通知（甘农牧发〔2018〕222号）

8. 甘肃省农牧厅关于组织填报甘肃精准扶贫大数据管理平台农牧产业扶贫信息的通知（甘农牧发〔2018〕302号）

四、甘肃省农业农村厅

打开甘肃农业信息网，进入关键词检索，发现与"扶贫"一词相关的信息有3200条。

五、甘肃省财政厅

甘肃贫困村农民合作社全覆盖行动省级补助资金管理暂行办法（甘财农一〔2018〕53号）等等。

第四节 甘肃省近年来的扶贫成效

近年来，甘肃举全省之力下大力气推进精准扶贫，全面推行"一户一策"，40多万干部进村入户，帮助65万户261万贫困人口制订脱贫计划。2018年，甘肃安排财政专项扶贫资金173.3亿元，其中，省级46.2亿元，增长145%，投入深度贫困地区财政专项扶贫资金106.9亿元，占全省的61.7%。

甘肃省贫困人口多、贫困程度深、贫困面积大，是全国扶贫攻坚主战场。2019年，甘肃确定目标：要实现85万人口脱贫，贫困发生率下降到1.3%，29个集中连片区贫困县，1个插花型贫困县要实现脱贫摘帽。

2017年，甘肃全省减少贫困人口77.6万人，贫困县从75个减少到57个，这是国家设定贫困县以来甘肃第一次实现贫困县数量净减少。其中，"两州一县"（临夏回族自治州、甘南藏族自治州和天祝藏族自治县）减少贫困人口12.75万人，贫困发生率由12.57%降到7.4%，全省建档立卡贫困人口人均可支配收入由上年的4800元增加到5390元，增长12.3%。

2018年甘肃扶贫攻坚工作取得阶段性成效。全省减少贫困人口77.6万人，贫困发生率由9.6%降到5.6%，有18个县区退出贫困序列。

主要的成效表现在以下层面上:

一、甘肃省电商扶贫效果不断显现

据甘肃日报2018年6月26日报道,2018年以来,甘肃省商务部门进一步完善县乡村三级电商服务体系,扩大贫困户农特产品网上销售规模,并聚焦"一户一策",精准对接,精心实施,精确发力,电商扶贫收到良好效果。据第三方大数据公司监测,2018年一季度甘肃省实现农产品网络零售近20亿元,同比增长32%。

通过近几年来持续不断的加快建设,甘肃省县乡村三级电商服务体系功能配套逐步完善,奠定了农产品网上销售的基础,贫困群众足不出村就能把自产的农特产品通过电商服务站点卖到全国。截至2019年初,甘肃省已建成75个县电商服务中心,实现了贫困县全覆盖,建成1159个乡电商服务站,5375个村电商服务点,分别覆盖了70%的贫困乡和50%的贫困村,三级服务体系已经成为贫困地区网货供应、网上销售、创业服务、人才培训的"聚集地"和增收致富的"主阵地"。

按照省委省政府提出"电商扶贫工作要突出精准性,聚焦贫困户"的要求,甘肃省商务厅提出电商扶贫对象、方法、发力"三个要精准",建立电商与建档立卡户的精准连接和精准带动机制,促进全省贫困地区电商蓬勃发展。陇南市探索出网店定向收购代销贫困户自产产品,形成了"一店带一户""一店带一村"的网店带贫模式,累计实现农产品销售98亿元,带动就业10万人;天水市秦州区烟铺村大力推广"微商"模式,带动50户贫困户户均增收2万元以上;甘南州"藏宝网"吸纳5500多个藏区农牧民、返乡大学生、待业青年自主开店,2017年实现销售3000多万元,被商务部评为"国家电子商务示范企业"。各地还加大网货品牌培育,提高甘肃产品知名度。截至目前,甘肃县域电商品牌孵化中心已入驻企业146家,展示展销产品2000多个。

为提升电商运营能力,甘肃省商务部门加大对贫困地区电商从业人员的培训。2014年起连续三年每年培训超过10万人次。特别是从2018年开始,甘肃省商务厅联合省扶贫办组织开展"电商扶贫培训全覆盖"工程,变"大水漫灌"为"精准滴灌"式的分类分层培训,与国内知名高校联合举办高级研修班,建设甘肃省电子商务公共服务平台,开展远程(网络)电子商务人才培训,走出去学习发达地区经验等,培训层次不断提高,针对性不断增强,效果不断显现。

二、甘肃省网络扶贫工作成效显著

据甘肃日报 2018 年 12 月 19 日报道，2018 年 1 至 11 月农产品网上销售 110 亿元，带动全省农民群众人均增收 260 多元，网络扶贫工作取得显著成效。

近年来，甘肃省深入推进网络扶贫行动试点省建设，积极探索网络扶贫新路径，建立了网络扶贫工作联席会议制度，形成联席会议统筹抓总、市州负责、县市区具体实施的三级网络扶贫工作机制，统筹实施"网络覆盖、农村电商、网络扶智、信息服务、网络公益"五大工程。全面落实电信普遍服务补偿机制，率先在西北五省区建成"全光网省"，截至目前，全省行政村宽带网络覆盖率达到 99%，4G 无线网络覆盖达 98.9%。

同时，甘肃省以农村电商扶贫为重要切入点，推动 75 个贫困县实现电商服务中心全覆盖，建成甘肃省电商扶贫大数据平台，全省有建档立卡贫困人口的乡镇、深度贫困村覆盖率分别达 88% 和 71%。全省先后有 60 个县区被列为"国家电子商务进农村综合示范县"，共获得 12 亿元支持资金，在西部省份名列前茅。在全省复制推广的陇南、环县、广河等地的电商扶贫好经验好做法，取得了以点示范的良好效果。

三、甘肃省就业扶贫工作成效明显

据甘肃日报 2019 年 6 月 26 日报道，2019 年以来，甘肃省坚持目标导向和问题导向，突出高质量、精准度和针对性，新增扶贫车间、东西部劳务协作等多措并举，大力推进就业扶贫工作，各项实打实的举措取得明显成效。

创建扶贫车间，是促进劳动力就近就地就业的重要途径。2019 年初甘肃省制定印发了《关于进一步推动扶贫车间规范健康发展的通知》，着力培育引导扶贫车间规范有序健康发展。2019 年 1 至 5 月，甘肃省新增扶贫车间 394 个，累计达到 1147 个，吸纳带动就业 6.97 万人，其中建档立卡贫困劳动力 2.4 万人。在扶贫车间就业的贫困劳动力年收入可达 2 万元左右，真正实现了"就业一人、脱贫一户"的目标。

甘肃省通过深化扶贫劳务协作，促进贫困劳动力输转就业。截至 2019 年 4 月底，全省向东西部劳务协作省份共输转建档立卡贫困劳动力 3682 人，完成年度目标任务 3170 人的 116.15%。立足切实提高技能培训的精准度和针对性，甘肃省大力开展职业技能培训提升就业质量。2019 年前 5 个月，甘肃省组织开展职业技能培训 18.3 万人，占年计划任务的 57.19%；完成精准扶贫劳动力培训 16.2

万人，占年计划任务的 53.9%，其中建档立卡 9.5 万人。

为增强兜底保障，甘肃省继续开发乡村公益性岗位。2019 年，甘肃省人社厅联合省财政厅、省扶贫办在全省开发 1 万个乡村公益性岗位。其中，省级财政安排就业补助资金开发 5000 个岗位；相关市州及县区自筹资金配套开发 5000 个岗位。岗位补贴按照 2018 年的标准每人每月 500 元，服务期间原则上三至五年。

第二章 东乡族自治县扶贫车间发展现状及前景调查

第一节 调查的前期准备

一、研究背景

2020 年是全面建设小康社会的实现时间，即脱贫攻坚战略目标的完成时间。2019 年，脱贫攻坚进入了冲刺阶段，脱贫攻坚战处于决胜时期，能否将脱贫攻坚战由现在进行时变为完成时，就看这关键一年。各贫困地区皆加入到了脱贫攻坚的冲刺阶段，尤其是深度贫困的"三区三州"（"三区"是指西藏、新疆南疆四地州和四省藏区；"三州"是指甘肃的临夏州、四川的凉山州和云南的怒江州），"精准扶贫，助力脱贫"成为其发展的首要任务。

2019 年两会期间，一位 90 后女大学生的"扶贫车间"一度"走红"，为解决贫困人口的就业问题支出妙招，更为"脱贫攻坚，乡村振兴"做出表率。"扶贫车间"是指以扶贫为目的，以带动脱贫为宗旨，解决农户尤其是贫困户就地就近就业问题，设在乡、村的加工车间，其应时代而生，引导贫困地区人口变身产业工人，开辟了一条创新性的脱贫之路。

近些年来，我国在加大少数民族地区的脱贫力度，东乡族自治县位于临夏回族自治州的东北部，是全国唯一的以东乡族为主体的少数民族自治县，也是甘肃三个特有少数民族（东乡族、保安族、裕固族）之一东乡族的发祥地和主要聚居区，属国列省扶重点贫困县，其脱贫工作得到了甘肃省人民政府的高度重视。东乡族自治县人民政府敏锐捕捉到了产业转移的市场风向并巧妙运用，积极从一、二线城市招商引企兴建扶贫车间。据政府官网显示，截至 2019 年 3 月，东乡族自治县筹建"扶贫车间"58 处，投入运营 18 处。

二、研究目的与意义

（一）研究目的

本次调查目的是通过对东乡族自治县已投入运营的扶贫车间发展现状进行总结，从扶贫车间员工的角度来分析其实施效果，从政府、厂商、员工三个方面探索其发展中的优势和可能存在问题，描绘其发展的预期前景，为扶贫车间更有效地助力脱贫、促进少数民族地区经济的发展提出切合当地民族特色、社会经济背景的对策与建议。

（二）研究意义

扶贫车间与以资扶贫的方式不同，它将贫困人口变成产业工人，通过"企业+车间+贫困户"的模式带领东乡县贫困人口走上脱贫之路。发挥其重要载体作用，在促进返乡就业，技术、资本流入农村，对于"脱贫攻坚、乡村振兴"有着极其重要的意义。本次调查主要通过个案分析，总结东乡族自治县扶贫车间发展现状，以实施的效果探究其发展前景。探寻其发展中的优势和可能存在的问题，得出结论并提出相关问题。

三、研究的侧重点

（一）研究文献综述

扶贫车间最早于2016年在山东省兴建，于2018—2019年在甘肃省内大规模建立。国内对扶贫车间的研究，就研究地区来看，对中西部地区的扶贫车间研究居多，其中以甘肃省和四川省的为主，而对东部的研究相对较少，其中以山东省和吉林省的为主；就研究内容来看，大多是阐述扶贫车间对脱贫攻坚、乡村振兴积极影响，极少有涉及其发展中存在问题、实施效果的；就研究方法来看，采用个案分析的居多，而以数据为依据的分析很少。

（二）研究特点

就目前国内的研究情况来看，对扶贫车间的研究主要集中在其对脱贫攻坚的积极作用上，而很少有涉及其发展中存在的问题，更没有以数据分析为支撑研究其实施效果的。研究的地区虽然有"三区三州"，但以地方特有少数民族聚居地为范围的很少。综上所述，发现国内对扶贫车间的研究不够具体，还需补充。

四、研究内容与方法

采用个案分析，通过深入访谈法分别对振兴雨具扶贫车间的车间副主任、县职校油馃馃扶贫车间的负责人、东乡县妇联主席和凤凰山联合扶贫车间的副总经理各进行了约半个小时的面访,了解了各扶贫车间建立的过程、产品类型和生产流程、对员工的培训、管理、奖惩制度、发展过程中的优势和问题,通过问卷调查的方法对260位车间员工中的1/5进行了调查,调查的内容有员工的基本信息,对车间工资、环境的满意度,对车间前景的态度、车间有哪些方面不足以及车间实施效果的评价。运用了描述性统计、关联性分析、列联表的卡方检验对调查的数据进行了处理。

五、东乡县与"扶贫车间"的基本情况

(一)东乡县的基本情况

1. 东乡族

东乡族是中国甘肃省颇具特色的一个少数民族,信仰伊斯兰教逊尼派,其历史、民俗十分悠久,融合发展了多方文化,来源上以蒙古人为主。东乡族主要聚居在甘肃省临夏回族自治州的东乡族自治县,少数散居在青海省、宁夏回族自治区和新疆维吾尔自治区。东乡族地区位于甘肃省的洮河以西、大夏河以东和黄河以南的山麓地带。

东乡族有民族语言,无民族文字。东乡语属阿尔泰语系蒙古语族。和同语族语言相比较,东乡语有许多特点。有辅音28个、单元音七个和较多的复元音。没有长短元音的对立;基本上不存在元音和谐律;构词或构形附加成分一般只有一种语音形式。

东乡族以农业为主,主要农作物有春小麦、洋芋、玉米和其他夏秋杂粮。东乡洋芋以产量高、个头大、淀粉含量高而闻名。由于土地贫瘠,生产力十分低下,传统产业以"洋(芋)、羊"为主,特别是养羊,畜牧业在东乡族人民生产中占有重要地位,有许多农民还从事小商贩、运输、擀毡、织褐子等工作,以补家用。

2. 东乡县的贫困情况

表 2-1　　　　　　　　东乡县基本贫困情况表

贫困人口（万人）		贫困村（个）			
减贫人口	剩余贫困人口	贫困村总数	2018年退出贫困村	累计退出贫困村	剩余未退出贫困村
2.47	4.93	159	13	13	146

由表 2-1 数据所示，2018 年底，东乡县实现减贫 2.47 万人，剩余贫困人口 4.93 万人；东乡县贫困村总数为 159 个，2018 年累计有 13 个已经退出了贫困村，还有 146 个未退出贫困村。

（二）东乡族自治县扶持"扶贫车间"发展的政策措施

1. 财政奖补政策

① "扶贫车间"吸纳 10 名以上建档立卡贫困劳动力，且稳定就业半年以上、按时足额支付劳动报酬的，可给予 2 万元的一次性补助；稳定就业 3 年以上、按时足额支付劳动报酬的，可给予 6 万元的一次性补助。

② 属于省级创业就业孵化示范基地（园区）的"扶贫车间"，吸纳建档立卡贫困劳动力达到用工总数 20% 以上，且符合资金补助条件的，当年度给予每个车间 60 万元的一次性补助。

③ 农民工、大学生、退役士兵等返乡人员创办的新型农业经营主体认定为"扶贫车间"的，按有关规定给予 5 万元的一次性补助。

④ 省级创业典型创办的"扶贫车间"，按照有关规定给予 10 万元的一次性补助。

⑤ 鼓励"扶贫车间"对吸纳就业的建档立卡贫困劳动力开展技能培训，对吸纳建档立卡贫困劳动力就业、开展培训，且符合条件的"扶贫车间"，按有关规定给予培训补助。

2. 金融支持政策

① 对于符合条件的返乡创业农民工、网络商户、建档立卡贫困户、农村自主创业农民等优先提供创业担保贷款支持，个人最高额度 10 万元，合伙创业或组织起来共同创业的，贷款额度可适当提高，贷款期限 3 年，利率最高可在同期基准利率的基础上上浮 3 个百分点，58 个特困县区的财政部门提供 3 年全额贴息，非特困县区的财政部门提供 2 年全额贴息。

② 对符合条件的"扶贫车间"可比照小微企业创业担保贷款申请要求优先给予扶持，贷款额度最高 200 万元，财政部门按照贷款基准利率的 50% 给予贴息。

3. 土地优惠政策

① 乡镇、村集体闲置土地可按有关规定划拨给"扶贫车间"无偿使用，"扶贫车间"租赁土地可按有关规定享受租金减免政策。

② 在不占用已划定的永久基本农田的基础上，将认定的"扶贫车间"用地纳入当地土地利用总体规划统筹安排用地计划指标优先保障。在办理农用地转用

和土地征收手续后，对甘肃省确定的优先发展产业且用地集约的工业项目及以农、林、牧、渔业产品初加工为主的工业项目，在确定土地出让底价时可按不低于所在地土地等别相对应《全国工业用地出让最低价标准》的70%执行。对上述内容中拟定的出让底价低于该项目实际土地取得成本、土地前期开发成本和按规定应收取的相关费用之和的，应按不低于实际各项成本费用之和的原则确定出让底价。

4. 其他扶持政策

① 乡镇、村集体闲置房屋、厂房、废弃的学校校舍可按有关规定优先提供给"扶贫车间"无偿使用，"扶贫车间"租赁集体房屋、厂房的可享受租金减免。

② 发展改革、财政、水利、电力等相关部门和单位要围绕"扶贫车间"建设，安排必要的项目资金，帮助各地完善"扶贫车间"涉及的水、电等各项基础设施。各地要结合实际，对"扶贫车间"用水用电给予补贴，切实降低"扶贫车间"用水用电价格。

第二节　扶贫车间的发展现状

一、扶贫车间由政府和当地企业或外地企业共同建成

访谈的三个车间中，振兴雨具扶贫车间由厦门特立强公司和当地政府、妇联共同创建，其中厦门总公司负责向该车间提供生产技术和设备，采购并运输原材料；政府负责搭建厂房；妇联则负责招纳就业人员。县职校油馃馃扶贫车间由政府修建厂房，妇联招聘就业人员，厦门企业提供设备和资金共同建成。车间只招收建档立卡家庭的妇女，建立在学校附近（为了方便妇女接送孩子）。凤凰山联合扶贫车间，该车间是由甘肃胭脂梦家纺科技有限公司、成都双冠帽业、东乡达板镇金强实业集团和当地政府共同建成，属"厂房式扶贫车间"。其中，政府主要建设厂房，甘肃胭脂梦家纺科技有限公司负责扶贫车间的运行，成都双冠帽业为扶贫车间提供帽子订单，东乡达板镇金强实业集团主要提供资金支持（大约需要1500万元人民币，实行分批资助，已资助300多万元人民币）。

二、扶贫车间员工正式入职前要经过体检和培训

振兴雨具扶贫车间在员工入职前，车间员工统一安排体检，上岗员工不能有

近视、眼花、色盲；年龄不限且必须持有健康证，建档立卡贫困户优先录取。厦门总公司会派技术人员对员工进行为期三个月、每天8小时的免费培训以确保生产出的雨伞质量合格。县职校油馃馃扶贫车间正式工作前会进行三期（一期7天）的培训，每天工作8小时，根据民族文化具体制定上下班时间。凤凰山联合扶贫车间入职前由成都，广东高薪聘请来的技术人员（一个月8000元，共聘请12人）对员工进行为期3个月（每天8小时）的培训。

三、扶贫车间主要从事劳动密集型产业且大多结合当地特色

振兴雨具扶贫车间主要生产的产品有折伞，长伞；由于扶贫车间技术有限，故大多情况生产长伞。自该车间成立以来，为120多名贫困人口实现就业。县职校油馃馃扶贫车间主要生产油馃馃，由于油馃馃是东乡族的特色美食，所以基本每个东乡族家庭的妇女都秉承着优良的传统手工制作工艺。该车间现在主要生产6种花形的花馃馃（花馃馃的保质期为3个月），主要使用三种包装类型（产品大小由包装规格来定）。凤凰山联合扶贫车间该车间生产的产品主要有衣服、帽子、刺绣；并且车间染布、打型、织花等工作均可自行完成。

四、扶贫车间员工工资普遍在3000元以下

振兴雨具扶贫车间培训期间，政府对员工每月有1500元的补助，等员工达到相应的技术要求以后就可转为正式员工。正式员工采取计件工资制，按照伞骨、伞面、伞架的分类称重核算工资，员工工资多为200~4000元不等，并且公司为正式员工买工伤保险。县职校油馃馃扶贫车间培训期间会有50元（政府30元，企业20元）的餐费补助，加班费一天100元（半天50元，晚上4小时50元）。凤凰山联合扶贫车间规模较大，欲招员工300人，现有员工140多人（精准扶贫人口大约占1/3，低保及其他贫困户占2/3），培训期间只有50元补贴，无底薪，不计件。正式员工将实行计件工资制，若干满26天（每天8小时），预计一月工资1800元；前来工作的员工都是本镇和邻近村庄的，此外，政府针对路程较远的员工会有每个月600元的路费补贴。

五、扶贫车间主要采用电销和自销的销售方式

振兴雨具扶贫车间通过订单生产的产品交由厦门总公司统一销售出口日本。县职校油馃馃扶贫车间生产的产品主要采用电销（主要向大企业供货）和自销（节日期间政府购买，用来发放福利）的模式销售。凤凰山联合扶贫车间生产的

产品通过电销的方式进行销售。

六、扶贫车间采用技能比赛的方式激励员工工作积极性

车间也会定期举办技能比赛，并会给技能大赛前三名予以奖金、礼品、生活用品等，用以激励员工的工作积极性。这种比赛不仅可以提高员工的生产效率，还可以提高员工的工作积极性，提高员工的收入，提升扶贫车间的销售收入，从而使扶贫车间能够招收更多的贫困家庭员工，更好地解决贫困家庭的收入以及大部分家庭的就业问题。

第三节　调查问卷分析

一、基本信息分析

(一) 车间员工女性居多

两个扶贫车间员工总人数为260人，被调查者一共50人，为总员工人数的1/5。其中男性5人，占10.00%；女性45人，占90.00%，这是由于本次调查的车间主要招收女性员工，招收的男性员工主要是为了完成女性员工无法完成的工作（如图2-1）。

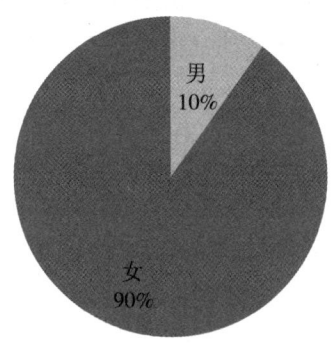

图2-1　车间员工性别分布

(二) 车间员工年龄主要集中在16~45岁

车间员工年龄在16~30岁的有19人，占38.00%；31~45岁的有23人，占

46.00%；46~65岁的有8人，占16%；66岁及以上没有人；年龄主要集中在16~45岁，有42人，占本次调查总数的84.00%（如图2-2）。

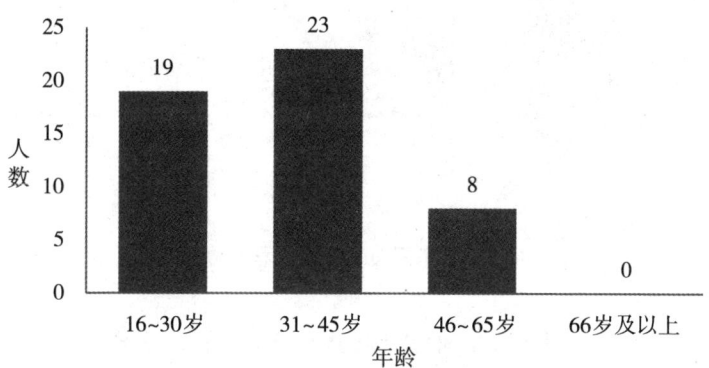

图2-2　车间员工年龄分布

（三）车间主要面向建档立卡户

车间员工是建档立卡户的有35人，占70.00%；不是建档立卡户的有15人，占30%。由此可见，车间面向贫困人口招工，且主要招收建档立卡户（如图2-3）。

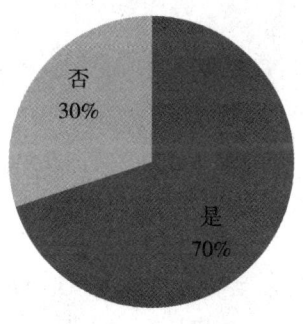

图2-3　车间员工是不是建档立卡户比例

（四）车间员工受教育程度主要以未上学和小学为主

未上学的有26人，占52.00%；上了小学的有19人，占38.00%；上了中学的有4人，占8.00%；上了专科及其以上的只有1人，占2.00%。可以看出，车间工作人员文化程度普遍偏低（如图2-4）。

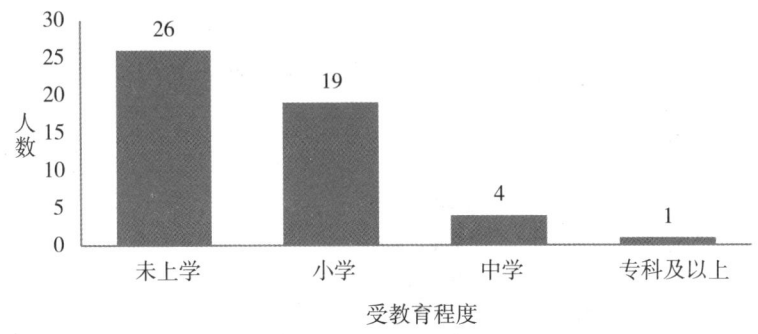

图 2-4　车间员工受教育程度分布

（五）车间员工未到扶贫车间就业前没有稳定工作的居多

未到扶贫车间就业前有稳定工作的有 9 人，占 18.00%；未到扶贫车间就业前没有稳定工作的有 41 人，占 82.00%（如图 2-5）。

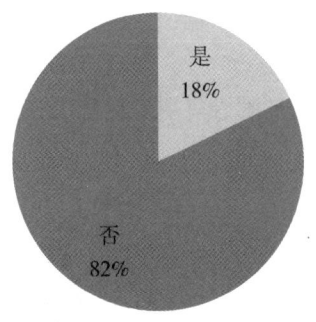

图 2-5　车间员工未到扶贫车间就业前是否有稳定工作比例

（六）车间员工个人月收入主要集中在 1000~2999 元

由图 2-6 可以直观地看出，车间员工个人月收入主要集中在 1000~2999 元，有 32 人，占总体的 64%；个人月收入少于 1000 元的有 15 人，占总体的 30%；个人月收入在 3000~4999 元的只有 2 人，占总体的 4.00%；个人月收入在 5000 元及以上的仅 1 人，且只占总体的 2.00%。

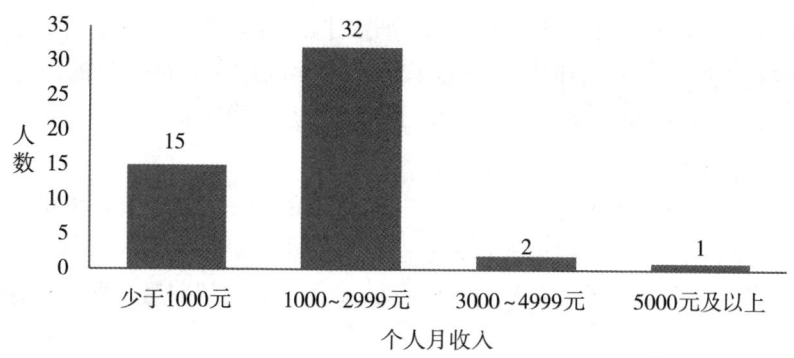

图 2-6 车间员工个人月收入频数分布

（七）基本信息小结

根据以上对基本信息的分析得知，扶贫车间招收的员工为贫困户且以建档立卡户为主；车间员工年龄普遍集中在 45 岁以下；由于车间工作性质的限制，员工女性居多；由于当地习俗的原因导致员工文化程度普遍较低；大多数员工到扶贫车间工作前没有稳定工作及收入较低，这种现象是少数民族地区普遍存在的现象，也是贫困地区普遍存在的现象。

二、实施效果及前景

（一）扶贫车间促进返乡就业

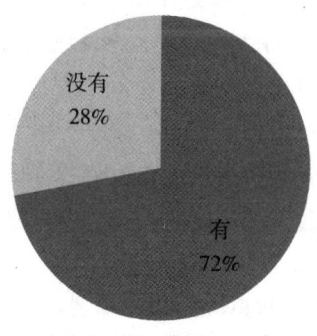

图 2-7 是否有亲戚朋友回到家乡进入扶贫车间

在问卷中关于身边的人是否也会受影响进入车间工作的这个问题，经过汇总得到图 2-7 的饼图，得知有 72% 的员工身边有人受到影响而进入车间工作，有

28%的员工身边没有人受到影响而进入车间工作。可以看出扶贫车间对返乡就业有一定的促进作用,究其原因是扶贫车间的建设地点在人口密集的地方且离家近,节约了外出打工的租房费用,有利于员工往返照顾家庭。

(二)扶贫车间发展尚需改善

由表2-2可知,不同年龄段的人对扶贫车间的未来发展持有不同的态度。大部分的人对扶贫车间的发展前景持有的态度是尚需改善,占54%;有34%的人认为扶贫车间发展会越来越好;只有12%的人对扶贫车间的前景发展不看好。

表 2-2　　　　　年龄和对扶贫车间发展前景态度的交叉表

年　龄		对扶贫车间发展前景态度			总计
		一定会越来越好	尚需改善	不看好	
16~30岁	人数(人)	4	12	3	19
	比重(%)	8.00	24.00	6.00	38.00
31~45岁	人数(人)	8	12	3	23
	比重(%)	16.00	24.00	6.00	46.00
46~65岁	人数(人)	5	3	0	8
	比重(%)	10.00	6.00	0.00	16.00
合　计	人数(人)	17	27	6	50
	比重(%)	34.00	54.00	12.00	100.00

(三)扶贫车间对建档立卡户的生活条件有一定改善

由表2-3可知,有很大一部分建档立卡户且在进入车间工作以后生活条件得到改善,占56%;不是建档立卡户且在进入车间工作以后生活条件改善的人占12%;但也有少部分是建档立卡户且在进入车间工作以后生活条件没有改善的和不是建档立卡户且在进入车间工作以后生活条件没有改善的,分别占14%和18%,从统计数据上来看,扶贫车间的设立改善了当地的建档立卡户的生活条件。

表 2-3　　　　是否建档立卡户和生活条件改善与否的交叉表

是否建档立卡户		生活条件改善与否		总计
		有	没有	
是	人数(人)	28	7	35
	比重(%)	56.00	14.00	70.00

续表

是否建档立卡户		生活条件改善与否		总计
		有	没有	
否	人数（人）	6	9	15
	比重（%）	12.00	18.00	30.00
总 计	人数（人）	34	16	50
	比重（%）	68.00	32.00	100.00

（四）不同受教育程度与对工作收入的满意度无关

由表2-4可知扶贫车间员工受教育程度和对工作收入的满意度。其中未上学的人数占比达到半数以上，有54%；上小学的人数占到36%；中学和专科及以上占比最少，分别是8%和2%；而在这些人中对收入不满意的人数占比也达到半数以上，有56%。可以看出，当地对于女性的教育不够重视，很多人只是达到简单识字算术的水平；很多员工对工作收入不满意，在填写问卷的过程中，员工们反映说："一旦实施工资计件制，收入会更少，打车花钱，吃饭花钱，并且孩子和家人的午饭还不能保证按时做好，划不来，到时候肯定会有很多人不愿意留下来。"所以建议车间能够提供员工上下班的交通工具，对于员工的伙食能够提供补助，适当提高实施工资计件制以后的工资，以避免员工流失。

表2-4　　　　　受教育程度和对工作收入的满意度的交叉表

对工作收入的满意度		受教育程度				总计
		未上学	小学	中学	专科及以上	
非常不满意	人数（人）	3	1	1	0	5
	比重（%）	6.00	2.00	2.00	0.00	10.00
不满意	人数（人）	14	12	2	0	28
	比重（%）	28.00	24.00	4.00	0.00	56.00
一般	人数（人）	9	3	1	0	13
	比重（%）	18.00	6.00	2.00	0.00	26.00
满意	人数（人）	1	1	0	1	3
	比重（%）	2.00	2.00	0.00	2.00	6.00
很满意	人数（人）	0	1	0	0	1
	比重（%）	0.00	2.0	0.00	0.00	2.00

续表

对工作收入的满意度		受教育程度				总计
		未上学	小学	中学	专科及以上	
总计	人数（人）	27	18	4	1	50
	比重（%）	54.00	36.00	8.00	2.00	100.00

1. 卡方检验

（1）建立假设

H_0：不同教育程度与对工作收入的满意度无关

H_1：不同教育程度与对工作收入的满意度有关

（2）计算（在 SPSS 中导入数据进行计算，输出表 2-5）

表 2-5　　　　　　教育程度与对工作收入的满意度卡方检验

	值	自由度	渐进显著性（双侧）
皮尔逊卡方	20.83	12.00	0.05
似然比（L）	11.14	12.00	0.52
线性关联	0.56	1.00	0.46

（3）结论

由于 $p=0.053>0.05$，因此在给定的显著性水平 0.05 下，不能拒绝不同教育程度与对工作收入的满意度无关，因此不能认为不同教育程度与对工作收入的满意度有关。

（五）车间解决了部分年龄较小的人的就业问题

通过对车间工作人员年龄与在参加扶贫车间前工作情况交叉分析可知，在进入扶贫车间工作之前就已经有稳定工作的人相对较少。如图 2-8 所示，进入扶贫车间工作之前就已经有稳定工作的人中 16~30 岁的人占比最多，占总被调查人数的 10%，31~45 岁的人占比较大，占总被调查人数的 6%，46~64 岁的人占比最少，仅占总被调查人数的 2%；进入扶贫车间工作之前就没有稳定工作的人中 31~45 岁的人占比最多，占总被调查人数的 40%，16~30 岁的人占比较大，占总被调查人数的 28%，46~64 岁的人占比最少，仅占总被调查人数的 14%。因此，扶贫车间招收工作人员更倾向 46 岁以下的人，极大地解决了部分贫困人员就业问题，同时促进了部分人返乡就业。

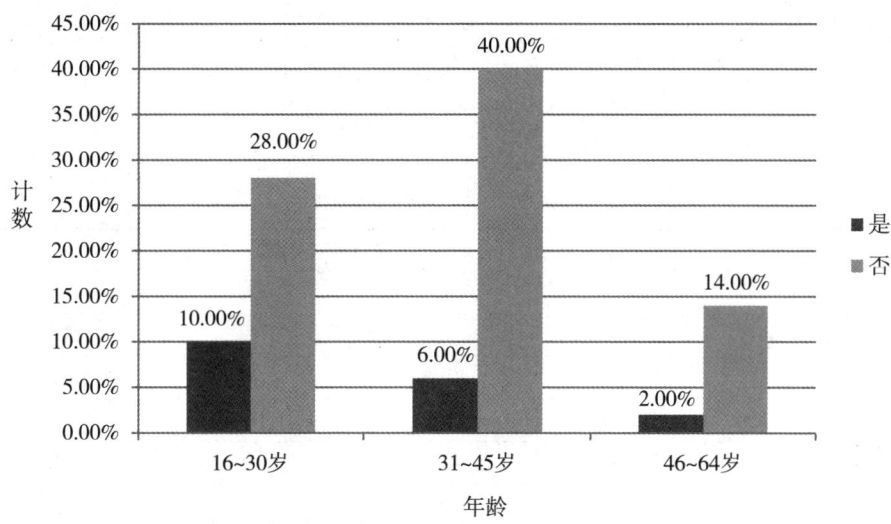

图 2-8　车间工作人员年龄与在参加扶贫车间前工作情况的交叉分析图

（六）扶贫车间的建立解决了大部分贫困人口的就业问题

由表 2-6 可知：扶贫车间的工作人员中有 90.00%的人认为扶贫车间的建立给他们提供了良好的就业机会，其有 16.00%的人在未进入扶贫车间前就已有稳定工作，74.00%的人在未进入扶贫车间前没有稳定工作；有 10.00%的人认为并没有给他们提供良好的就业机会，其中在未进入扶贫车间前就已有稳定工作的占 2.00%，另外 8.00%的人在未进入扶贫车间前没有稳定工作。因此，扶贫车间的建立解决了大部分贫困人口的就业问题。

表 2-6　　　　良好的就业机会和进车间前工作情况的交叉表

是否提供就业机会		进入车间前是否有工作		总计
		是	否	
是	占总计的百分比（%）	16.00	74.00	90.00
否	占总计的百分比（%）	2.00	8.00	10.00
总计	占总计的百分比（%）	18.00	82.00	100.00

2. 相关性检验（表2-7）

（1）建立假设

H_0：个人扶贫车间月收入和亲朋好友返乡就业无关

H_1：个人扶贫车间月收入和亲朋好友返乡就业有关

表2-7　　　　扶贫车间月收入和亲朋好友返乡就业情况交叉表

扶贫车间月收入（元）		亲朋好友返乡就业情况		总计
		有	没有	
1000以下	人数（人）	4	1	5
	比重（%）	8.00	2.00	10.00
1000~3000	人数（人）	29	13	42
	比重（%）	58.00	26.00	84.00
3000~4000	人数（人）	2	0	2
	比重（%）	4.00	0.00	4.00
4000及以上	人数（人）	1	0	1
	比重（%）	2.00	0.00	2.00
总计	人数（人）	36	14	50
	比重（%）	72.00	28.00	100.00

（2）计算（在SPSS中导入数据进行计算，输出表见2-8）

表2-8　　　　个人扶贫车间月收入和亲朋好友返乡就业情况卡方检验

	值	自由度	渐进显著性（双侧）
皮尔逊卡方	1.51	3.00	0.68
似然比（L）	2.32	3.00	0.51
线性关联	0.54	1.00	0.46

（3）结论

由于 $p=0.68>0.05$，因此在给定的显著性水平0.05下，不能拒绝个人扶贫车间月收入和亲朋好友返乡就业无关，因此，不能认为个人扶贫车间月收入和亲朋好友返乡就业有关。

第四节　扶贫车间的效果与员工的愿望

一、提升了妇女的地位

扶贫车间的建立，对贫困家庭而言，多了一个收入来源，可以减轻一些生活压力，同时又能兼顾到家庭，做到赚钱顾家两不误。对东乡族妇女而言，扶贫车间的建立，使得在车间工作的妇女家庭地位、社会地位有所提升，这些提升是建立在经济基础上的。

二、生活自信充实

当前，随着扶贫车间的遍地开花，让更多的家庭妇女特别是贫困妇女走出家门，转变成产业工人、企业员工，跟城里人一样上下班、挣工资，依靠勤劳的双手改变自己、改变家庭、改变生活，进而摆脱了贫困、实现了致富梦。用农村妇女自己的话说"以前门缝里偷着看人，现在大大方方了。""花自己挣的钱，腰杆也硬了，再也不用看男人的脸色了，家庭更和谐了。""自己挣钱后，精神上大不一样了。"一句句朴实的话，一个个生动的缩影，透露着自信和自豪，展现了农村妇女自强自立的时代精神、巾帼不让须眉的时代风貌和不甘贫困、战胜贫困的时代风采（达朝花，2019）。

三、解决就业

扶贫车间脱贫政策的实施，促进了返乡就业，同时解决了部分贫困人口的就业问题，也在一定程度上改善了贫困人口的生活水平，在脱贫过程中起到了很大的作用，是带动贫困群众脱贫的有效途径。扶贫车间的建立，为脱贫带来的积极影响是毋庸置疑的，其在短期内的实行效果也是显著的，但是其发展仍需要进一步地改善。

四、员工的愿望

在进行员工调查问卷填写的过程中，了解到大部分员工对扶贫车间的工资水平、基础设施满意度不高，员工们普遍希望在扶贫车间的月收入可以达到2500元左右，以供家庭基本生活支出；同时，希望扶贫车间内可以建设员工宿舍和食堂，离家远的就可以吃、住在扶贫车间，不用为在外租房子、吃饭支付额外的费用。

第五节　扶贫车间发展中的利弊分析

一、扶贫车间的优势

（一）使农村闲置劳动力投入到了脱贫攻坚的战场

通过帮扶单位引进企业办扶贫车间、东西部扶贫协作引进企业办扶贫车间、州内企业办扶贫车间、返乡创业人员领头办扶贫车间等形式，政府提供培训和厂房，企业出资金、带技术、找市场，组织贫困人口从事农产品初加工、来料加工制造等劳动密集型生产，真正做到送工作岗位到群众家门口，贫困群众就近上班；党员牵头创办企业创新创业扶持政策引导有相关经验的党员牵头创办企业，支持在外打工人员拿订单回乡创业，政府提供创业贴息贷款，发挥创业带动就业的"倍增效应"，形成"一人带动多人就业"的局面。

政府积极宣讲扶贫政策，在规划布局上进行总体设计，定期组织人员入户宣传扶贫车间优势，宣讲就业扶贫相关政策，全面了解贫困群众就业意愿，因地制宜地为扶贫车间进行规划，调动农村闲置劳动力积极投入脱贫致富的战场。

（二）为入驻企业减轻了财务压力和解决了招收员工问题

政府加大财政资金支持力度对扶贫车间实施经营场所补贴、贫困户工资补贴等补贴政策，切实减轻扶贫企业负担，利用乡村长期闲置的集体资产作为扶贫车间，免入驻企业的土地使用费，给入驻企业免房租，补贴配置加工设备；如振兴雨具扶贫车间，此车间为厦门特力强公司在东乡县的一个雨具加工点，利用较为廉价且集中的劳动力，可以为公司节省大量的财务支出。厂房由政府出面建设，不仅可以为公司初期建设节约资金，而且也避免了公司建厂遇到的各种麻烦，且车间劳动人员受政府政策的宣传感染，更易于接受车间的工作。

（三）实现了一定的脱贫效果

毫无疑问，扶贫车间的建立，在一定程度上解决了当地人民的贫穷问题，为当地扶贫车间的员工带来一定的收入，使他们从繁杂的家庭劳务中解放出来。扶贫车间的工作人员中有90%的人认为扶贫车间的建立给他们提供了良好的就业机会，因此，扶贫车间的建立解决了大部分贫困人口的就业问题，就业问题的解决,也是说明了脱贫的效果。

(四) 提高了当地妇女家庭地位

在家门口就业使当地妇女摆脱了繁杂无味的生活,可以接触更多的新鲜事物,开阔眼界;可以为家庭获得一定的收入,且培训期有政府补贴;提高了家庭以及社会地位,这对于当地的妇女来说无疑是最直接的好处,她们受制于当地文化、信仰等因素,一直处于男尊女卑的文化下,都受家庭社会制约,扶贫车间对于她们来说是开阔眼界和接触更多人的极好的机会。

(五) 工作地点近且环境较好,工作内容易于掌握

车间建立在人口密集以及学校附近,对于广大的车间劳动妇女来说,无疑是最好的安排,这样她们既可以照顾家庭也可以获得一定的收入来补贴家用。车间内的员工,语言文化相同,自然工作上比较方便。在对车间员工的面访中得知,员工对车间的环境满意度高,环境舒适。目前三个扶贫车间生产的产品皆为简单的初级产品,车间员工对工作内容容易掌握易于上手,对于甘肃的大多数妇女来说,她们自小便能接触工作的用具和会简单的操作,所以工作内容对她们来说没有太大的难度,易于掌握。

(六) 车间有提高员工积极性的激励机制

通过对雨具厂和凤凰山联合车间的访问和调查,发现两个车间都有针对员工的奖励机制,具体为对员工进行节假日发放福利,对工作效率高产量高的员工进行实物奖励,如日常生活用品、米、面、油等,还定期举行技能大赛,对成绩优异者给予奖励。这样的奖励机制,对于车间员工来说无疑是一种极有效的心理攻坚战,因为她们不仅可以在比赛中得到奖励,而且比赛过程中的产品也算她们的工作量,一举两得。

二、扶贫车间发展中存在的问题

(一) 管理层来自原公司,与当地员工沟通等方面存在分歧导致员工流失

因车间管理人员来自厦门总公司,在语言、文化习俗、生活习惯等方面与本地人存在很大的分歧,车间创办初期因管理人员的水土不服、语言的沟通障碍,导致员工流失度高达50%。

(二) 雨具厂原材料运输成本高

此车间因为原材料由厦门总公司负责采购,运输到东乡县,路途遥远,故运输成本高,加之气候以及季节的多方面原因,尤其冬季的路面打滑,使得运输更加困难,虽然车间提前储备,但是仍然避免不了因员工熟练度的提高而加快原本

的计划导致储备不足而停产。

（三）员工缺乏技术，生产不了技术含量高的产品

因员工知识层面以及技术的不足，导致公司只能在此车间进行简单的雨具的制作，无法为公司生产出其出口所需的高技术的雨具，从与车间管理人员的交流中发现，总公司期望能在振兴雨具厂生产一些中高端的产品，这样既可以为公司带来更大的收益，也能满足进口国对高质量雨具的需求，进而达成双赢局面，显然，这点在振兴雨具厂是无法实现的。

（四）政府移民安置存在不合理，引起车间员工不满

对于振兴雨具扶贫车间中的大多数移民员工来说，政府在考虑他们的住房问题方面，存在很大的不足，使得他们住房面积没有达到政府开始时所述，对于一些人口多的家庭，住房拥挤，期望和现实的落差，导致他们对政府产生不满情绪，这种不满情绪时刻影响着员工的生活和工作积极性。

（五）工资低引起车间员工不满

对两个扶贫车间来说，存在的共同点皆为工资低，而工资低是导致员工对车间信任度和看好度低的重要原因，在培训期只有1500元的工资，且培训期为3个月，对于很多员工来说培训期太长，通过培训期，便是计件制，无底薪，在调查的50份问卷中，竟无一人对工资满意，尤其是以前在外打工的妇女。扶贫车间虽然工作环境好，离家近，但是得到的收入占家庭总收入的很小的比重，用她们的话来说，便是"钱没挣到，老人孩子也没照顾好，两头耽误"，所以她们对车间的态度也很明确，若是工资一直连2000都达不到，她们必然会选择离开车间。对于振兴雨具车间来说，它是以其临近的移民安置点为基础建立，所以，对于刚刚搬来的移民来说，她们脱离了原来以农耕和畜牧业为主的收入模式，如果没有以前的储蓄为根本，仅靠在车间收入，是无法支付家庭的正常开支的。

（六）凤凰山扶贫车间员工午饭午休没着落

厂商对员工提出的解决休息的地方的问题上，不能及时有效地解决，有些较远地区的员工不能得到充足的休息而辞职，造成员工流失，员工的流失对厂商来说是最大的损失，因为这种情况伴随的是职位的空缺，产量的下降。对于凤凰山扶贫车间，除了工资，便是有20%的员工因离家太远，中午没地方休息，对于家庭本来拮据的妇女，中午连一顿热腾腾的饭都舍不得买，这样对员工身体来说是无益的，所以她们希望可以有宿舍和食堂来满足基本的需求。

（七）培训期太长引起员工不满

培训期为3个月，对于很多员工来说培训期太长，她们希望尽快结束培训

期，拿到超过1500元培训期的工资，对于雨具厂，管理人员对这方面进行了调整，从3个月减少至1个月，这样的做法也得到了车间员工的赞同。而凤凰山联合扶贫车间并没有改变其长达3个月的培训，所以在调查中很多车间员工对此表达了不满的情绪。

此外，由于扶贫车间刚开办时当地习俗与汉族的差异，让车间招收员工变得异常困难，经过长时间的思想工作，终于克服了这个困难。而新的问题随之而来，由于大多数车间工作的人员是妇女，工资在1000—1500元不等，这些资金占了家里开支的很小一部分，因此家人不支持她们工作，给这些妇女增加了困扰，也是如今扶贫车间主要存在的问题。

第六节　扶贫车间发展前景分析

一、政府支持是扶贫车间发展的最大保障

甘肃临夏州东乡县是全国唯一的以东乡族为主体的民族自治县，也是国家重点扶贫县。截至目前，因政府投资厂房，企业带设备进厂的运营模式，全县筹建扶贫车间58处，投入运营18处，已有740多名贫困妇女实现了家门口就业，月工资达1000至3000元。

自2018年以来，东乡县扶贫车间取得了巨大的成就。"工作送到家门口、就业务农两不误"新型工作方式，既不违背当地居民"男主外，女主内"的传统习俗，也方便当地妇女赚钱顾家，这不仅提升了她们的自我成就感、幸福感及满足感，同时也让她们有了自信，并且带动了当地产业的发展，有利于经济发展。

二、扶贫车间发展前景

时代的发展，政府的新型政策"精准扶贫、精准脱贫"，让长期生活在偏僻农村的妇女们的生活方式发生了巨变。外面的世界很精彩，扶贫车间的到来，让她们离开了锅台、羊圈和自家小院，主动走进了车间，脱下了陈旧的农装，穿上了崭新的工人服，当起了产业工人。短短几个月时间，她们的言谈举止都发生了变化，她们能大胆地与陌生人聊天，也想大胆地走出家门，看看外面的精彩世界。

东乡县的扶贫车间主要针对妇女，所以开办的车间大多以手工艺为主，比如

油馃馃、刺绣、伞、衣帽等。

油馃馃是当地特产，其花式多样，口感酥脆，主要以网上销售为主，销售旺季员工基本加班生产可赶上销量，而淡季在政府的支持下白天员工轮换工作便可。油馃馃的生产全过程绿色安全，消费者对产品有很高的认可度和信赖度，但是较之其同类产品由于无添加剂，保质期较短，损坏较多，所以多渠道的销售就很有必要，比如多宣传让广大消费者熟知等。就其产品本身和同类产品相较而言，市场销售还是相当可观的。

刺绣、衣帽等此类手工艺品带有少数民族的特色，在同行业的竞争中具有明显优势，但是他们销售途径单一，定向的销售方式使其销售量与产量相距甚远，而且员工薪资较低，员工满意度不够，这对其发展有很大的阻碍。如果可以多加宣传，扩展销售途径，适当给工人涨薪资，带有民族特色的产品还是有很大的市场发展情景的。

制伞的生产车间在东乡县的扶贫车间中位置重要，其规模也是极大的。员工虽然对工资的满意度不够，但对车间的发展抱有很大的希望，觉得改善工资制度将会吸引越来越多的员工，给扶贫车间带来极大的发展、扩大。其产品主要销往国外，生产的伞具大多以自动伞为主，附带普通伞的制作，其生产的产品主要通过厦门总公司进行销售，极少与当地销售方式契合，如果结合当地销售生产方式，将会有很大地发展空间。

简而言之，员工虽然对薪资满意度不高，但是对车间的发展却抱有很大希望，扶贫车间的开办也取得了巨大成就，而且就东乡县近两年来扶贫工作的发展来看，扶贫车间有很大的市场竞争力，在拓宽销售途径后，产品较其同类产品也有极大的竞争力。

第七节　扶贫车间发展的对策与建议

一、对策

（一）因地制宜，改变生产产品类型

东乡族自治县扶贫车间所属企业大多是从一、二线城市招商来的，具有雄厚的资金、先进的技术。虽然为扶贫车间的发展提供了坚实的后盾，但是这种改变地域，不改变生产模式的生产方式无法实现就地取材，在原料的运输中消耗大量的人力物力，大大增加了生产成本，终究是发展过程中的阻碍。因此，可以因地制宜，生产符合东乡族人文、东乡县地理特征、社会经济的产品。比如大批量生产东乡族妇女遮发的头巾，在样式、颜色、形状上做改变。回族和东乡族的妇女都会戴头巾，所以这些头巾不仅可以在东乡县内销售，还可以在临夏、宁夏回族聚居的地方销售。

（二）扩大产品销售途径与范围

通过对县职校油馃馃扶贫车间的访谈得知，油馃馃销售途径有实体店销售和网络销售，大多在甘肃省内销售。其销售的途径单一，销售的范围狭窄，应该扩大它的销售途径与范围。类似这种具有民族，地域特色的产品，可以与省内旅游景点合作，多到甘肃省外做宣传；以不同软件为载体，建立网络营销网点，例如：运用受群众喜爱的热门手机软件：快手、抖音等，通过网红代销油馃馃来增大这种民族传统美食的知名度与销量；甚至可以在 YouTube 上宣传，让外国人也可以尝到东乡民族美食。

（三）招聘本地人才，提拔优秀员工

东乡族是一个有语言、无文字的少数民族，车间员工的受教育程度以未上学、小学居多，很多员工虽听得懂普通话，但不会用普通话进行交流，更不会写汉字，这给培训、生产、管理带来了很大的挑战。因此可以招聘本地人才，实施本地人管理本地人的制度，例如：在甘肃各高校以优厚待遇招聘东乡族的本科生、研究生，让他们在扶贫车间从事培训、管理等相关工作。车间管理人员应对适应能力强，生产效率高的员工进行重点培养进而提拔。让优秀员工带动大家积极工作，以激发生产热情，提高生产效率。

二、建议

（一）做好扶贫政策的宣传

要做好扶贫政策的宣传、解读，鼓励引导企业、致富带头人积极创办扶贫车间，组织广大贫困劳动力到扶贫车间就近就地就业（赵林锁，2019；马金莲，2019）。对企业而言，扶贫车间既可以充分利用农村土地成本低的优势，还可以充分利用农村劳动力成本低的优势。对贫困户而言，既利用了企业在市场销售方面的优势，降低了自身的生产风险，提高了收入的稳定性，由于在本地生产和生活，又降低了生活成本。同时，通过车间集体劳动这种形式，引导农民消除安于现状、等靠要的依赖心理，增强创造美好生活的信心、志气和依靠自己的双手主动参与脱贫、积极增收致富的决心，形成贫困群众理解、参与、支持脱贫攻坚的良性互动（赵林锁，2019）。

（二）加大对扶贫车间的支持力度

研究和出台关于扶持扶贫车间成长的政策，相关政策既能够调动企业投资的积极性，也可以调动贫困农民参与的积极性。如可以将部分扶贫资金折股量化到贫困户，入股到扶贫车间，用于扶贫车间基础设施建设或设备购置，建立利益联结机制，确保扶贫资金权益、扶持措施落实到户，确保投入资金收益真正归贫困户所有；扶贫车间企业每吸纳一名贫困群众就业，可为其提供一定数量的贴息贷款；对扶贫车间建设的租金、税费、用地、供电等出台优惠政策；加大对扶贫车间从业人员的技能培训，提高培训的精准性、针对性和靶向性，培训出达标的车间工人等（赵林锁，2019）。

（三）加强贫困人口致力脱贫的信心

政府要将扶贫车间的政策制度具体落实，带领贫困人口致力脱贫。承诺于民，取信于民，增强贫困人口脱贫的信心。让员工意识到扶贫车间在脱贫方面的影响力是极大的，增大他们对扶贫车间未来发展的可期性。不仅仅从福利、收入方面使贫困人口受益，还可以缩短培训期，从车间基础条件设施入手。通过与车间员工的交流得知，希望可以建立员工宿舍，让他们有午休的地方；建立员工食堂，让他们就近午餐，减少花费；对距离车间远的员工，车接车送，保证他们准时回家。

（四）增强女性的受教育意识

贫困地区之所以贫困，有历史原因、自然原因，也有人文原因。东乡地区人均受教育年限7.2年，青壮年劳动力在社会竞争中普遍处于弱势地位，特别是6.7万农村妇女几乎没有文化，思想观念封闭落后，只能留守在家照顾老人孩子，整天围着羊圈锅台转，"不敢出门、不能出门、出不了门"的现象十分普遍。经调查，扶贫车间的员工绝大多数为东乡族妇女，在接受培训期间，对机器、生产流程、管理制度等适应能力较弱。导致该现象的根本原因还是女性的教育问题，故政府应该大力宣传教育的重要性，尤其注重对女性的教育，对妇女多灌输知识，使她们的思想开放，增加她们接触新鲜事物的机会。

第三章　甘肃省"空壳村"现象的调查

——以临夏县红台乡卜家台村为例

第一节　问题的提出

随着甘肃省产业结构的调整,第一产业人数逐年递减,二、三产业人数不断上升,农村人口是甘肃省第一产业从业人员的主力军。农村人口大多涌入城市,导致甘肃省大多数村庄出现"空壳村"现象,这种现象严重制约着我省经济的长远良性发展。团队响应国家辅助三农的政策,以甘肃省临夏县农村发展现状为例,对农村发展现状、存在的问题和老百姓对家乡发展的建议进行实地调查。通过调查分析,为当地村庄提出具体的发展对策,同时给甘肃省其他地区解决"空壳村"现象提出建议和意见。

一、调查背景

2018年甘肃省政府办公厅出台了《关于全面消除贫困村村级集体经济"空壳村"意见》,提出力争在2019年年底让7262个贫困村中的3594个村级集体经济"空壳村"都有村级集体经济收入,在2020年全省贫困村村级集体年收入力争达到20000元以上,建立村级集体经济收入持续稳定增长发展机制。2018年以来,在发展壮大村级集体经济投入方面,甘肃省各地结合"三变"改革,采取资产盘活型、资源开发型、为农服务型、项目带动型、多元合作型等多种模式,发展壮大村级集体经济。在此背景下以甘肃省临夏县为例进行调查,并为当前的发展提出一些建议和意见。

二、临夏县的基本情况

临夏县隶属于甘肃省临夏回族自治州,位于甘肃省中部,临夏州西南部,东与临夏市、东乡县、和政县接壤，南以甘南州合作市、夏河县为界，西与青海省循化县毗连，西北与积石山县相连，北面与永靖县隔河相望，地理坐标为东经102′41-103′40，北纬34′57-36′12之间。县境东西宽53.1公里，南北长59.85公里，总面积1212.4平方公里。辖6个镇、19个乡、2个民族乡，共219个行政村、2101个村民小组、2个居委会、11个居民小组。全县总人口38.69万人（2011年），有汉族、回族、东乡族、保安族、撒拉族、土族、藏族、蒙古族、土家族9个民族，是一个民族杂居以粮食生产为主的农业大县。2009年，临夏县实现生产总值（GDP）13.49亿元。

第二节　调查准备与实施

一、调查对象

调查的对象是红台乡的10个村，样本为临夏县红台乡卜家台村以及周边几个村，以卜家台村的所有社为抽样框，通过随机抽样的方式抽取了赵家沟社为样本，对赵家沟社所有住户进行整群抽样调查，并且对外出务工人员和在外读书人员以及在兰州市外来务工人员、学生和临夏市外来务工人员、学生进行随机抽样调查，以赵家沟外出人员作为样本。线下样本总计320份，回收301份，回收率94.06%，线上问卷样本171个样本，回收率100%。

赵家沟的基本情况：2018年，赵家沟社共有60多户，总人口数为240多人，其中农业人口占总人口的90%以上，几乎全部从事农业种植，人口全部为汉族，没有少数民族。总耕地面积200多亩，由于种地的利润实在太低，三分之一的青壮年都外出务工，留下的几乎都是老弱妇幼，在家耕种少量耕地。现耕地面积不到100亩，除极少数种植果树、药材外，其余的多成了荒地。

二、调查流程

此次调查地点主要包括：临夏回族自治州临夏县红台乡赵家沟社和红台乡赵家沟社在兰州外出务工人员聚居地。

调查分为三个阶段：前期准备、中期调查、后期结果分析。

1. 前期准备

（1）问卷设计

在调查主题、目的确定的基础上，从期刊、书籍和网络上搜集关于"空壳村"相关的资料，将重点放在"空壳村"现状、存在的问题、解决问题的措施和未来发展建议四个方面，以此为框架设计调查问卷的问题。从年龄阶段差异性出发，调查青壮年、老弱妇幼的收入和留守情况。因此，问卷分为三个部分：分别为对样本村村民调查、对"空壳村"外出务工人员的调查、对"空壳村"外出读书人员的调查。

（2）访谈准备

根据主题和问卷，拟定访谈问题。访谈的内容主要涉及"空壳村"经济的发展状况和村民留守外出情况的相关问题，以及访谈者们对这一问题的个人观点。访谈对象依据抽样原理选取村、居民户、村民进行调查。

2. 中期调查

（1）问卷调查

通过前期的准备，利用节假日进行实地问卷调查，并对调查人员进行个别重点访谈，利用课余时间进行线上问卷调查。调查结束后将问卷回收整理，对301份问卷编号，并按人群分类，为后期数据处理做准备。

（2）个别深访

在后期问卷数据分析的同时，针对数据整理出来的结果，完善访谈内容，结合访谈内容进行结果分析。

3. 后期分析

这一阶段包括数据分析、调研报告撰写两部分。

第三节　调查数据的汇总分析

一、被调查者的基本信息

表 3-2　　　　　　　　　　家庭成员人数

选项	人数（人）	频率（%）
3人	71	15.04
4人	148	31.36
5人	145	30.72
其他	88	18.64

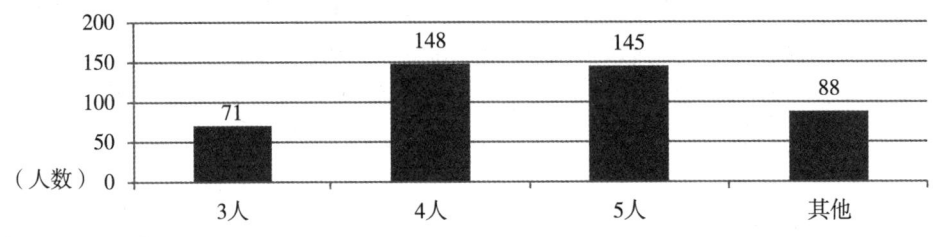

图 3-1 家庭成员人数

从图表中可以看出，人数为 4 人的家庭数最多，其次是 5 人的，3 人的家庭数最少。

表 3-3　　　　　　　　　留守成员人数

选项	人数（人）	频率（%）
2 人	184	38.98
3 人	101	21.40
4 人	45	9.53
其他	142	30.10

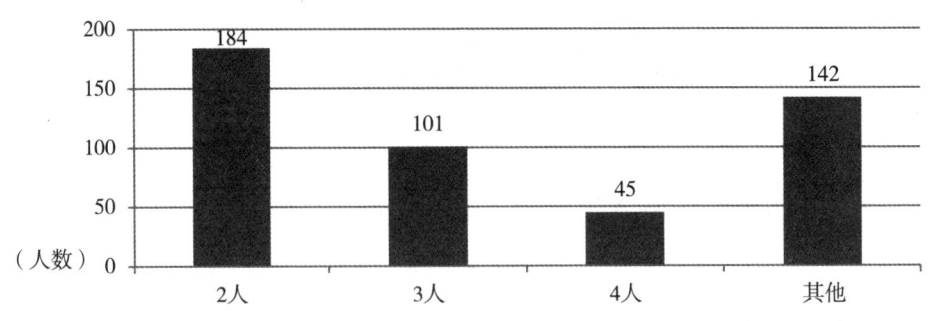

图 3-2 留守成员人数

从图表中可以看出，留守人数为 2 人的家庭数最多，多数是两位老人、妇幼和祖孙两人。留守成员是 4 人的家庭数最少。

表 3-4　　　　　　　　　留守成员构成

选项	人数（人）	频率（%）
老人	227	48.09
妇女	168	35.59
儿童	165	34.96
其他	123	26.06

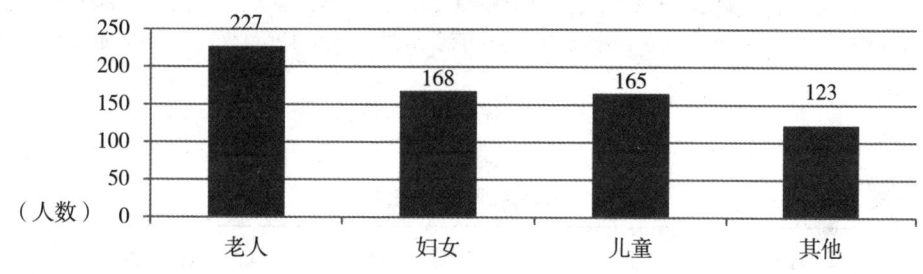

图 3-3　留守成员构成

从被调查的基本信息的 6 个图表中可知，家庭成员 4~5 人的家庭占大多数，占家庭总数的 62.08%，留守在家成员为 2 人和其他的占家庭总数的 69.08%，留守家庭成员主要是老、弱、妇幼。从前三个表中数据不难得出农村家庭成员较多，但是留守在家乡的人数却占家庭总人数的比例比较低，并且留守的都是一些老弱妇幼，这些数据说明村庄空壳化比较典型，村子留守人口结构老弱幼妇较多，劳动能力较弱。

表 3-5　　　　　　　　　家庭年收入情况

选项	人数（人）	频率（%）
10 万元以上	40	8.47
10-5 万元	138	29.24
5-1 万元	239	50.64
1 万元以下	55	11.65

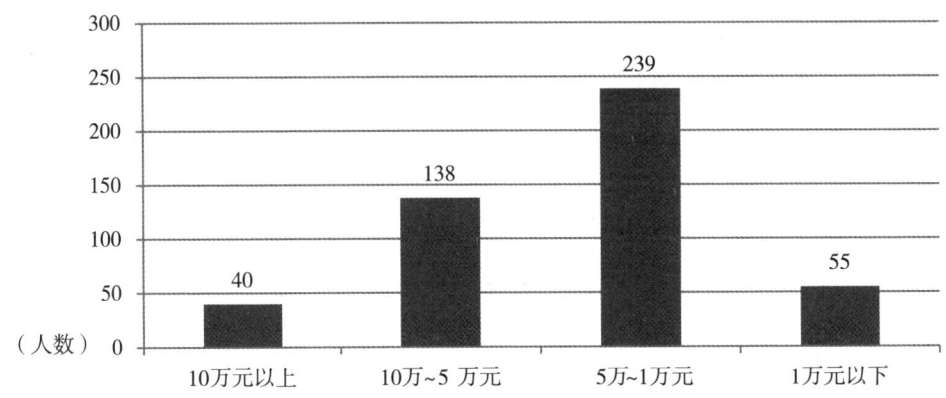

图 3-4 家庭年收入情况

表 3-6　　　　　　　　　家庭收入主要来源

选项	人数（人）	频率（%）
外出务工	255	54.03
农产品种植业	110	23.31
林果养殖等农副产业	46	9.75
其他	66	13.98

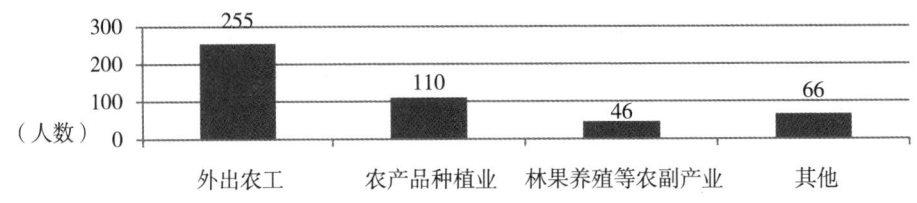

图 3-5 家庭收入主要来源

家庭年收入在 5 万元以下的家庭占比为 62.29%，收入水平在临夏市年平均收入水平以下，收入在 10 万以上的家庭占比仅为 8.47%，高收入家庭很少。被调查家庭收入来源主要是外出务工，占比为 54.03%，超过一半的家庭成员离开家乡外出务工挣钱，而且收入并不高。从数据分析得出空壳村大多数家庭收入低，而且在外打工，收入单一，没有集体经济支持，他们需要提高收入，改善生活，存在较大的可能性回家乡发展。

二、空壳村经济状况

表 3-7　　　　　　　　　村级集体产业或集体经济收入

选项	人数（人）	频率（%）
农业合作社	19	18.81
村办工厂、企业	40	39.60
旅游收入	25	24.75
矿产资源开采	7	6.93

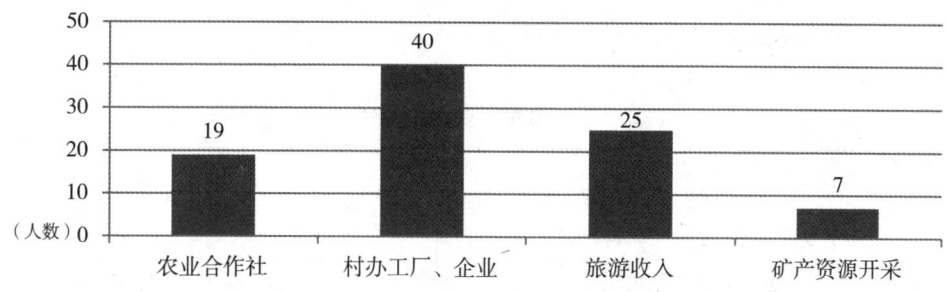

图 3-6　村级集体产业或集体经济收入

由于各方面条件的限制，对于本地区来说，几乎无村级集体产业或者很少，相应的集体经济收入也就微乎其微了。人们主要的收入来源是种地或者是外出务工。

表 3-8　　　　　　　　　了解国家扶贫政策的渠道

选项	人数（人）	频率（%）
电视、报刊、手机等	44	43.56
相关部门宣传	48	47.52
乡镇、村干部宣传	42	41.58
朋友或邻居介绍	32	31.68
其他	42	41.58

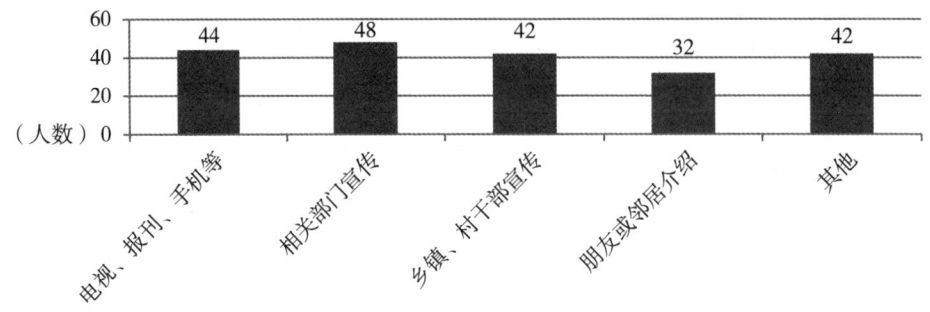

图 3-7 了解国家扶贫政策的渠道

由以上分析可知，人们主要是通过相关部门的宣传和电视、报刊、手机等了解到国家扶贫政策的，政策的支持对生活的改变是不可或缺的。

表 3-9 农村经济发展障碍因素

选项	人数（人）	比例（%）
劳动力短缺，青年人多进城打工	50	49.50
缺乏国家政策扶持	66	65.35
缺乏人才	27	26.73
交通不方便	33	29.70
农村基层干部不干实事不为农民谋福利	30	29.70

被调查的村庄中 68.32% 无集体产业或集体经济收入，三分之一以上的人对国家扶贫政策有所了解，他们获取信息的来源很多。调查结果显示，影响农村经济发展的主要障碍是缺乏国家政策扶持和劳动力短缺，青年人多进城打工，占比在 65.35% 和 49.50% 左右。

通过调查数据发现，村庄家庭主要支出在子女上学的占总数的 43.56%，自家收入用于农业投资较少，大多数人认为农村建设主要依靠国家在资金投入方面的扶持，思想落后，不愿发展现代农业。

从上面数据分析可知，家庭耕地有闲置的家庭占 45.54%，原因是无能力耕种，但大多数村民不愿意搬离村子，希望家人回到家乡，愿意接受乡村牵头，农民自愿在乡（村）里搞致富项目。

第三章 甘肃省"空壳村"现象的调查

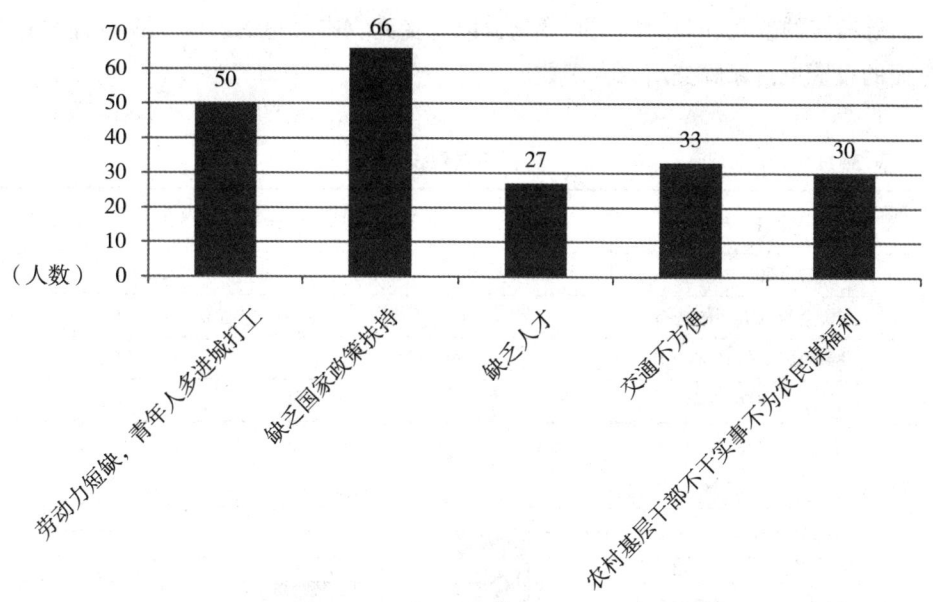

图 3-8 农村经济发展障碍因素

表 3-10 家庭支出

选项	人数（人）	频率（%）
子女上学	44	43.56
农业投资	24	23.76
农业外投资	16	15.84
日常生活开支	23	22.77

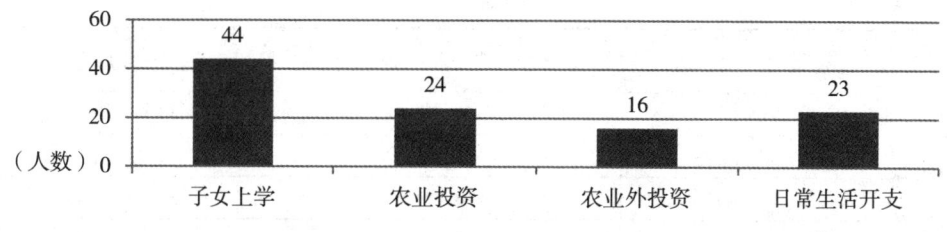

图 3-9 家庭支出

从图表中可以看出，家庭支出主要是用在子女上学和农业投资，由于近年来

43

初高等教育的普及和观念的不断变化,以及受到农本思想的影响,在教育和农业方面的投资也占家庭支出的大多数。

表 3-11　　　　　　　　　　　　新农村建设

选项	人数（人）	频率（%）
国家政策的扶持	34	33.66
国家在资金投入方面的扶持	62	61.39
发展农村集体经济	40	39.60
不太清楚	12	11.88

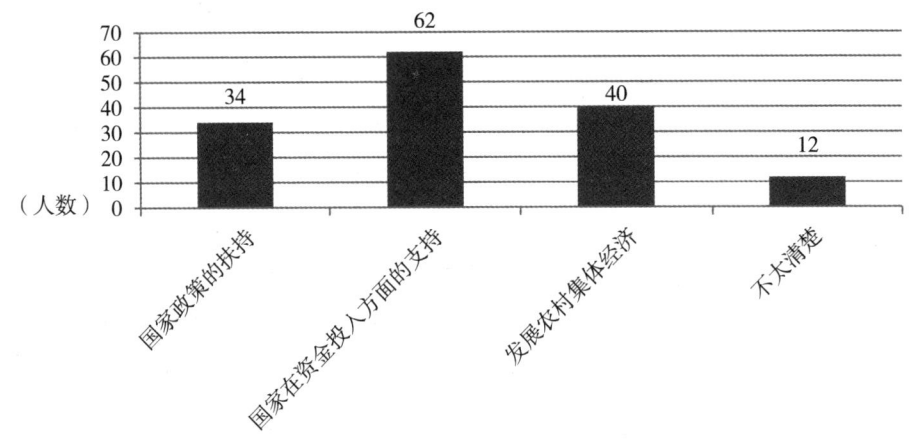

图 3-10　新农村建设

表 3-12　　　　　　　　　　　　致富项目

选项	人数（人）	频率（%）
统一搞	34	33.66
乡村牵头,农民自愿	62	61.39
干部带头,农民自愿	40	39.60
其他	12	11.88

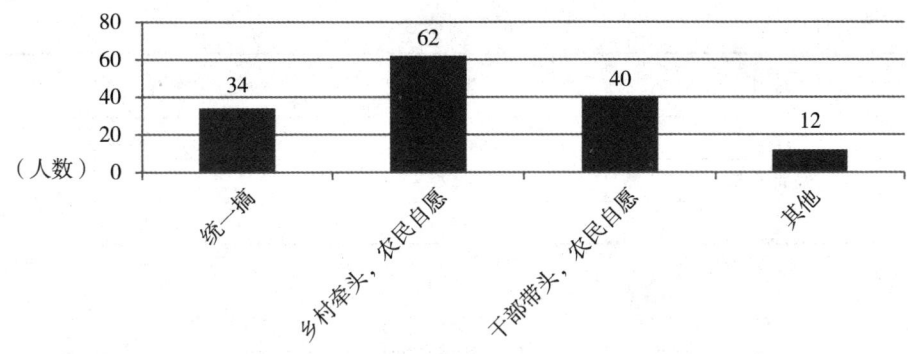

图 3-11 致富项目

就致富项目来说，乡村牵头、农民自愿的做法还是最受大众的认可，其次是干部带头，最后是统一搞。

表 3-13　　　　　　　　耕地使用情况

选项	人数（人）	频率（%）
全部自家耕种	20	19.80
自家耕种，部分闲置	46	45.54
出租给农业合作社	19	18.81
耕地种植果树等	8	7.92
其他	8	7.92

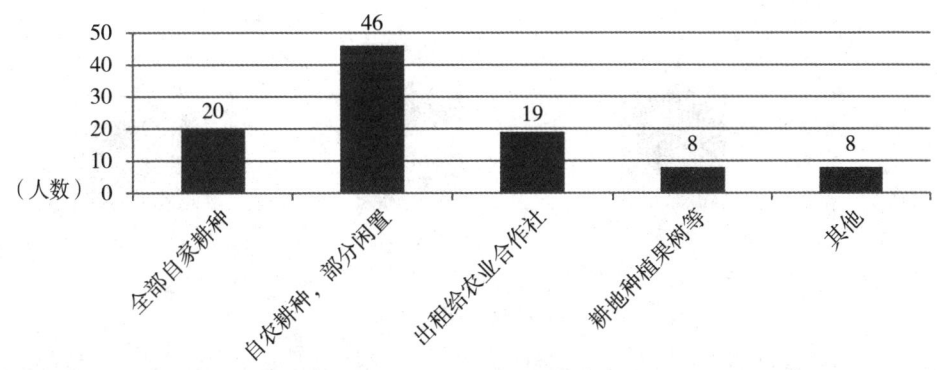

图 3-12 耕地使用情况

表 3-14　　　　　　　　　　新农村搬迁

选项	人数（人）	频率（%）
愿意	24	23.76
需要考虑	52	51.49
不愿意	45	44.55

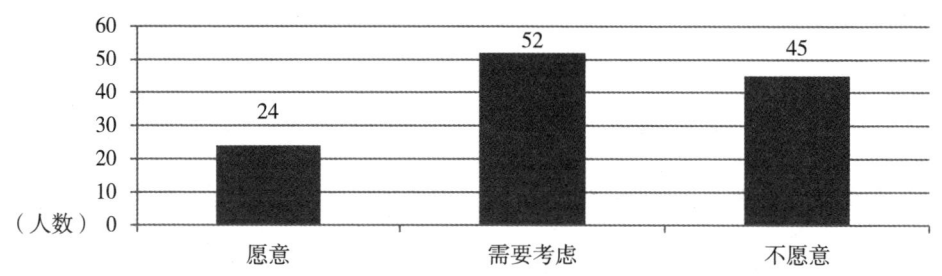

图 3-13　新农村搬迁

表 3-15　　　　　　　　　　回乡意愿

选项	人数（人）	频率（%）
愿意	33	32.67
需要考虑	44	43.56
不愿意	24	23.76

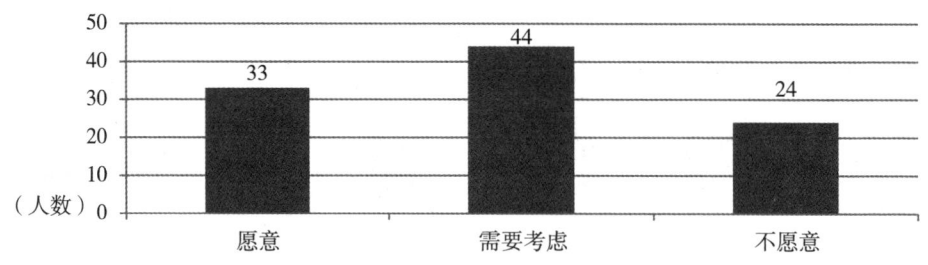

图 3-14　回乡意愿

对于耕地使用情况来说，自家耕种，部分闲置占比最大，由于土地多为坡地且较为贫瘠，大多数人宁可外出也不愿留在家种地。对于是否进行新农村搬迁，大多数人还是持观望态度,只有少数人愿意回乡发展。

三、外出务工人员回乡意愿

表 3-16　　　　　　　　　　工作岗位

选项	人数（人）	频率（%）
普通工人	62	31
技术工人	28	14
管理人员	24	12
服务员	23	11.5
其他	63	31.5

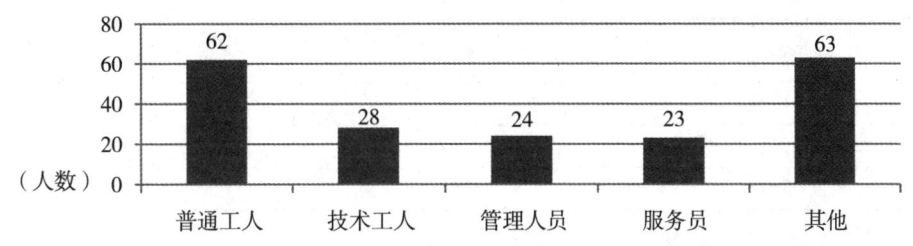

图 3-15　工作岗位

表 3-17　　　　　　　　　　回乡政策

选项	人数（人）	频率（%）
了解	16	8
有一些了解	80	40
不了解	104	52

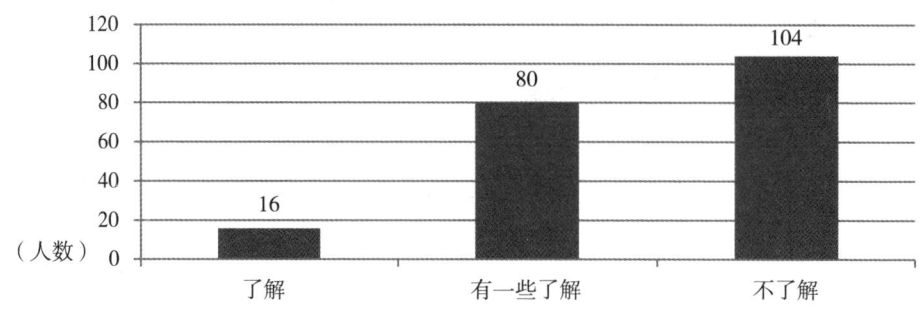

图 3-16 回乡政策

从图表分析可知从事管理、技术人员占所有外出人员的比重为26%,大多数人从事着简单的体力劳动和服务。52%的人对回乡就业的政策不了解。

表 3-18　　　　　　　　　　　　回乡意愿

选项	人数（人）	频率（%）
愿意	31	15.5
可以考虑	97	48.5
不愿意	72	36

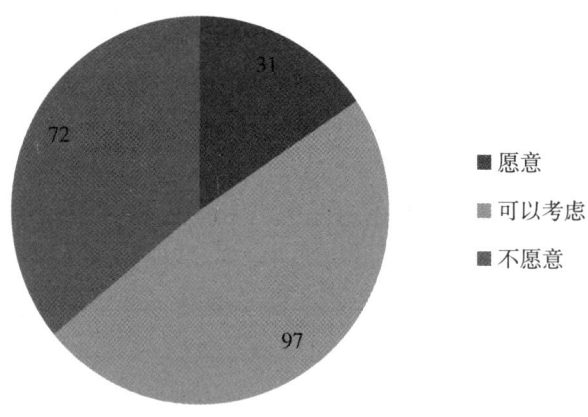

图 3-17　回乡意愿

表 3-19　　　　　　　　　　　家乡创业

选项	人数（人）	频率（%）
考虑在老家创业但很难实现	98	49
正准备在老家创业	36	18
不考虑创业	66	33

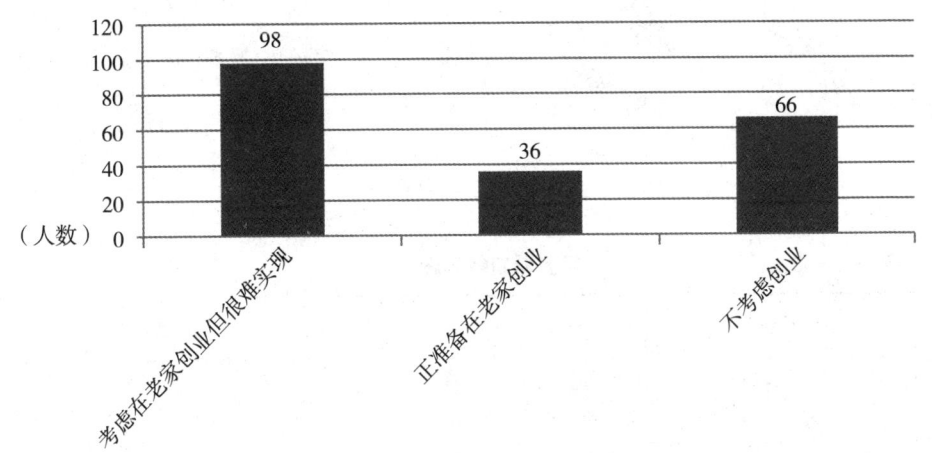

图 3-18　家乡创业

表 3-20　　　　　　　　　　　返乡困难

选项	人数（人）	频率（%）
创业项目的选择	100	50
创业团队的建设	83	41.5
创业资金不足	126	63
市场把握不准	78	39
项目把握不准	116	58
经销推广渠道缺乏	84	42
物流不畅成本太高	38	19

大多数人有想振兴家乡的意愿，考虑回家创业，但难以实现的原因很多，资金、市场、项目的选择，经销推广渠道缺乏，团队的建设成为返乡的限制因素。

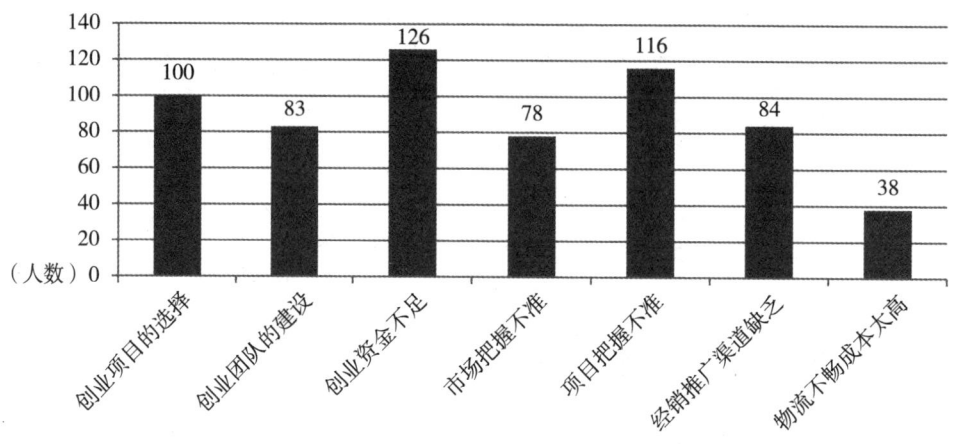

图 3-19 返乡困难

表 3-21　　　　　　　　回乡希望得到哪些支持

选项	人数（人）	频率（%）
资金支持	139	69.5
政策支持	150	75
信息咨询	92	46
技能培训	134	67
创业指导	79	39.5
其他	19	9.5

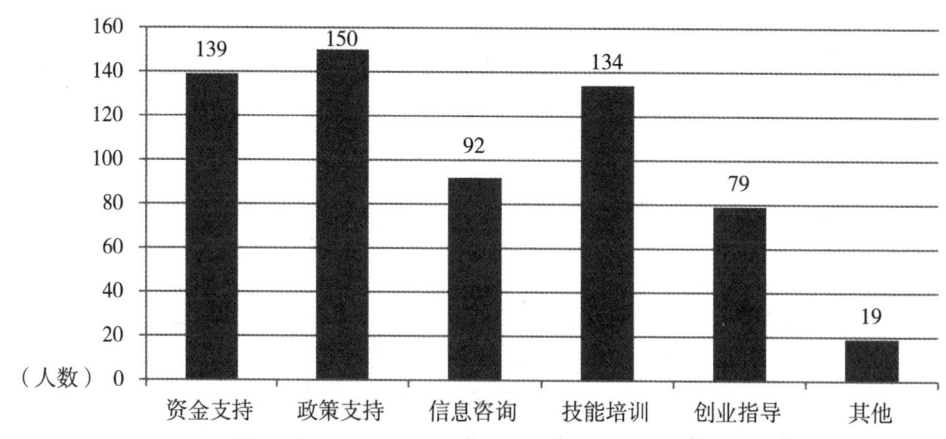

图 3-20 回乡希望得到哪些支持

从上表中可知,外出务工人员占比64%左右,如果村子或村附近有村办工厂、工程,愿意回家乡工作,并且他们大多数人考虑在老家创业,但希望能有资金、政策支持和创业项目和技能培训。

四、大学生回乡意愿

表 3-22　　　　　　　　　关于国家扶贫的了解

选项	小计(人)	比例(%)
电视、报刊、手机等	118	69.01
乡镇、村干部宣传	94	54.97
相关部门宣传	82	47.95
朋友或邻居介绍	38	22.22
其他	29	16.96
本题有效填写人次	171	

从数据可知,当代大学生有69.01%的人通过电视、报刊、手机等渠道了解到国家扶贫政策,54.97%的大学生通过乡镇、村干部宣传了解到国家扶贫政策。所以国家应该通过这两种方式对外出读书人员进行回乡宣传。

表 3-23　　　　　　　　　回乡发展意向

选项	小计(人)	比例(%)
没考虑过回乡发展	65	38.01
会考虑回乡发展	93	54.39
渴望回乡发展	13	7.6
本题有效填写人次	171	

表 3-24　　　　　　　　　最关心的农村问题

选项	小计(人)	比例(%)
孩子教育	141	82.46
医疗水平	128	74.85
交通出行	123	71.93

续表

选项	小计（人）	比例（%）
卫生	98	57.31
消费娱乐水平	80	46.78
其他	39	22.81
本题有效填写人次	171	

表 3-25　　　　　　　　　　不想回乡的原因

选项	小计（人）	比例（%）
乡村贫困，发展机会少	147	85.96
交通条件差	118	69.01
教育质量低	106	61.99
医疗保障不全	102	59.65
生活单调	92	53.8
拼后台、讲关系等不公平现象多，不如大城市公平	71	41.52
目前发展良好，未发现问题	20	11.7
本题有效填写人次	171	

由表可知，当代大学生多数毕业后愿意回乡发展，他们回乡村发展最关心的农村问题是孩子教育、医疗水平、交通出行和卫生占比都超过一半以上。大学生觉得一些年轻人不想回乡发展的原因是乡村贫困，发展机会少、交通条件差、教育质量低、医疗保障不全、生活单调希望政府能改善相关环境，引导大学生回乡工作。

表 3-26　　　　　　　　　　对国家政策的关注度

选项	小计（人）	比例（%）
关注一点儿	85	49.71
一般	55	32.16
从不关注	14	8.19
关注	13	7.6
非常关注	4	2.34
本题有效填写人次	171	

表 3-27　　　　　　　　　大学生获得的服务类型

选项	小计（人）	比例（%）
提高教育质量	131	76.61
农业技术支持	124	72.51
电子商务服务	116	67.84
改善基础环境	104	60.82
提高医疗保障	83	48.54
本题有效填写人次	171	

表 3-28　　　　　　　　　政府的关注方面

选项	小计（人）	比例（%）
提升大学生回乡就业创业思想和能力	51	29.82
完善就业环境	43	25.15
加强福利扶持政策	42	24.56
加强呼吁乡村振兴政策	35	20.47
本题有效填写人次	171	

由表 3-28 可知，当代大学生平时对于回乡就业、创业有关的国家政策的关注度高达 91.81%，他们认为前往乡村/城镇就业能为其提供提高教育质量、农业技术支持、电子商务服务和改善基础环境，为农村经济发展贡献自己的力量。大学生回乡就业创业，政府应当提升大学生回乡就业创业思想和能力，完善就业环境和加强福利扶持政策。

第四节　调查的主要结论

本次社会调查的线上问卷 171 份，线下总计 320 份，有效回收 301 份，回收率 94.06%，其中关于"空壳村"问卷调查留守人员 110 份，外出务工人员 210 份。

一、对留守人员的主要调查结论

（一）留守人员弱势人群占多数

从数据分析可以看出，村庄家庭成员 5 人的居多，占比 40.59%，留守在家人员 2~3 人的家庭总计 69 人，占比 68.31%。留守家庭成员有老幼妇的家庭有 83 户，占比高达 82.18%。从前面数据分析可知大多数家庭留守人员在 2 人以上，并且弱势人群占绝大多数，说明留守人员需要关注和帮助他们。

（二）留守家庭收入较低，家庭主要支出在教育支出

通过调查数据发现村庄家庭收入主要来源是外出务工，占总户数的 65.34%。年收入在 5 万~1 万元的家庭占总家庭数的 56.44%，1 万元以下的占 8.91%。家庭支出主要在子女上学占总数的 43.56%。从前面数据分析可知大多数家庭收入来自外出务工，并且年收入都不高，在临夏市农村人均收入均值以下，所以可知此村庄发展落后，收入单一，且收入水平较低。

（三）无集体产业和青壮年外出导致经济状况恶化

调查结果显示无集体产业和收入的家庭占比高达 68.32%，认为影响农村经济发展的主要障碍是缺乏国家政策扶持和劳动力短缺，青年人多进城打工，占比在 65.35%和 49.50%。对国家扶贫政策获取的渠道各不相同，还有 41.58%的人不知从何获取。留守家庭认为新农村建设主要依靠国家在资金投入方面的扶持和发展农村集体经济。家庭耕地有闲置的家庭占 45.54%，愿意接受乡村牵头，农民自愿在乡（村）里搞的致富项目的家庭占 61.39%。从上面数据分析可知，影响留守家庭经济的障碍主要是资源得不到充分利用，劳动力少，需要政府政策资金人员的扶持。

（四）七成以上的人不愿意搬离家乡，希望家人回乡工作

对您村进行整村搬迁，您是否愿意搬入新农村问题调查，只有 23.76%的家庭愿意搬迁，调查是否愿意让外出家人回来，只有 23.76%的家庭不愿意让家人回来。从这两个问题分析，解决空壳村现状需要把留下的人富起来，把外出的人引回来。

二、对外出务工人员的主要调查结论

（一）文化水平越高的人越愿意去城市发展

通过调查数据发现，外出务工人员的年龄大部分在 21~40 岁，青壮年占 73.5%，女性比男性多一点，文化水平在高中及以上的占总人数的 56%。工作岗位普通工人占 31%，家庭成员 5 人的人最多，占 35.5%，4 人的占 35%，家庭留守人数 2 人及以下的占大多数，达到了 50%以上。村里无集体产业或集体经济收入的人占 60.5%。从上面数据分析可知，大多数青壮年在城市从事普通的工作，家里都有留守人员，村子里无集体产业是他们外出务工的主要原因。

（二）外出务工提高了家庭收入

通过调查数据发现，外出务工是家庭收入主要来源，外出务工人员占总人数的53%，家庭年收入为5万~1万元占51%，比留守人员低5.44%，外出务工一定程度上提高了他们经济收入，改善了生活水平。

（三）大多数外出务工人员愿意回家乡创业就业

从数据分析可以看出，52%的人不了解回乡就业的政策，如果他们村子或村附近有村办工厂、工程，超过一半的外出务工人员愿意回乡工作。外出务工人员中67%的人考虑过在老家创业，但大多数人认为回乡创业需要资金、项目、政策等支持。他们更愿意干部带头创业致富。

（四）一半以上的大学生考虑毕业后回乡发展，他们希望政府能提高回乡工作的待遇

对大学生进行了调查分析，从数据可知，有54.39%的当代大学生考虑回乡发展，他们回乡村发展最关心的农村问题是孩子教育、医疗水平、交通出行，三项占比都超过70%。他们认为一些年轻人不想回乡发展的主要原因是乡村贫困、发展机会少、交通条件差、教育质量低。外出读书人员关注大学生回乡就业、创业有关的国家政策的积极度不高，对回乡就业、创业态度冷淡。大多数人认为回乡村能为乡村教育、农业、经济发展提供帮助，他们希望大学生回乡就业创业，政府应当加强思想动员，增加福利待遇。

第五节　"空壳村"里的扶贫效果案例

1. 赵某某，全家一共六口人，两个孩子正在上学，夫妻俩平时外出打工，农忙时返回帮忙，两位老人年近六旬，在家种地和饲养牛羊。房子是以前的土坯房，全家人的住房条件略显拥挤。2019年开春，为响应国家全面建成小康社会的战略号召，县委积极进行脱贫的帮扶，水泥路通到了家门口，解决了出行难的问题。而且对危房改造进行补贴，土坯房摇身一变成了砖瓦房。

2. 张某某，家里五口人，膝下无男丁，有一上门女婿。以前全家人靠天吃饭，本来就贫瘠的几亩地如果再加上旱涝的话，生计就成了问题。两位老人腿脚不太灵便，基本就靠上门女婿一人忙里忙外了。去年国家在县城给了一套廉租房，老人住上了楼房，而年轻人则拖家带口外出打工，生活条件有了实质性变化。

3. 赵某某，年轻时外出闯荡，老了只能回老家，至今仍然是孑然一身，是村里为数不多的五保户之一。刚回来时，政府出资修建了几间平房，解决了住的问题。他还是低保户，每个月都有固定的补贴。不仅如此，政府还免费发放牛羊，目的就是为了解决日常的开支，慢慢让其富裕起来。现在几只羊已经发展成了一群羊，每天早晚外出放羊，年末也有可观的收入，生活逐渐有了起色。

第六节 "空壳村"现象引起的问题及成因分析

一、"空壳村"现象引起的问题

（一）空巢老人现象

随着农村众多青壮年外出打工，农村出现了空巢老人现象，这种现象不仅给老人的心理、生活、经济等方面带来危害，也给社会养老问题带来压力。出现一些老人生活无人照料，病人起居无人过问，老人心里孤独失落等心理问题、生活问题。一些经济薄弱的农村让老年人的养老保障得不到保证。

（二）留守儿童问题

随着中国经济的快速发展，越来越多的青壮年农民进入城市打工，在广大农村也随之产生了一个特殊的未成年人群体——农村留守儿童。留守儿童是指那些由于父母外出打工而被留在家乡或寄宿在亲戚家中，长期与父母过着分开居住、生活的儿童。留守儿童问题是近年来一个突出的社会问题。留守的少年儿童正处于成长发育的关键时期，他们无法享受到父母在思想认识及价值观念上的引导和帮助，成长中缺少了父母情感上的关注和呵护，极易产生认识、价值上的偏离和个性、心理发展的异常。

（三）下一代的教育问题

下一代的教育问题也可说是与留守儿童问题是相关的，留守儿童成长发育的关键时期，无法享受到父母在思想认识及价值观念上的引导和帮助，成长中缺少了父母情感上的关注和呵护，极易产生认识、价值上的偏离和个性、心理发展的异常，这种思想上的教育问题就出现了。还有一种问题是关于知识方面的教育，现在的农村人员稀少，有能力的父母将自己的孩子带到城市接受教育，经济不好的父母只能让自己的孩子继续在农村上学，现在的农村缺乏优秀的教师队伍，孩子的教育质量提不上来。恶性循环下去，下一代的教育问题值得深思与注重。

(四) 制约了农业发展

众多村落，越来越多的农民喜欢外出打工不喜欢务农，留在村庄务农的只剩下妇女老人，有很多耕地空余，没人务农，制约了农业发展，使农业在国民经济中比重下降。

(五) 影响了社会稳定

从"空壳村"带来了一系列问题：空巢老人、留守儿童、教育问题、农业发展等，这些问题都影响到了社会的稳定。

二、"空壳村"成因分析

(一) 地理自然条件差

甘肃省地形复杂，地处偏僻，交通不便、资源匮乏、信息不灵、基础设施很差，导致大多农村青年劳动力进城创业。由于农民的城乡等级观念依然存在，部分农村青壮年受城市生活的影响，把走出农门、跨进城市作为自己的奋斗目标。这些年轻人凭着自己的一技之长，如从事砖瓦、水泥、焊接、机械等等，常年生活在城市，逐渐适应了城市生活方式，不愿意再回家从事传统的农业生产，逐渐实现了由农民向产业工人的转化。当农民进城务工成为一种时代潮流时，已经有一部分有稳定收入、在城市扎下根的进城务工人员携妻带子举家迁入城市，自然而然地完成了由农民向城镇居民的转变。

(二) 农业比较效益低

随着城乡收入差距日益增大，一些农民逐渐对土地失去了信心，农业比较效益低下，导致青年劳动力对农业生产的积极性基本丧失，市场经济规律促使素质较高、拥有年龄优势的青年劳动力从农村走向城市寻求发展空间，获取较高劳动报酬。就拿临夏州临夏县红台乡而言，全乡以传统种植业为主，收入极低。农业讲究的就是投入产出，在家务农入不敷出，迫使他们离开自己的土地，走向城市务工。加之，改革开放为第二、三产业的发展注入了强大的动力，为追求利益最大化，理性选择促使农村劳动力外流，寻求新的谋生手段，所以农民外出打工是其理性决策的必然，从而造成"空壳村"的产生。

(三) 城乡二元结构差异明显

由于国家和地方在交通设施、医疗卫生、教育水平、文化生活等方面投入上长期向城市倾斜，导致城乡二元结构差异明显，使得更多的农村年轻人选择异地求职、外出打工、举家外迁到城市务工，分享城市较好的教育、医疗、交通、服务等社会资源，提高生活质量。具体表现在：

一是农村交通基础设施薄弱。近年来，虽然各级政府加大了对农村公路建设的投入，启动乡村通达工程等项目，人民群众的生产生活条件得到了改善，但相比城市有宽阔的柏油马路，出入方便的公交车，差异是不言而喻的。这些完善的交通设施增强了城市对农村青壮年的吸引力，进而促使他们离开农村走向城市。

二是农村医疗卫生基础设施薄弱。相对而言，城市许多正规的社区医院，医疗设备先进齐全，医生的医术较为精湛，市民可以得到既方便又高质量的医疗服务。

三是农村的文化基础设施薄弱。村民精神文化生活单一，没有休闲娱乐的场地，茶余饭后只能在自家休息、串门聊天或打扑克、麻将。就以临夏回族自治州临夏县红台乡为例，以前，农村每逢岁末年初，农村都能组织起自己的秧歌队伍，村里男女老少都可参与，其乐融融。现在，人口大量外流，再难组织起秧歌班子，即便是村上来放映公益电影，都没有多少人去看；戏剧只有在庙会时才可能有，且不能保证每年都有。相反，城市有公园、广场、剧院等公共娱乐场所，闲暇之余人们能够得到更好的放松。

四是城乡教育水平差距甚大。近年来，在加快发展教育过程中，该县教育资源的整合与投入侧重于城镇，导致城乡教育资源严重失衡。城市教育设施完备，教师素质普遍较高，多媒体教学已经推广，而与之形成鲜明对比的是，农村学校已基本接近消失。家长们都望子成龙、望女成凤，这样的城乡教育差距必然使他们萌发送孩子进城读书的念头。一方面，农村撤点并校导致一些农村学生没办法就近入学，只能到离家较远的城镇中心学校就读；另一方面，80后新一代农民大量外出，孩子留在家里无人教育，留守的老一辈无力担负教育孙辈的责任，孩子只能随父母举家外出，到父母打工的地方接受教育。这就形成了：劳动力外出→孩子随迁→学校流失生源→学校停办→留守儿童被迫外出上学的一种恶性循环现象。

第七节 相应的对策及建议

一、兴办集体企业

许多"空壳村"可以利用本村独特的农业资源或工业资源，来兴办集体企业，让农民在本村内就可以打工，这样农民不仅可以获得经济来源，也可以在家和自己的父母、孩子一起生活，还有利于带动空壳村经济的发展。

二、依法管好管活集体资产

积极探索建立农村集体资产管理、运营相结合的科学运转机制，大胆进行农村的水厂、电灌站等固定资产的产权制度改革，调动广大农民管护和经营的积极性，让广大农民参与其中，确保这部分资产得到有效维护和长久使用。

三、建立农村合作社

为了进一步解决市场"小农户"和"大市场"的对接和适应问题，"空壳村"可以建立农村合作社—农超对接超市。这样可以联合生产，规模经营，可以有效地将分散的资金、劳动力、土地和市场组织起来，以较低的交易成本进入市场，降低交易费用，提高农副产品的附加值，实现农民持续增收、生活富裕的目的。

四、挖掘人文地理资源，发展特色旅游等服务业

我国许多农村有着特色鲜明的人文地理资源。这对于发展观念农业、生态旅游、民俗及民间特长等文化产业有一定优势。发掘了特色旅游业后，在此建立农家乐，通过对旅游景点的宣传，让更多的人知晓该景点，达到节假日很多人来农家乐旅游，从而带动农村经济的发展。

五、狠抓主导产业

在以农业为基础的"空壳村"发展村级集体经济，狠抓主导产业，建立经济支柱产业，让当地具有核心竞争优势的产业，从而促进空壳村农民的经济收入。

六、建立有效的土地流转使用制度

实行联产承包责任制和多种经营的市场经济条件下，土地既是一种自然资源又是一种资产。因此，"空壳村"可以建立有效的土地流转制度，从而可以合理利用土地资源，还可以使闲置的旧房宅基地实现资产保值和增值。

第四章 兰州市榆中县扶贫示范区居民幸福程度调查分析

第一节 调查的前期准备

一、研究目的及意义

（一）研究背景

"十二五"期间，兰州市委市政府提出的"三年实施300个贫困村整村脱贫、全市整体脱贫"的目标，集中专项扶贫、行业扶贫、社会帮扶的力量，采取有效措施着力推进扶贫攻坚。到2015年全市300个建档立卡贫困村实现整体脱贫，累计减少贫困人口28.94万人，贫困发生率由2011年的24%下降为2.26%，提前完成脱贫目标，为"十三五"全面建成小康社会奠定了坚实基础。

"十三五"规划的主要目标是实现"两不愁、三保障、两高于、一接近"。兰州市榆中县作为国家扶贫示范区近年来在经济方面取得了重大进展，居民生活水平也得到了相应的提高。榆中县通过五年的脱贫攻坚产业培育，全县增加值由2014年的14.46亿元增加到2018年的18.4亿元，年均增速5.4%。农民人均可支配收入由2014年的5557.83元/年增长到2018年的10300元/年，年均增速17%。依靠高原夏菜产业全县脱贫26811人，依靠中药材产业全县脱贫4312人，依靠马铃薯产业脱贫4123人，依靠玉米、小杂粮、油料、饲草等其他种植业脱贫10283人；依靠肉羊养殖脱贫7963人，依靠肉牛养殖全县脱贫698人，依靠生猪、散养鸡等其他养殖业，脱贫2792人。截至2019年上半年，全县3604户建档立卡未脱贫户中，共有2033户成功因地制宜培育了脱贫攻坚农业产业，为全县脱贫摘帽提供了坚实的产业支撑。本书主要通过对居民的生活环境、教育水平、身体健康程度等方面做相应的调查，从而反映国家宏观经济政策对居民幸福程度的影响。

(二) 研究意义

从探索性因子分析表可以看出，在身心健康指标中，心理状态良好的因子载荷量最大，说明心理状态良好对居民身心健康的影响大，而生活态度积极的因子载荷量最小，说明生活态度积极对居民身心健康的影响小；在物质条件指标中，交通状况良好的因子载荷量大，说明交通状况良好对居民物质条件的影响最大，而饮食条件良好的因子载荷量最小，说明饮食条件良好对居民物质条件的影响小；在生活质量指标中，生活规律的因子载荷量最大，说明生活规律对居民生活质量的影响大，而学校和教育标准高的因子载荷量最小，说明学校和教育标准高对居民生活质量的影响小；在医疗条件指标中，医疗设备齐全的因子载荷量最大，说明医疗设备齐全对居民医疗条件的影响大，而住院条件良好的因子载荷量最小，说明住院条件良好对居民医疗条件的影响小。

综上所述，心理状态良好、交通状况良好、生活规律和医疗设备齐全四个变量的分值高，说明这四个变量比较重要，对居民幸福感的影响较大，而其他变量的成分值相对来说比较低，对居民幸福感的影响相对较小。

榆中县是全国扶贫开发工作重点县、国家连片特困地区扶贫攻坚六盘山片区县之一，贫困人口多，贫困程度深，扶贫攻坚任务非常艰巨。此次调查旨在通过问卷形式，对榆中县扶贫示范区居民的生活环境、教育水平、身体健康程度等方面做相应的调查，从而反应国家宏观经济政策对居民幸福程度的影响。并从扶贫的现状分析中找出存在的问题，以及居民对扶贫政策的态度，从乡村振兴的角度提出完善扶贫的相关政策，为切实提高我国农村扶贫力度提供有效参考。

二、国内外研究现状

(一) 国外研究现状

贫困是一个全球性的问题，消除贫困是绝大多数发展中国家所面临的严峻挑战。在消除贫困的过程中，国内外学者做出了诸多的探索，对贫困的认识也在逐步深入。国外学界普遍使用了扶贫方案 (Poverty Reduction program) 提法。总的来说，国外扶贫方案基本也是基于"四类贫困现象"展开。以英美为代表的主要发达国家实行社会福利政策，提供基本公共服务来援助贫困群体，保障他们的基本生活，"二战"后，西欧各国纷纷效仿，现已成为发达国家扶贫减贫的主要途径之一。以巴西为代表的发展中国家则主要从社会保障制度与社会援助方案、社会救助项目等途径来减少贫困。如巴西的扶贫信息平台 (Anti- Poverty Information Plaform)、印度的圣雄甘地国农村就业保障法案（The MahatmaCandhi National Rural Employment Guarantee Act）、巴基斯坦的PPAF计划（Pakistan Poverty Alleviation Pro-sram）等等。另外，还有一些国际组织也在为消除贫困而努力，如联合国开发计划署（United Nations Develop-ment Programme）、世界银行（The World Bank）、世界卫生组织（World Health Organization）、国际人道责任伙伴组织（HAP- International）等等。

（二）国内研究现状

我国扶贫开发始于20世纪80年代中期，通过30多年的不懈努力，取得了举世公认的辉煌成就。主要体现在贫困人口大幅减少，农民增收步伐加快，经济发展上行向好，基础设施不断完善，公共服务明显提升，机制创新取得突破，对世界脱贫贡献巨大。国内的扶贫模式有：财政扶贫模式，以工代赈扶贫模式，"温饱工程"模式，产业扶贫模式，对口帮扶模式，旅游扶贫模式，移民搬迁模式，智力扶贫模式。但仍然存在一些问题，如贫困居民底数不清、情况不明、针对性不强、扶贫资金和项目指向不准等。对于具体贫困居民、贫困农户的帮扶工作存在许多盲点，真正的一些贫困农户和贫困居民没有得到帮扶。现行的扶贫制度设计存在一定缺陷，不少扶贫项目粗放"漫灌"针对性不强，更多的是在"扶农"而不是"扶贫"。以扶贫搬迁工程为例，居住在边远山区、地质灾害隐患区等地的贫困户，一方水土难养一方人，是扶贫开发最难啃的"硬骨头"，移民搬迁是较好的出路，但是，因为补助资金少，所以，享受扶贫资金补助搬出来的多是经济条件相对较好的农户，贫困的特别是最穷的农户根本搬不起。新村扶贫、产业扶贫、劳务扶贫等项目受益多的主要还是贫困社区中的中高收入农户，只有较少比例特困农户从中受益，且受益也相对较少。

（三）文献述评

综上所述，国内外研究学者对扶贫分析与农村村民幸福度的关系做出了不同程度的研究，他们从各个角度研究和分析了影响村民幸福度的因素，并且提出了相关的建议和意见，为此政府还制定了相关的政策。

基于国内外学者对村民幸福度研究及国家对兰州市榆中县开展精准扶贫的前提，此次调查从榆中县的现状，扶贫前后的情况对比，村民各方面的满意度以及村民对政府所进行的一系列扶贫措施的看法等角度对兰州市榆中县的村民幸福度做出了研究和分析。并为改善兰州市村民的生活水平和为政府的扶贫工作更好地进行，提出了相关的意见和建议。

三、研究思路与内容

(一) 研究思路

此次调查的研究分以下几步完成:

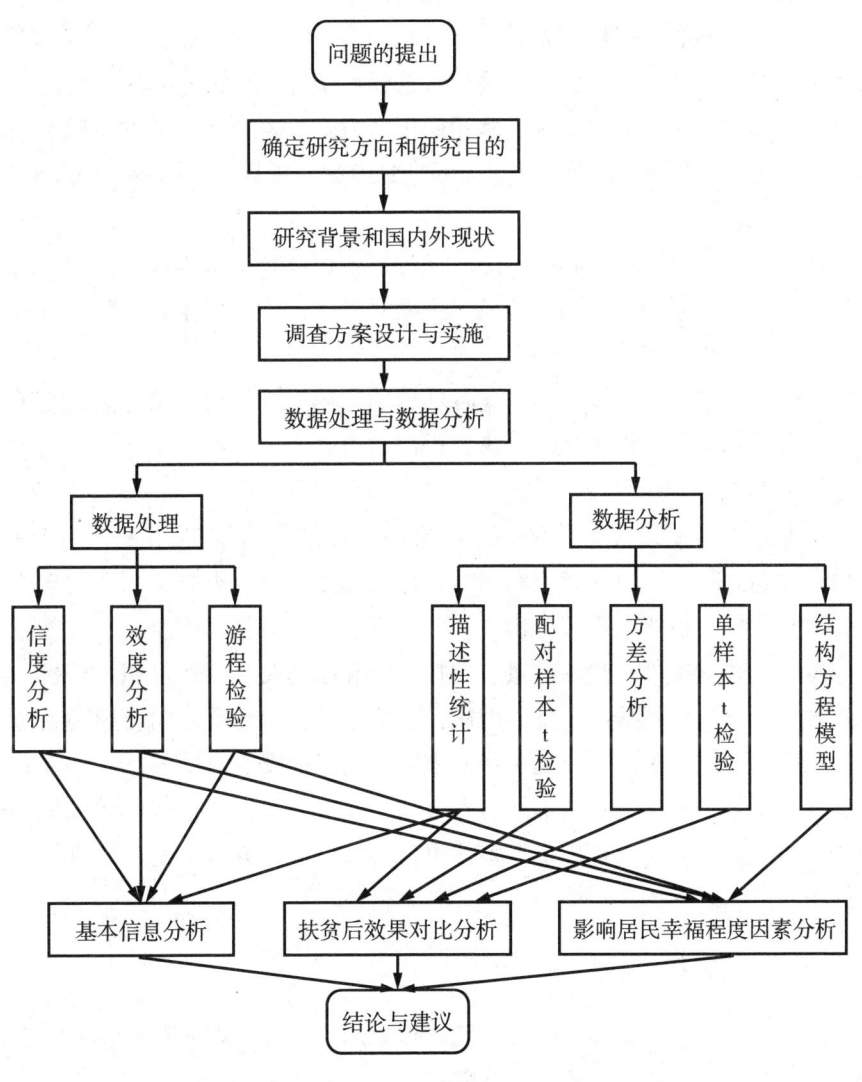

图 4-1 研究框架图

第一部分为前期准备。指出兰州市榆中县扶贫示范区居民幸福程度研究背景与意义，同时查阅国内外文献，对国内外研究现状进行总结，并就此次调查研究提出理论支持。

第二部分为调查方案设计与实施。提出问卷的设计原则，调查方案设计，并就调查实施过程、数据搜集方法做出详细描述；对得到的数据进行问卷的信度与效度检验，为下文总体分析及结构方程的建立做好准备。

第三部分为问卷基本信息及扶贫前后情况的分析。首先是受访者基本信息，包括职业、性别、年龄、地区等方面进行描述性统计分析；然后对扶贫前后居民家庭月生活支出、家庭住房情况、常用的出行方式、家庭所在地的路况、生病时在哪就诊进行配对样本 t 检验、方差分析、F 检验、单样本 t 检验、词云图分析，得出相应的结论。

第四部分为基于结构方程模型的实证分析。通过介绍结构方程模型，对七个维度的影响因素进行验证性因子分析，进而对模型拟合、修正、优化，将模型结论应用于实证分析之中。

第五部分为结论和建议。在上述各部分的基础上，针对居民对国家相关政策的扶持下的幸福程度，得出相关结论并提出建议。

（二）研究内容

本次调查以国家扶贫示范区——兰州市榆中县作为调查对象，从问题的提出、研究方向的确定、研究背景和国内外现状的分析、调查方案的设计与实施和数据处理与数据分析等几个部分出发，实地调查居民的基本信息、扶贫前后居民的身心健康、物质条件、生活质量、医疗条件和家庭关系，通过相关分析、结构方程多种统计方法分析得出，身心健康、物质条件、生活质量均会影响到居民的家庭幸福感，而医疗条件、家庭关系、家庭幸福感会影响居民的社会幸福感；从而由实证分析结果得出，在精准扶贫政策的落实下，居民的整体生活水平明显得到提升，相应地，居民幸福感也在整体提升，最后通过分析结论为政府部门提供建设性的意见。

四、分析方法

在确定研究方法的基础上，此次调查拟采用以下分析方法对问卷主体进行整体分析，从而得出结论，为相关扶贫部门提供参考建议。

（一）描述性统计方法

描述性统计方法是将研究中所得的数据加以整理、归类、简化、或绘制成图表，以此描述和归纳数据的特征及变量之间的关系的一种最基本的统计方法。通过对基本信息及主体部分，运用频数分布，百分比分布等描述统计的方法分析得出相关结论，从而对数据量化处理，得到相关结论。

（二）配对样本 t 检验

配对样本是指对同一样本进行两次测试所获得的两组数据，或对两个完全相同的样本在不同条件下进行测试所得的两组数据，变量均值是否存在差异的检验。

设总体 X_1，服从正态分布 $N(\mu_1, \sigma_1^2)$，总体 X_2，服从正态分布 $N(\mu_2, \sigma_2^2)$，分别从这两个总体中抽取样本 $(x_{11}, x_{12}, \ldots, x_{1n})$ 和 $(x_{21}, x_{22}, \ldots, x_{2n})$，且两样本相互配对。要求检验 μ_1 和 μ_2 是否有显著差异。

（三）方差分析

方差分析（ANOVA）又称变异数分析，其目的是推断两组或多组资料的总体均数是否相同，检验两个或多个样本均值的差异是否有统计学意义。

方差分析模型：

$$\begin{cases} x_{ij} = \mu + \alpha_i + \varepsilon_{ij} \quad i = 1, 2, \ldots, r; j = 1, 2, \ldots, n_i \\ \sum_{i=1}^{r} n_i \alpha_i = 0 \\ \varepsilon_{ij} \text{ 服从 } N(0, \delta^2)\text{，各个 } \varepsilon_{ij} \text{ 相互独立，} \mu_i \text{ 和 } \delta^2 \text{ 未知} \end{cases} \quad \text{式（4.1）}$$

（四）单样本 t 检验

单样本 t 检验，主要用于检验单个变量的均值与指定的检验值之间是否存在显著性差异，再者，样本均值与总体均值之间的差异显著性检验，也属于单样本 t 检验。

第二节　调查方案设计与实施

一、调查方案设计

（一）调查目的

第一，搜集兰州市榆中县居民的基本信息，包括职业、性别、年龄、地区、家庭月生活支出等数据，分析用户的基本特征。

第二，搜集兰州市榆中县扶贫前后家庭基本现状，通过对居民的住房、出行、医疗等情况进行综合分析，根据扶贫前后居民生活情况的对比，得出在国家扶贫政策的调控下,居民生活水平改善程度,以及当前居民在这几个幸福要素下的基本需求。

第三,搜集居民生活中遇到的问题的满意程度,此部分内容通过问卷量表的形式展现,主要从居民的身心健康、物质条件、医疗条件、家庭关系、家庭幸福感、社会幸福感进行体现。

第四,对当前居民生活中存在的问题进行分析,对于国家精准扶贫提供一定的建设性意见,为其他贫困地区扶贫政策提供相关参考。

(二) 调查内容

依据调查目的,确定调查包含的六个方面内容:被访者基本信息、扶贫前居民生活基本现状、扶贫后家庭基本情况、居民对当前生活中存在的问题的满意程度、以及对国家扶贫政策提供建设性意见。同时确定调查对象为兰州市榆中县8个乡镇,调查单位为兰州市8个乡镇中入样的居民。为了更好地对所需调查项目进行考量和保证答题者答题准确性,将相应调查项目进行了高度概括,最终整理得出的调查问卷见附件1。

(三) 抽样方案设计

1. 乡镇的抽取

榆中县共有23个乡镇,把23个乡镇按下表编号,然后应用统计软件从中随机抽取8个乡镇,如表4-1所示。

选中的乡镇依次为定远镇、和平镇、夏官营镇、三角城乡、小康营乡、哈岘乡、上花岔乡、金崖镇。

表 4-1　　　　　　　　　抽取的乡镇

编号	乡镇	人数	抽中编号
1	青城镇	21717	
2	金崖镇	25789	2
3	和平镇	32943	3
4	城关镇	31520	
5	定远镇	21000	5
6	夏官营镇	17499	6
7	甘草店镇	17493	
8	高崖镇	12272	
9	来紫堡乡	21668	

续表

编号	乡镇	人数	抽中编号
10	三角城乡	26548	10
11	小康营乡	28064	11
12	连搭乡	33000	
13	银山乡	9276	
14	马坡乡	17141	
15	新营乡	19785	
16	清水驿乡	21252	
17	龙泉乡	10867	
18	韦营乡	6039	
19	中连川乡	10387	
20	贡井乡	8261	
21	上花岔乡	7587	21
22	哈岘乡	5022	22
23	园子岔乡	8340	

2. 编制抽样框

此次调查主要针对兰州市榆中县的定远镇、和平镇、夏官营镇、三角城乡、小康营乡、哈岘乡、上花岔乡、金崖镇的居民进行调查。采取的是多阶段抽样的方法，首先将总体分为定远镇、和平镇、夏官营镇、三角城乡、小康营乡、哈岘乡、上花岔乡、金崖镇八层，每层的所有村作为一级单元，一级单元中所有社作为二级单元，然后分别在这四层中独立使用三阶段抽样方法，第一阶段抽出村作为一级抽样单位，第二阶段从第一阶段抽取的村中抽取社作为二级抽样单元，第三阶段从第二阶段抽取的社中抽取居民户作为三级抽样单元。其中抽取村的方式为简单随机抽样；抽取社的方式为：把每个乡镇的社按一定的顺序编号，然后采用圆形等距抽样，其中抽取到的社见表4-2；然后采用随机抽样的方法抽取居民户。

表 4-2　　　　　　　　　　　调查抽样框

分层	入样村社的个数	每个村社的入样数	各村社入样居民户个数
定远镇	4	2	109
和平镇	4	2	170
夏官营镇	2	2	91
三角城乡	4	2	137
小康营乡	5	2	145
哈岘乡	2	1	26
上花岔乡	2	1	39
金崖镇	4	2	133

3. 设计调查问卷

针对本次问卷的调查目的，设计了相应的调查问卷。问卷主要分为五个部分，第一部分是被调查者的基本信息，通过被调查者职业、性别、年龄、受教育程度、是否空巢家庭、地区、是否贫困家庭、贫困类型等信息，了解被调查者的基本特征，有利于对样本进行分类分析；第二部分是榆中县扶贫前的家庭情况；第三部分是榆中县扶贫后的家庭情况；第四部分是幸福程度评价指标量表；第五部分是开放式问题，主要是询问居民对扶贫政策的态度和家庭目前仍然存在的问题。

4. 样本容量的确定

假设调查中要估计的是调查的比例 P，样本量的估计公式为：

$$n_0 = \frac{t^2 P(1-P)}{\Delta^2} \qquad 式（4.2）$$

式中，t 为概率度，它的数值 α 有关，当置信度为 95% 即 $\alpha = 0.05$ 时，$t = 1.96$；Δ 为允许的最大绝对误差；n_0 为最大样本量。

当调查的方差最大时，即 $P = 0.5$，置信度为 95%，即 $t = 1.96$，最大绝对误差为 $\Delta = 0.05$ 时，样本量为：

$$n_0 = \frac{t^2 P(1-P)}{\Delta^2} = \frac{1.96^2 \times 0.5 \times (1-0.5)}{0.05^2} \approx 385 \qquad 式（4.3）$$

根据调查的数据可计算设计效应为 $deff = 2.08$，对简单随机样本量进行调整，可以得到所需的样本量：

$$n' = deff \cdot n = 2.08 \times 385 \approx 799$$

因为预调查的问卷有效率为 93.89%，为了保证问卷的质量，假设正式调查

时问卷的有效率 $R = 94\%$，计算得最终问卷数量为：

$$n = \frac{n'}{R} = \frac{799}{0.94} \approx 850 \qquad 式（4.4）$$

按兰州市榆中县居住人口比例确定各乡镇样本容量，定远镇 21000 人，发放问卷 109 份；和平镇 32943 人，发放问卷 170 份；夏官营镇 17499 人，发放问卷 91 份；三角城乡 26548 人，发放问卷 137 份；小康营乡 28064 人，发放问卷 145 份；哈岘乡 5022 人，发放问卷 26 份；上花岔乡 7587 人，发放问卷 39 份，金崖镇 25789 人，发放问卷 133 份。

二、数据搜集方法

基于以上研究思路，为了更好地达到研究目标，此次调查采用如下数据搜集方法获取数据与信息。

（一）文献研究法

查阅与精准扶贫、幸福程度有关的理论资料、研究成果等，包括国内外的研究、实践经验，然后进行分类整理总结，作为本论文的指导性依据。

（二）深入访谈法

通过对入样街道居民随机面访，考察兰州市榆中县居民家庭生活现状，然后对所得到的访谈内容进行整理分析。

在调查过程中，对榆中县扶贫示范区随机选择了几个较贫困的乡村对村民进行了深入访谈。面访过程中，大多数家庭已经脱贫并且反映政府扶贫政策很好，落实也很到位，效果良好，确实对贫困居民的生活条件起到了一定的改善作用。但其中令大家印象最深刻的一个家庭的反馈内容为：国家政策很好，对贫困居民也很照顾，但具体的落实还是有点欠缺，虽然已经脱贫，但是依然很贫困。

（三）问卷调查法

通过问卷调查的方式，对兰州市榆中县居民的物质条件，医疗状况，家庭关系等方面进行研究，从而为政府精准扶贫提供理论支持。

三、调查实施过程

（一）调查进度

熟悉了调查项目性质、目的、要求等方面内容之后，首先系统地学习调查过程中应掌握的调查知识以及访问技巧，提升调查人员素质。严格按照抽样方法和入样单元执行，并结合任务完成效率的高低及时调节，以保证问卷发放的有序进行。

在发放正式调查问卷阶段，具体收集数据的工作从 2019 年 5 月 8 号开始到 5

月 18 号截止，共花费了 10 天的时间。在问卷发放过程中，严格按照调查规则，小组成员每两人一组，同时为一个被访者服务，并及时回答被调查者的疑问。对于填写问卷随意，所有选项均为同一个答案的，标记为无效问卷，以此抽取下一样本。

调查工作的期限为 2019 年 4 月 21 日—2019 年 6 月 15 日：

1. 调查前期准备（4.21—4.28）

a. 明确调查的目的和内容。

问卷设计的首要任务是确定调查的目的和内容，即规划问卷所需要的各种信息。只有认真仔细的研究调研的目的、主题和理论假设，将调研的问题进行具体化分析，才能使问题更有条理，操作更加简单。

b. 搜集相关资料。

要想设计好一份问卷，就不能凭空想象，要尽力地发现并解决问题，尽可能多地搜集相关资料，使问卷更加完善。在搜集资料的过程中，可以对个别的调查人员进行走访，深入了解他们的经历、习惯和一些基础情况，做到有的放矢。

c. 确定调查方法。

调查问卷的设计是受调查方法影响的，因为不同类型的调查方法所需要的问卷内容和形式是不同的，比如说走访的形式、发卡的形式或是网络问卷的形式等，每一种形式问卷的设计要求是不一样的。

d. 确定每个问题的内容。

在调查的形式确定后，接下来就是确定每项问题的具体内容。也就是说每项问题中都包含什么，每个问题组合后是否达到统一要求，问题是否全面。

e. 决定问题的结构。

调查问卷主要有两种结构，即：封闭式问题和开放式问题，其本质的区别就在于是否设置答案。如果不设置答案，让应答者自己任意回答问题就是开放式问题；如果设置答案，让应答者自己在答案中做选择就是封闭式问题。

2. 拟定问卷并进行预调查（4.29—5.7）

对两个乡镇各发放 50 份问卷进行预调查，并对问卷中反映出的问题进行修改，对预调查数据进行处理。在一定的精度要求和费用要求下计算得出样本量，这就是所要发放的问卷数。

3. 正式调查（5.8—5.25）

走访各乡镇，实地调查发放问卷，因为学生在上学不在家里，不方便调查，所以，主要通过对中老年人的调查来反映出扶贫项目的效果。

4. 数据处理（5.26—6.1）

a. 数据处理：将问卷数据录入，对于缺失值，异常值进行处理；紧接着对问卷进行信度和效度检验。

b. 数据分析：在理论研究与实证分析的基础上，采用描述性统计、列联表分析的卡方检验、相合性检验、对应分析、对数线性模型等方法对居民基本信息和居民基本情况进行分析。同时，建立居民幸福程度的结构方程模型，对居民幸福程度的理论假设进行实证分析，得出具体的结论。

5. 报告撰写（6.2—6.15）

描述并分析榆中县居民在精准扶贫项目的实施下居民生活条件的改善和幸福度的提高的具体情况。

图 4-2　调查进度图

（二）质量控制

结合获得最后的样本，要求被调查者根据自己的实际情况填写。问卷收回后，先进行问卷筛选，排除无效问卷（问卷中有的数据缺失或所有条目均填写同一的答案时，即为无效问卷）；然后审核所有数据，核对无误后录入数据。所有数据均采用二次录入，以便保证数据录入的准确性，减少人为性错误。数据录入完毕后，再次对数据库进行校对，如发现问题，立即与原始问卷进行核对，充分保证资料录入的可靠性。发放的问卷总共 850 份，最终核对后确定的有效数据为 800 份，问卷有效率达到 94.11%，有效地保证了数据的真实合理性。

四、预调查分析

在完成问卷设计后，由调查小组成员于 2019 年 4 月 21 日至 4 月 28 日进行了预调查。在入样的 2 个乡镇进行问卷试发放。每个乡镇发放 25 份问卷，共发放了 50 份问卷，回收 41 份问卷，经过筛选后，得到了 36 份有效问卷，有效率为 87.8%。利用 SPSS21.0 统计分析软件对预调查问卷的数据进行探索性因子分析，并做了信度和效度检验，删除一些无效的题项，形成最终的正式问卷，为后面大样本调查和实证分析做好准备工作。

(一) 对预调查数据的评估

针对问卷量表中的相关数据有必要进行项目区分来考察。

采用相关法考察项目区分度。相关法是对量表每道题目与量表总得分的皮尔逊相关系数进行考察，若达到显著水平（P 值<0.05）且相关系数高。则题目鉴别力理想。本次调查的 40 道量表题目采用相关法分析，结果如表 4-3 所示，被试在各项目得分与在量表总分相关系数 r 的绝对值在 0.686~0.827 之间，所有题目得分与总量表得分相关系数 r 的置信度检验结果均达到显著水平（P 值<0.01），表明问卷量表的 37 道题目都具有非常理想的区分度。

表 4-3 调查项目相关系数表

题号	r	题号	r	题号	r
m1	0.765**	m14	0.758**	m27	0.797**
m2	0.798**	m15	0.720**	m28	0.807**
m3	0.768**	m16	0.794**	m29	0.777**
m4	0.728**	m17	0.821**	m30	0.827**
m5	0.761**	m18	0.780**	m31	0.779**
m6	0.763**	m19	0.815**	m32	0.817**
m7	0.747**	m20	0.803**	m33	0.736**
m8	0.722**	m21	0.758**	m34	0.790**
m9	0.751**	m22	0.821**	m35	0.773**
m10	0.735**	m23	0.793**	m36	0.722**
m11	0.686**	m24	0.769**	m37	0.783**
m12	0.659**	m25	0.774**	m38	0.749**
m13	0.706**	m26	0.719*	m39	0.735**
				m40	0.723**

(二) 探索性因子分析

在对第 16 题中的 40 个题项逐个做探索性因子分析时，首先有必要来分析适用性检验。小组成员通过 SPSS21.0 软件对模型的量表做探索性因子分析，以此为标准检验问卷的效度，最后所得到的 KMO 值大小反映了量表是否适合进行因子分析，KMO 值越接近 1，数据越适合做因子分析。Bartlert 球形检验主要考察变量间相关性，原假设相关系数矩阵为单位矩阵，如果 P 值小于设定的显著水平

a，则拒绝原假设，表明各变量的相关系数矩阵不是单位矩阵，即达到显著则表示它们适合进行探索性因子分析。如果 P 值大于显著水平 a，则接受原假设，表明各变量之间不存在相关关系，不适合进行因子分析。

根据查阅资料，得到 KMO 检验的评判标准如表 4-4 所示。

表 4-4　　　　　　　　　　KMO 检验评判标准表

KMO 值范围	是否适合因子分析
0.9	非常合适
0.8-0.9	很合适
0.7-0.8	合适
0.6-0.7	不太合适
0.5-0.6	勉强
0.5 以下	不合适

根据上述标准对其进行检验得出如下结果：由表 4-5 可知，KMO 值为 0.869，接近 1，数据比较适合做因子分析。输出结果中 Bartlett 球体检验中卡方统计值的 P 值为 0.000，小于 0.05，可以认为相关系数矩阵和单位矩阵有显著差异，说明数据具有相关性，适宜于作因子分析。

表 4-5　　　　　　　　　KMO 与 Bartlett 球形度检验表

KMO 取样适切性量数		0.869
Bartlett 球形度检验	近似卡方	8367.747
	自由度	780
	显著性	0.000

本次调查问卷中纳入的探索性因子分析的预调查选项共有 37 个题项，同时结合前述分析删选的基本要求，每个题目的因子载荷矩阵至少要大于 0.4，每个因子要包含至少三个题目，对所有的选项进行重复上述探索性因子分析，根据碎石图检验，抽取 7 个合理的因素，其特征值均大于 1，总体贡献率较高，且旋转后解释总方差贡献率为 75.359%，解释效果较好。各因素特征值、贡献率及累积贡献率基本情况见表 4-6。

表 4-6　　　　　各因素特征值、贡献率及累积贡献率基本情况

	因素一	因素二	因素三	因素四	因素五	因素六	因素七
特征值	6.378	5.842	5.666	5.518	2.912	2.533	1.654
贡献率	15.945	14.606	14.165	12.894	7.281	6.334	4.134
累计贡献率	15.945	30.551	44.716	57.610	64.891	71.225	75.359

（三）信度检验

问卷设计质量的信度检验指的是对问卷测量结果准确性的分析，即对设计的问卷在多次重复使用下得到的数据结果的精确性和可靠性检验。通过信度分析，可以反映被测特征的真实程度。采用 Cronbach 信度测量问卷项目的内在一致性系数，信度系数的取值范围为 [0，1]。Cronbach 信度测量公式如下：

$$\alpha = \frac{n}{n-1}(1 - \frac{\sum Si^2}{S_T^2}) \qquad 式（4.6）$$

其中，n 为量表的总题数，Si^2 为第 i 题得分的题内方差，S_T^2 为全部题项总得分的方差。从公式中可以看出，Cronbach 系数评价的是量表中各调查项目得分的内部一致性。信度系数越大，说明测量的可信度越大。

一份设计较为良好的问卷，信度系数最好在 0.80 以上，0.70 至 0.80 之间算是可以接受的范围，若分量表的内部一致性系数在 0.60 以下或者总量表的信度系数在 0.80 以下，应考虑重新修订量表或增删题项。根据测试结果来确定问卷问题是否是合理的，其信度判断标准如表 4-7 所示：

表 4-7　　　　　　　　　系数与问卷质量对应表

Cronbach 系数（α）范围	子问卷	总问卷
α<0.5	不理想，舍弃	非常不理想，舍弃
0.5≤α<0.6	可接受，但需修改	不理想，重新编制或修订
0.6≤α<0.7	可以接受	勉强接受，但需修改
0.7≤α<0.8	信度高	可以接受
0.8≤α<0.9	信度很高	信度高
α≥0.9	信度极高	信度很高

注：α 代表 Cronbach 系数。

对问卷中 Q16 量表计算的七个维度的 Cronbach 系数结果如表 4-8 所示：

表 4-8　　　　　　　　　　信度检验结果表

维度	α	项数	信度评价
身心健康	0.843	6	较好
物质条件	0.720	5	可以接受
生活质量	0.886	6	较好
医疗条件	0.788	6	较好
家庭关系	0.825	5	较好
家庭幸福感	0.834	4	较好
社会幸福感	0.861	5	较好
总量表	0.879	37	较好

通过表 4-8 可知，居民生活满意度内部一致性信度 $\alpha=0.879$，表明从整体上看该量表是稳定可靠的；同时，各分量表内部一致性信度都高于 0.700，表明居民生活满意度分量表的稳定可靠性是可接受的。

（四）模型修正——效度检验

根据预调查问卷数据的探索性因子分析，在原有指标的基础上将其分解为七个维度，五个外生变量维度及两个潜在变量维度，在信度分析的基础上进行效度分析，对所研究的问卷的效度进行检验。

效度是指能够准确测出所需研究的事物的程度，即有效性。效度分为三种类型：内容效度、准则效度和结构效度。主要采取内容效度与结构效度对预调查的数据进行效度检验。

1. 表面效度

表面效度又称内容效度或逻辑效度，是指所设计的题项能否代表所要测量的内容或主题。用各分量表与总量表之间的相关性作为考察量表内容效度的指标，检测某量表所能代表的主题的多少。据此对量表中各个维度之间与总量表之间的维度进行检验，考察其效度指标的代表性。

表 4-9　　　　　　　　　　　效度检验结果表

维度	身心健康满意度	物质条件满意度	生活质量满意度	医疗条件满意度	家庭关系满意度	家庭幸福感满意度	社会幸福感满意度
相关系数	0.688	0.790	0.777	0.656	0.715	0.713	0.599
置信度	0.000	0.000	0.000	0.000	0.000	0.000	0.000

由表4-9可知，各因子与总量表之间得分的相关性比较适中（p值均小于0.05），但感知满意度与总量表相关系数太低，究其原因是被访者在填写问卷中对后面的表格填写较为粗略，导致相关性较低。

2. 结构效度

结构效度是指测量结果体现出来的某种结构与测值之间的对应程度。结构效度可采用相关分析、因子分析、结构方程模型来评价，而结构效度评价的常用统计方法是因子分析。通过因子分析可以从量表中提取一些公因子，各公因子分别与特定变量高度相关，这些公因子代表了量表的基本结构，通过因子分析可以考察问卷是否能测量问卷设计时假设的某种结构。

在进行因子分析前需要进行采样充足性检验（Kaiser-Meyer-Olkin，KMO）和 Bartlett 球状检验。KMO 取值在 0 和 1 之间。当所有变量间的简单相关系数平方和远远大于偏相关系数平方和时，KMO 值接近 1，意味着变量间的相关性越强，原有变量越适合作因子分析，并且因子分析的结果越好。Bartlett 球度检验值越大则表明变量之间的独立性越高，各个条目存在共享公因子的可能性越低，越适合做因子分析。

表 4-10　　　　　　　　KMO 与 Bartlett 球形度检验

KMO 取样适切性量数		0.754
Bartlett 球形度检验	近似卡方	2250.344
	自由度	471
	显著性	0.000

表 4-10 中 KMO = 0.754，Bartlett 球形度检验 p 值小于 0.05，统计上显著。说明数据可以进行因子分析。

（五）正式调查数据处理及检验

在进行问卷的预调查后，根据问卷中描述的问题对问卷进行了进一步修改，

第四章 兰州市榆中县扶贫示范区居民幸福程度调查分析

正式调查于 2019 年 5 月 8 日至 2019 年 5 月 25 日完成，历时 18 天。

1. 数据处理

在面访调查与访谈中得到的数据并不能直接对数据进行分析，有必要进行一定的处理之后才能用于后续分析，数据分析包括以下几个方面：

（1）数据审核

在进行街道上面访时，按照抽样方案进行分城区分街道分发问卷并收回问卷，调查过程中对每一份问卷进行记录，分别统计每个地区的分发数与收回的问卷数，以确保信息的准确性。

为了确保问卷的完整性及访问质量，在面访问卷调查过程中，如果发现调查者未填写完整，或存在填写错误，则现场作出解释并请被调查者将问卷正确填写完整。调查结束后，需要对回收到的问卷进行核查，即确定哪些问卷是有效的、需保留的，哪些问卷需要作废。之后对初步接受的问卷进行校订，完成处理工作。

（2）编码及录入

在进行问卷调查之前，小组成员将问卷进行编号，从"001"至"900"，同时对每一个地区进行分发，之后小组成员集中进行发放，对每一个地区入样的居民进行随机面访调查。而对于 Q18（开放式问题）进行统一处理与汇总，利用 Excel2010 进行数据录入，随后进行数据分析与处理。

（3）缺省值处理

在对问卷进行缺省值的处理时，若问卷中出现大量数据缺失，则将整个问卷作废，以此经过筛选得到有效的样本，此过程使用 SPSS21.0 实现。在 800 份有效问卷中，部分缺省值可以使用该变量取值的均值来代替，在描述统计及二元选择模型选择中采用变量平均值代替的方法，针对排序型变量的缺省值则采用回归变量和判别分析来代替。

2. 信度分析

信度分析包括内在信度与外在信度，针对问卷中满意度调查题，将 37 个量表题按调查内容分成七个维度，分别考察被访者对乘坐公交的快捷程度、方便程度、服务程度、舒适程度、安全程度、感知体验、感知意愿七个方面的满意度。内在信度分析能够判别这些问题之间的内在一致性如何。采用 Cronbach 系数对正式调查数据进行信度检验。检验结果如表 4-11 所示：

表 4-11　　　　　　　　　　　信度检验结果表

维度	Cronbach 系数	项数	信度评价
身心健康	0.943	6	很好
物质条件	0.969	8	很好
生活质量	0.988	6	很好
医疗条件	0.957	5	很好
家庭关系	0.932	6	很好
家庭幸福感	0.949	5	很好
社会幸福感	0.921	4	很好

根据 Cronbach 系数表的分类说明问卷分类合理，量表内在一致性高。

3. 效度分析

效度分析分为内容效度和结构效度。仿照预调研数据的检验方法，用各项目分数与总和分数的相关系数做量表题的内容效度分析，判断各项目的代表性。用因子分析进行结构效度分析，以判断被访者对乘坐公交的快捷程度、方便程度、服务程度、舒适程度、安全程度、感知体验、感知意愿七个方面的满意度的分类是否合理。

（1）内容效度

内容效度分析结果如表 4-12 所示：

表 4-12　　　　　　　　　　　效度检验结果表

维度	身心健康满意度	物质条件满意度	生活质量满意度	医疗条件满意度	家庭关系满意度	家庭幸福感满意度	社会幸福感满意度
相关系数	0.853	0.952	0.934	0.887	0.896	0.965	0.957
置信度	0.000	0.000	0.000	0.000	0.000	0.000	0.000

通过表 4-12 得知 p 值均小于 0.05，表示各样本单个题目的评分与该题总分具有强正相关，说明量表测量的内容具有适当性和相符性。同时表明对问卷的修改与润色起到了一定的作用。

（2）结构效度

为说明满意度分类的合理性，要用到因子分析。先用 KMO 与 Bartlett 球形度检验判断数据是否适合进行因子分析，然后用因子分析提取能代表整体信息的主成分，与设定的三个成分进行对比，判断事前分组是否合理。

（3）KMO 与 Bartlett 球形度检验

表 4-13　　　　　　　　　　KMO 与 Bartlett 球形度检验

KMO 取样适切性量数		0.756
Bartlett 球形度检验	近似卡方	2776.135
	自由度	520
	显著性	0.000

由表 4-13 的检验结果 KMO = 0.756，Bartlett 球形度检验 p 值小于 0.05，统计上显著。说明数据可以进行因子分析。

4. 游程检验

在对问卷处理中，有必要保证填写问卷的随机性，此时非参数统计方法起到了重要的作用。采用游程检验的方法来判断性别对问卷数据是不是随机的，具体检验如下：

游程检验的检验统计量为 R，即游程个数。$X_1, X_2 \ldots X_n$ 是一列由 0 或 1 构成的序列，假设检验问题为：

H_0：数据出现顺序随机　　　H_1：数据出现顺序不随机

在零假设 H_0 成立的情况下，$X_i \sim b(i, p)$，p 是 1 出现的概率，由 n/m 确定，游程个数 R 的分布与 p 有关。当样本量很大时，在零假设下，根据精确分布的性质可以得到

$$E(R) = 2\frac{mn}{m+n} + 1$$
$$Var(R) = \frac{2mn(2mn-m-n)}{(m+n)^2(m+n+1)}$$
　　式（4.7）

于是可以得出

$$Z = \frac{R - E(R)}{\sqrt{Var(R)}} = \frac{R - 2\frac{mn}{m+n} - 1}{\sqrt{\frac{2mn(2mn-m-n)}{(m+n)^2(m+n+1)}}} \sim N(0, 1)$$
　　式（4.8）

因此，可以用正态分布表得到 p 值和检验结果。这时，在给定水平 ∝ 后，可以用近似公式得到拒绝域的临界值 c_1 和 c_2，满足 $P(R \leq c_1) \leq \alpha$ 及 $P(R \leq c_2) \leq \alpha$。

以被调查者性别为变量 X 来检验问卷数据是不是随机的。

检验结果 p 值为 0.940，不拒绝原假设，故可以认为问卷数据是随机的，得出的结论能够进行推广，具有说服力。

第三节 扶贫示范区居民基本信息及现状调查分析

一、基本信息分析

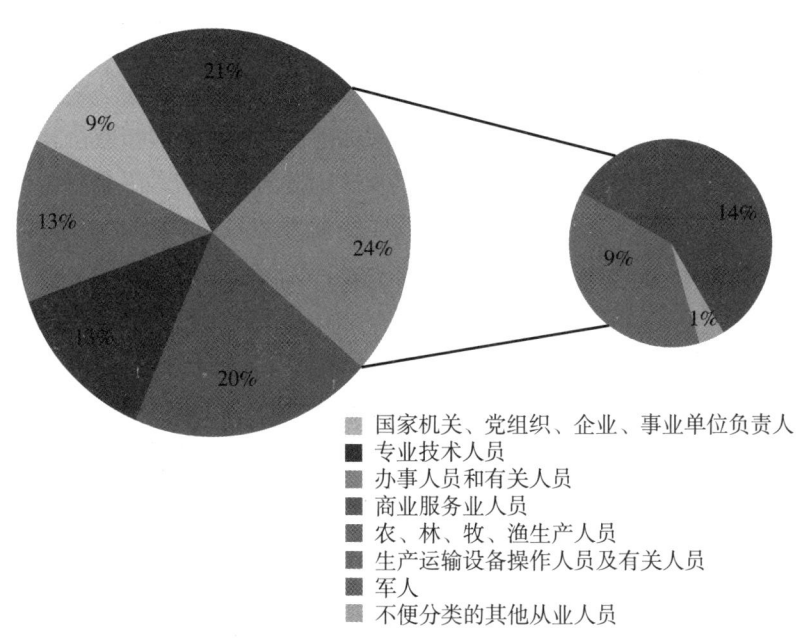

图 4-3 职业分类图

如图 4-3 所示，农、林、牧、渔生产人员，商业服务业人员最多，有 171 人，而生产运输设备操作人员 111 人，办事人员和有关人员 102 人以及专业技术人员 105 人，相对较多；而其他从业人员 73 人以及国家机关、党组织、企业、事业单位负责人员 70 人，相对较少；军人最少，只有 10 人。由以上数据可以得知，在所调查的八个乡镇的大多数乡民多为从事生产人员，其次为技术和办事人员，再次是组织负责人，而军人最少。

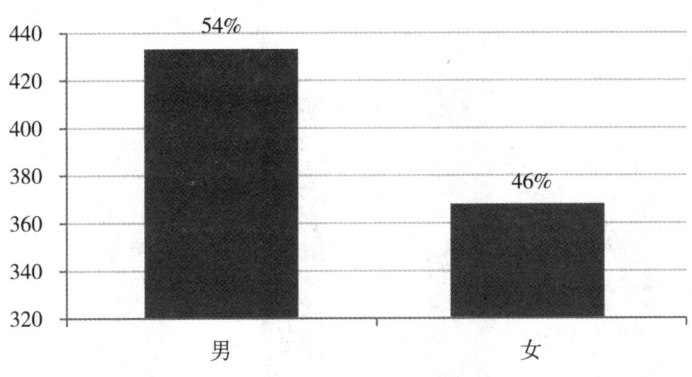

图 4-4　性别分布图

如图 4-4 所示，在调查的样本中，性别为男的样本量占总体样本的 54%，性别为女的样本量占总体样本的 46%，男女比例相当，对于此次调查具有现实意义，同时也说明了调查方案的合理性。

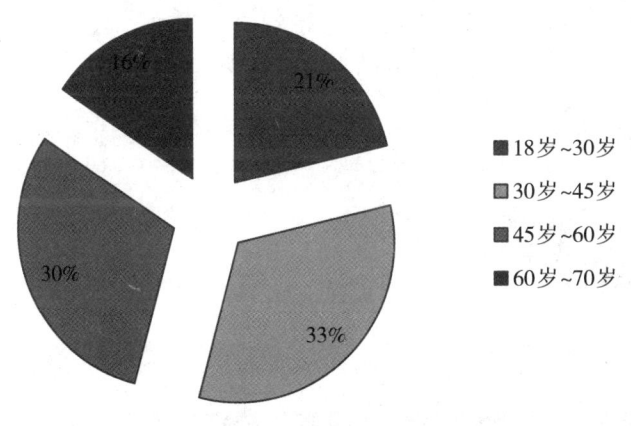

图 4-5　年龄分布图

如图 4-5 所示，在所调查的样本中，年龄在 30~45 岁的调查人数最多，占比 33%；其次是 45~60 岁，占比 30%；再次是 18~30 岁，占比 21%；最少是 60~70 岁，占比 16%。可见，此次对各个年龄段的人调查比较合理。

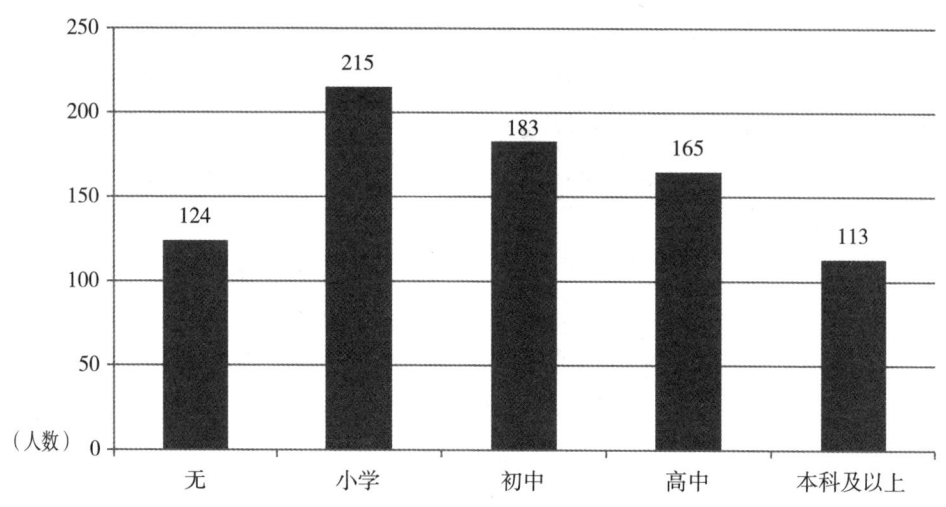

图 4-6 受教育程度分布图

如图 4-6 所示,所调查的 800 人中大多数人的文化水平是小学,有 215 人;文化水平是初中和高中的调查人数差不多,分别是 183 人和 165 人;没有上学经历的人也有 124 人,本科及以上学历的也有 83 人。其中,没有受过教育的人大多是老年人,文化水平为本科及以上的人大多是学生。

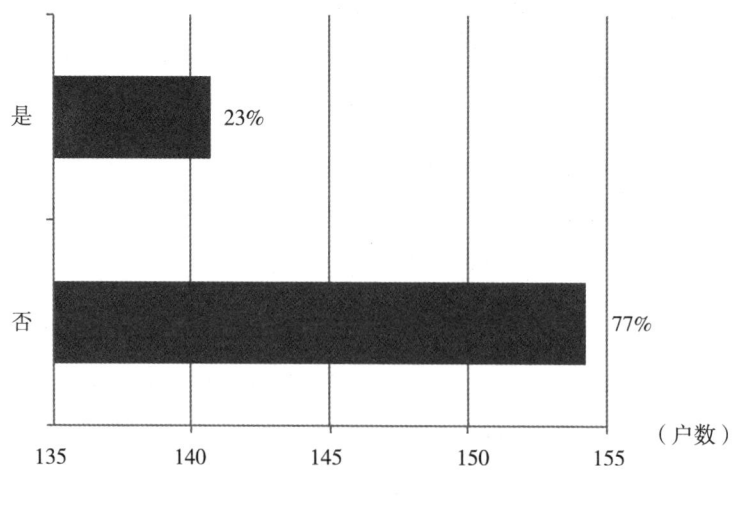

图 4-7 空巢家庭占比图

如图 4-7 所示，空巢家庭在所调查的对象中占 23%，非空巢家庭占 77%。榆中县扶贫示范区中空巢家庭占比约 1/4，从一定程度上说明了幸福程度不是很高。

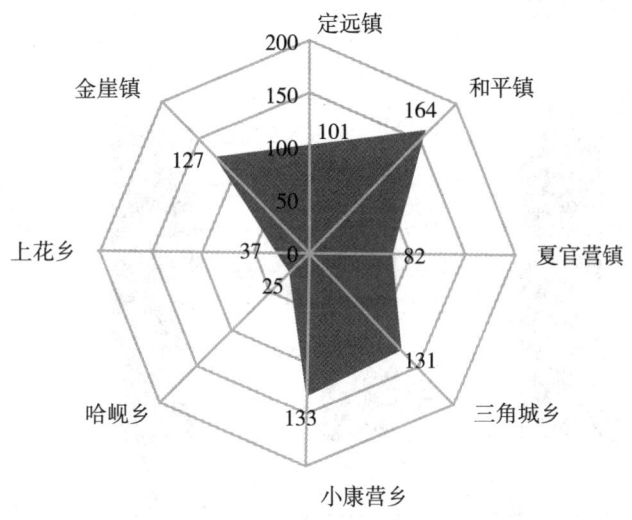

图 4-8　地区分布图

如图 4-8 所示，在所调查的 800 个对象中，和平镇人数最多，164 人；其次是金崖镇，127 人；再次是小康营乡和三角城乡，这两个乡人数差不多，分别是 133 和 131 人；定远镇人数为 101 人；上花岔乡、哈岘乡和夏官营乡的调查人数都比较少，不到 100 人。

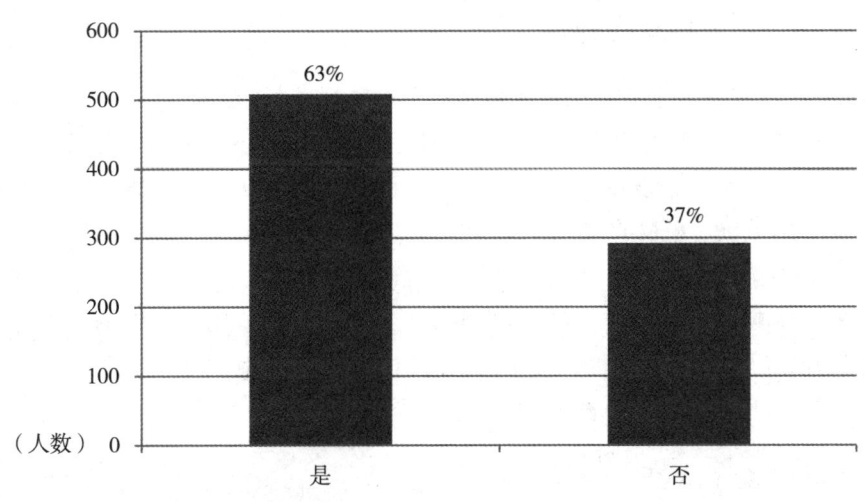

图 4-9　贫困家庭分布图

如图4-9所示，贫困户509人，占比63%，非贫困户291人，占比37%。贫困户人数大于非贫困户人数，可见，榆中县扶贫示范区的贫困户还是比较多的，脱贫工作还应加大力度。

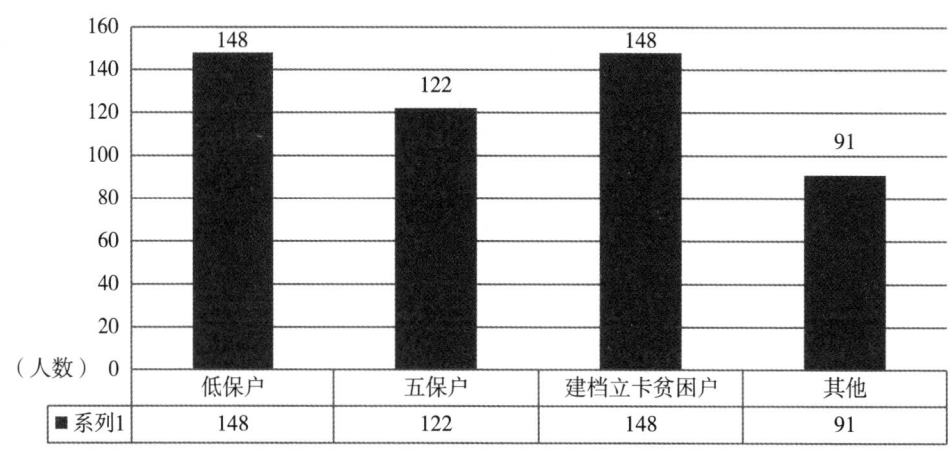

图4-10 贫困类型分布图

如图4-10所示，800个调查对象中，贫困类型为低保户和建档立卡户的人数最多，都是148人；五保户人数次之，122人；其他贫困类型的人数有91人。以上数据说明精准扶贫还需继续进行下去。

二、相关分析与检验

(一) 扶贫前后家庭月生活支出比较——配对样本t检验

把扶贫前后家庭月生活支出定类数据定量化：用1表示1000元以下，2表示1000元~1500元，3表示1500元~2000元，4表示2000元~2500元，5表示2500元~3000元，6表示3000元以上。

1. 扶贫前后家庭月生活支出的K-S正态性检验

配对样本t检验要求配对总体的样本服从正态分布，则总体中的样本应该服从正态性或近似服从正态性，样本的正态性检验如下：利用spss软件绘制扶贫前后家庭月生活支出的Q-Q图，如图4-11所示。

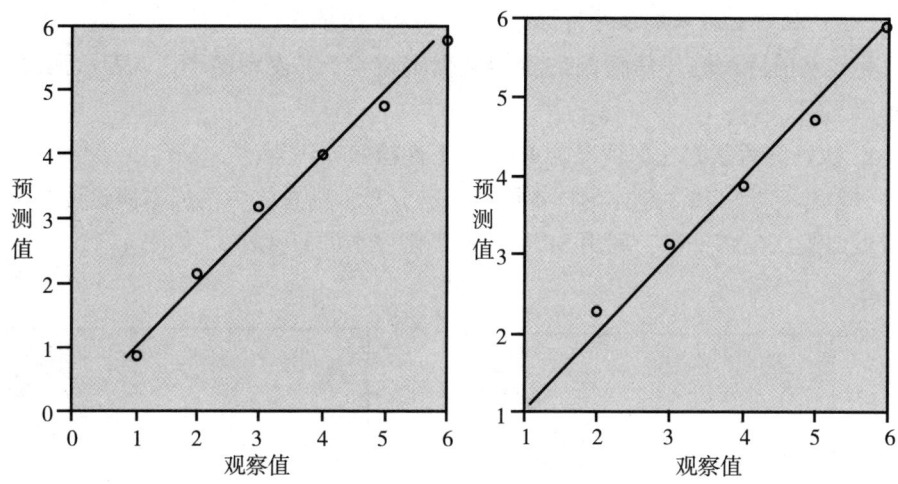

图 4-11 扶贫前后家庭月生活支出 Q-Q 图

由图 4-11 扶贫前后家庭月生活支出 Q-Q 图可得，两组数据的分布渐进服从正态分布，说明数据可以进行 t 检验。

2. 扶贫前后家庭月生活支出有无显著性差异的配对样本 t 检验

设扶贫前家庭月生活支出和扶贫后家庭月生活支出的均值分别为 μ_1 和 μ_2

a. 建立假设

原假设：扶贫前家庭月生活支出和扶贫后家庭月生活支出无显著性差异

备择假设：扶贫前家庭月生活支出和扶贫后家庭月生活支出存在显著性差异

即 $H_0: \mu_1 = \mu_2$ vs $H_1: \mu_1 \neq \mu_2$

b. 计算（由 spss 导入数据进行计算，如表 4-14 所示）

表 4-14　　　　　　　　　　配对样本 t 检验表

	组别	样本容量	均值	方差	df	t 值	P 值
支出	扶贫前	800	3.213	1.902	799	-17.972	6.53E-61
	扶贫后	800	3.976	2.254			

c. 结论

在显著性水平 0.05 下，因为 $P = 6.53E-61 < 0.05$，所以拒绝原假设，即认为扶贫前后家庭月生活支出存在显著性差异，且扶贫后家庭月生活支出大于扶贫前。

(二) 扶贫前后家庭住房情况的比较——方差分析

将扶贫前后家庭住房情况的定类数据定量化，1 表示窑洞，2 表示泥房，3 表示砖瓦房。

1. 扶贫前后家庭住房情况的 K-S 正态性检验

方差分析要求独立总体的样本服从正态分布，则总体中的样本应该服从正态性或近似服从正态分布，利用 SPSS 软件绘制样本的 Q-Q 图，如图 4-12 所示。

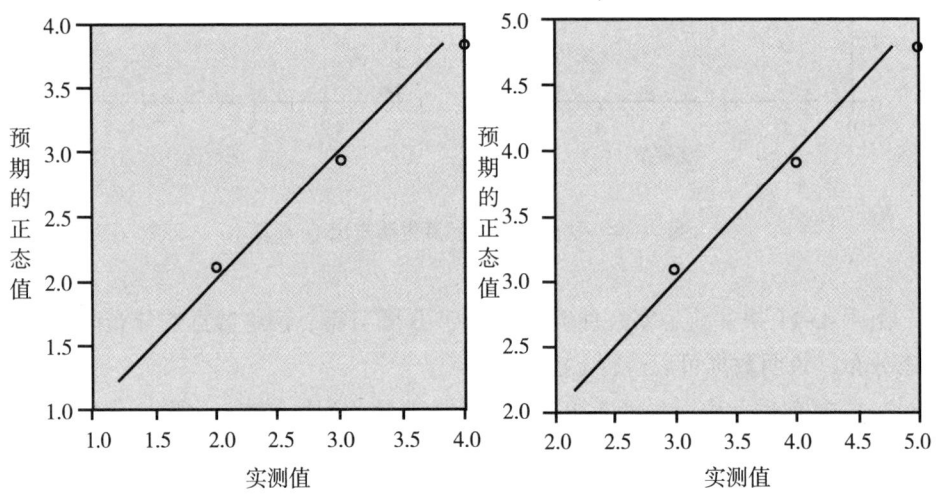

图 4-12　扶贫前后家庭住房情况 Q-Q 图

由图 4-12 可得，两组数据的分布都渐进服从正态分布，说明扶贫前和扶贫后的家庭住房情况定量化满足正态分布的条件，可以做方差分析。

2. 扶贫前后家庭住房情况有无显著性差异的配对样本 t 检验

设扶贫前家庭住房情况的均值为 μ_3，扶贫后家庭住房情况的均值为 μ_4。

a. 建立假设

原假设：扶贫前的家庭住房情况和扶贫后的家庭住房情况无显著性差异

备择假设：扶贫前的家庭住房情况和扶贫后的家庭住房情况存在显著性差异

即 $H_0: \mu_3 = \mu_4 \quad vs \quad H_1: \mu_3 \neq \mu_4$

b. 计算（由 Excel 计算得如表 4-15 所示）

表 4-15　　　　　　　　　方差分析结果

差异源	SS	df	MS	F	P-value	F crit
组间	193.9056	1	193.9056	256.4771	1.19E-53	3.847285
组内	1208.144	1598	0.756035			
总计	1402.049	1599				

c. 结论

取显著性水平 $\alpha = 0.05$，因为 $p = 1.19E-53 < \alpha$，所以拒绝原假设，即认为扶贫前的家庭住房情况和扶贫后的家庭住房情况存在显著性差异。

（三）扶贫前后居民常用的出行方式比较——t 检验

把扶贫前后居民常用的出行方式定类数据定量化处理：用 1 表示步行，2 表示自行车，3 表示电动车，4 表示汽车，5 表示其他。

1. 扶贫前后居民常用的出行方式的 K-S 正态性检验

t 检验要求检验总体的样本服从正态分布，则总体中的样本应该服从正态性或近似服从正态性，样本的正态性检验如下：利用 spss 软件绘制扶贫前后居民常用的出行方式的 P-P 图，如图 4-13 所示。

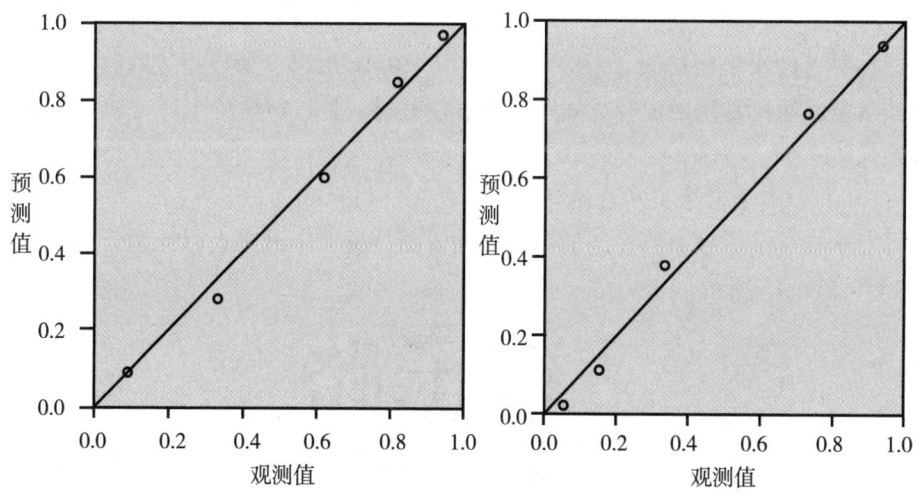

图 4-13　扶贫前后居民常用出行方式 P-P 图

由图 4-13 可得，两组数据的分布渐进服从正态分布，说明数据可以进行 t

检验。

2. 扶贫前后居民常用的出行方式有无显著性差异的配对样本 t 检验

设扶贫前居民常用的出行方式和扶贫后居民常用的出行方式的均值分别为 μ_5 和 μ_6。

a. 假设检验

原假设：扶贫前居民常用的出行方式和扶贫后居民常用的出行方式无显著性差异

备择假设：扶贫前居民常用的出行方式和扶贫后居民常用的出行方式存在显著性差异

即 $H_0: \mu_5 = \mu_6$ vs $H_1: \mu_5 \neq \mu_6$

b. 计算（由 spss 导入数据进行计算，如表 4-16 所示）

表 4-16　　　　　　　　　　配对样本 t 检验表

	平均	方差	样本容量	df	t 值	P 值
扶贫前	2.708	1.506	800	799	1.309	7.41E-05
扶贫后	3.358	1.151	800	799		

c. 结论

在显著性水平 0.05 下，因为 $P = 7.41E - 05 < 0.05$，所以拒绝原假设，即认为扶贫前后居民常用的出行方式存在显著性差异，且扶贫后的出行方式更趋向于机械化。

（四）扶贫前后家庭所在地的路况比较——词云图

对于扶贫前后家庭所在地的路况做词云图分析，R 语言运行的词云图，如图 4-14 和图 4-15 所示。

图 4-14　扶贫前家庭所在地的路况

图 4-15 扶贫前家庭所在地的路况

从图 4-14 和图 4-15 可以看出,扶贫前后家庭所在地的路况存在显著差异。扶贫前家庭所在地路况主要以土路和石子路为主,而扶贫后家庭所在地的路况主要以水泥路和柏油马路为主

(五)扶贫前后居民生病时在哪儿就诊比较

把扶贫前后居民生病时在哪儿就诊定类数据定量化:用 1 表示私人药店,2 表示村卫生室,3 表示乡镇卫生室,4 表示县医院,5 表示市医院,6 表示省医院。用扶贫后居民生病时在哪儿就诊所选值减扶贫后居民生病时在哪儿就诊所选值,即得扶贫前后居民在哪儿就诊所选值的差。

1. 扶贫前后居民在哪儿就诊所选值差的 K-S 正态性检验

单样本 t 检验要求样本服从正态分布,则总体中的样本应该服从正态性或近似服从正态性,样本的正态性检验如下:利用 spss 软件绘制扶贫前后居民在哪儿就诊所选值的差的 Q-Q 图,如图 4-16 所示:

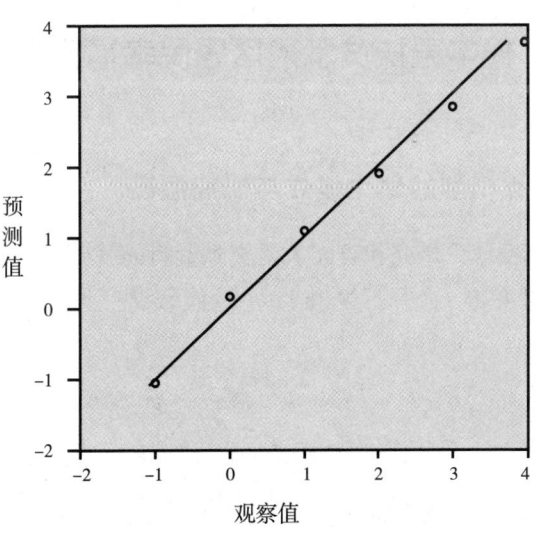

图 4-16 扶贫前居民在哪儿就诊 Q-Q 图

由上图 4-16 可得，数据的分布渐进服从正态分布，说明数据可以进行 t 检验。

2. 扶贫前后居民在哪就诊所选值的差单样本 t 检验

设扶贫前居民在哪就诊所选值的差的均值 μ

a. 建立假设

原假设：扶贫前后居民在哪就诊所选值的差的均值为 0

备择假设：扶贫前后居民在哪就诊所选值的差的均值大于 0

即 $H_0: \mu = 0$ vs $H_1: \mu > 0$

b. 计算（由 spss 导入数据进行计算，如表 4-17 所示）

表 4-17 单样本 t 检验表

样本容量	均值	标准差	df	t 值	P 值
800	1.130	1.132	799	28.226	0.000

c. 结论

在显著性水平 0.05 下，因为 $P = 0.000 < 0.05$，所以拒绝原假设，即扶贫前后居民在哪儿就诊的差的均值大于 0，认为扶贫后居民就诊的地点有显著提高。

第四节　榆中县扶贫示范区居民幸福程度实证分析

一、结构方程模型的理论建立与研究假设

基于顾客满意度理论研究和查阅大量文献资料的基础上，确定以下理论因果结构模型图（见图 4-17），并衍生出 11 个具体假设（见表 4-18），用于后续的建模工作。

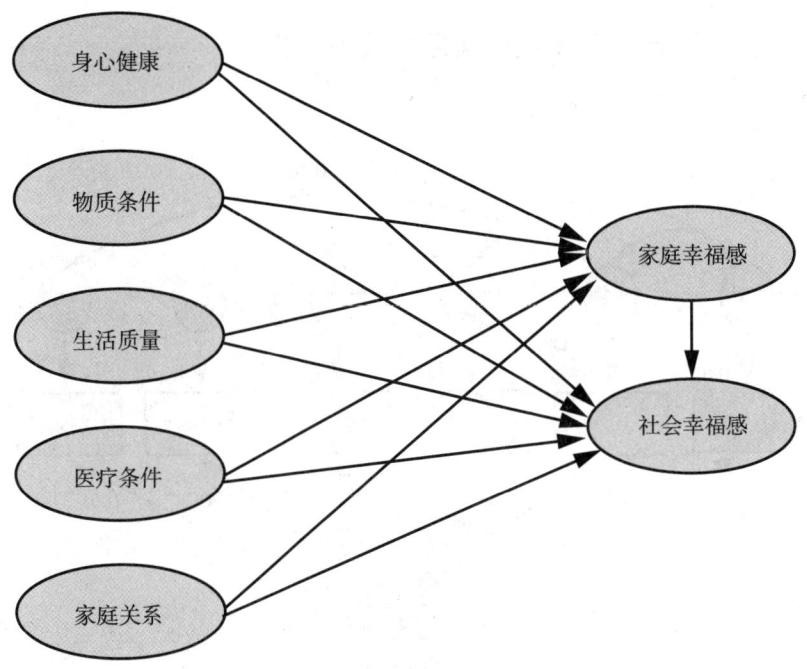

图 4-17 居民幸福程度因素理论结构模型图

表 4-18　　　　　　　　　　理论模型基本假设一览表

假设编号	假设内容
H_1	身心健康会直接正向影响居民的家庭幸福感
H_2	物质条件会直接正向影响居民的家庭幸福感
H_3	生活质量会直接正向影响居民的家庭幸福感
H_4	医疗条件会直接正向影响居民的家庭幸福感
H_5	家庭关系会直接负向影响居民的家庭幸福感
H_6	个人幸福感会直接正向影响居民的家庭幸福感
H_7	身心健康会直接负向影响居民的个人幸福感
H_8	物质条件会直接负向影响居民的个人幸福感
H_9	生活质量会直接负向影响居民的个人幸福感
H_{10}	医疗条件会直接正向影响居民的个人幸福感
H_{11}	家庭关系会直接正向影响居民的个人幸福感

二、贫困区居民幸福程度验证性因子分析

(一) 身心健康的验证性因子分析

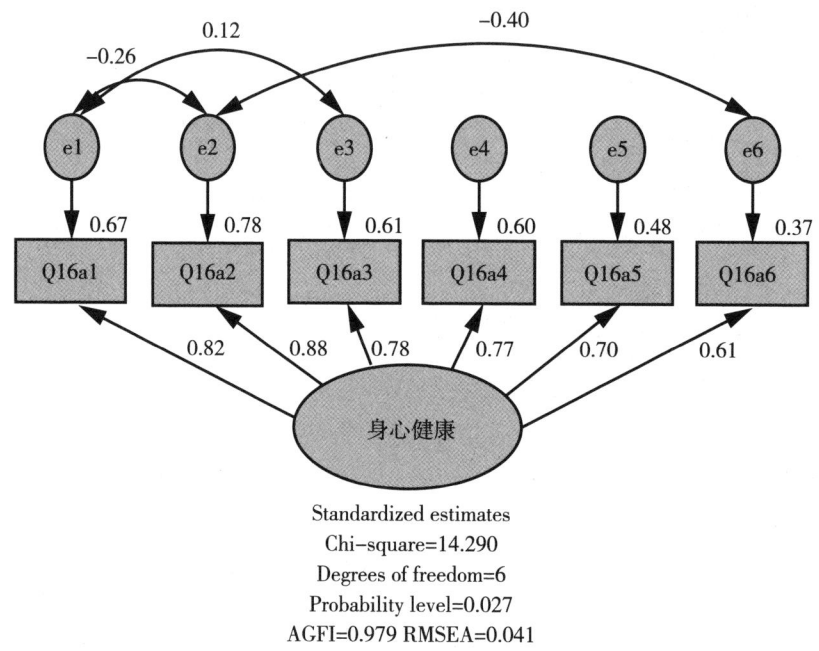

图 4-18 身心健康的验证性因子分析模型图

1. 模型参数估计

使用 AMOS24.0 对身心健康维度进行验证性因子分析,结果如表 4-19 所示。

表 4-19　　　　　　　　身心健康模型的信效度指标表

	因子载荷量	信度系数	测量误差	组合信度 CR	AVE 值
Q16a1	0.821	0.674	0.326	0.893	0.585
Q16a2	0.883	0.780	0.220		
Q16a3	0.780	0.608	0.392		
Q16a4	0.772	0.596	0.404		
Q16a5	0.695	0.483	0.517		
Q16a6	0.608	0.370	0.630		

在图表分析中，$\chi^2/df = 2.381$，接近于 3，且 P 值 = 0.027>0.01，这些绝对拟合指标表明研究测量模型的协方差矩阵与实证数据的协方差矩阵之间无显著性差异。

表 4-20　　　　　　身心健康的验证性因子分析模型拟合度指标表

df	GFI	AGFI	NFI	IFI	RMSEA
2.381	0.994	0.979	0.994	0.997	0.041

因为 χ^2 检验具有一定的局限性，实际研究中还需参考其他指标值，表 4-20 中，GFI = 0.994，AGFI = 0.979，都超过了 0.90 的标准接受值。而本模型中的，RMSEA = 0.041<0.08，说明模型总体上可以接受。IFI = 0.99，NFI = 0.994 这些相对拟合指标值都超过了 0.9 的门槛接受值，充分说明整体因子模型拟合较好，具有良好的组合效度，故认为该模型是完全可以接受的。

2. 信度、效度指标评价

从表 4-19 中可以看出，所有测量指标的因子标准化负荷值都大于 0.5，充分说明所有的标准化系数都具有很高的显著性水平。因此，这 5 个指标完全可以作为身心健康的测量指标。而且身心健康的组合信度值在 0.7 以上，充分说明各潜变量的测量内部具有良好的一致性，可以接受信度指标。

表 4-20 显示潜变量所属的观察变量负荷都大于 0.5 聚合效度的接受标准，充分说明研究量表潜变量具备一定的聚合效度。潜在变量平均抽取方差值（AVE 值）在 0.4 以上，表明构思变量的测量有足够的聚合效度。

（二）物质条件的验证性因子分析

1. 模型参数估计

使用 AMOS24.0 对物质条件维度进行验证性因子分析，结果如表 4-21 所示。

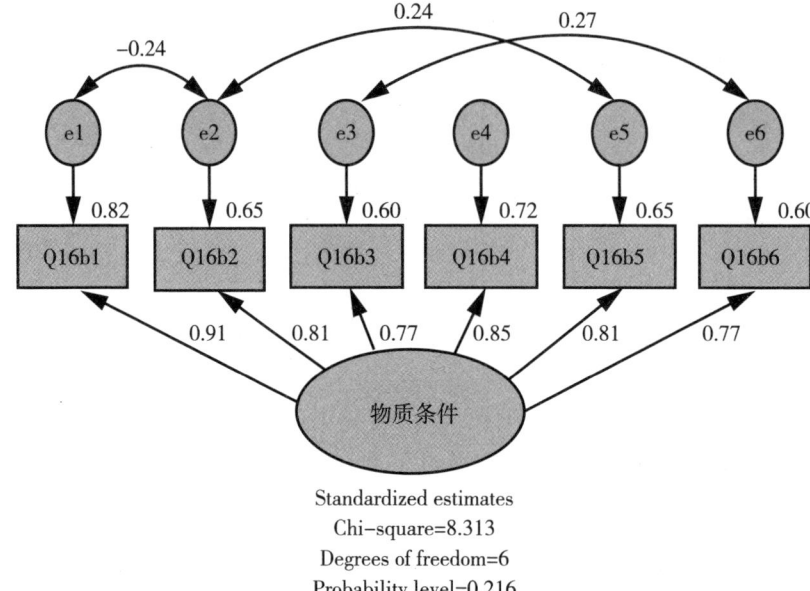

图 4-19 物质条件的验证性因子分析模型图

表 4-21 物质条件模型的信效度指标表

	因子载荷量	信度系数	测量误差	组合信度 CR	AVE 值
Q16b1	0.906	0.821	0.179		
Q16b2	0.807	0.651	0.349		
Q16b3	0.773	0.598	0.402	0.925	0.673
Q16b4	0.849	0.721	0.279		
Q16b5	0.807	0.651	0.349		
Q16b6	0.772	0.596	0.404		

在图表分析中，$x^2/df = 1.386$，且 P 值 = 0.216>0.01，这些绝对拟合指标表明，研究测量模型的协方差矩阵与实证数据的协方差矩阵之间无显著性差异。

表 4-22 物质条件的验证性因子分析模型拟合度指标表

df	GFI	AGFI	NFI	IFI	RMSEA
1.38686	0.997	0.988	0.998	0.999	0.022

因为χ^2检验具有一定的局限性，实际研究中还需参考其他指标值，表4-22中，GFI=0.997，AGFI=0.988，都超过了0.90的标准接受值。而本模型中的，RMSEA=0.022<0.08，说明模型总体上可以接受。IFI=0.999，NFI=0.998这些相对拟合指标值都超过了0.9的门槛接受值，充分说明整体因子模型拟合较好，具有良好的组合效度，故认为该模型是完全可以接受的。

2. 信度、效度指标评估

从表4-21中可以看出，所有测量指标的因子标准化负荷值都大于0.7，充分说明所有的标准化系数都具有很高的显著性水平。因此，这6个指标完全可以作为物质条件的测量指标。而且物质条件的组合信度值在0.7以上，充分说明各潜变量的测量内部具有良好的一致性，可以接受信度指标。

表4-22显示潜变量所属的观察变量负荷都大于0.5聚合效度的接受标准，充分说明研究量表潜变量具备一定的聚合效度。潜在变量平均抽取方差值（AVE值）在0.4以上，表明构思变量的测量有足够的聚合效度。

（三）生活质量的验证性因子分析

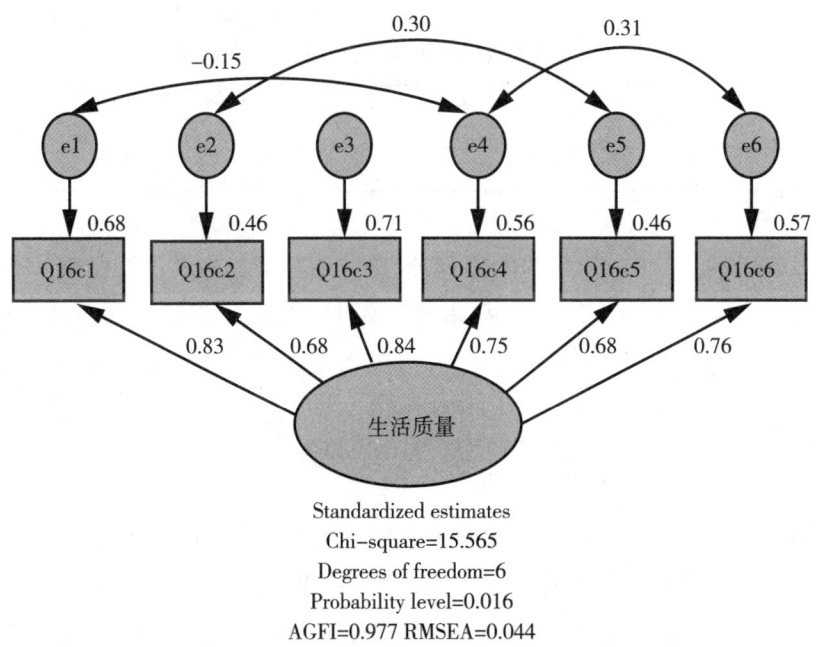

图4-20　生活质量的验证性因子分析模型图

1. 模型参数估计

使用 AMOS24.0 对生活质量维度进行验证性因子分析，结果如表 4-23 所示。

表 4-23　　　　　　　　生活质量模型的信效度指标表

	因子载荷量	信度系数	测量误差	组合信度 CR	AVE 值
Q16c1	0.825	0.681	0.319		
Q16c2	0.681	0.464	0.536		
Q16c3	0.843	0.711	0.289	0.890	0.575
Q16c4	0.751	0.564	0.436		
Q16c5	0.679	0.461	0.539		
Q16c6	0.756	0.572	0.428		

表中，$\chi^2/df = 2.594$，且 P 值 = 0.016>0.01，这些绝对拟合指标表明研究测量模型的协方差矩阵与实证数据的协方差矩阵之间无显著性差异。

表 4-24　　　　　生活质量的验证性因子分析模型拟合度指标表

df	GFI	AG	NFI	IF	RMSEA
2.594	0.994	0.977	0.994	0.996	0.044

因为 χ^2 检验具有一定的局限性，实际研究中还需参考其他指标值，表 4-24 中，GFI=0.994，AGFI=0.977，都超过了 0.90 的标准接受值。而本模型中的，RMSEA=0.044<0.08，说明模型总体上可以接受。IFI=0.996，NFI=0.994 这些相对拟合指标值都超过了 0.9 的门槛接受值，充分说明整体因子模型拟合较好，具有良好的组合效度，故认为该模型是完全可以接受的。

2. 信度、效度指标评价

从表 4-23 中可以看出，所有测量指标的因子标准化负荷值都大于 0.6，充分说明所有的标准化系数都具有很高的显著性水平。因此，上述 6 个指标完全可以作为生活质量的测量指标。而且生活质量的组合信度值在 0.8 以上，充分说明各潜变量的测量内部具有良好的一致性，可以接受信度指标。

表 4-24 显示潜变量所属的观察变量负荷都大于 0.5 聚合效度的接受标准，充分说明研究量表潜变量具备一定的聚合效度。潜在变量平均抽取方差值（AVE

值)在 0.4 以上,表明构思变量的测量有足够的聚合效度。

(四)医疗条件的验证性因子分析

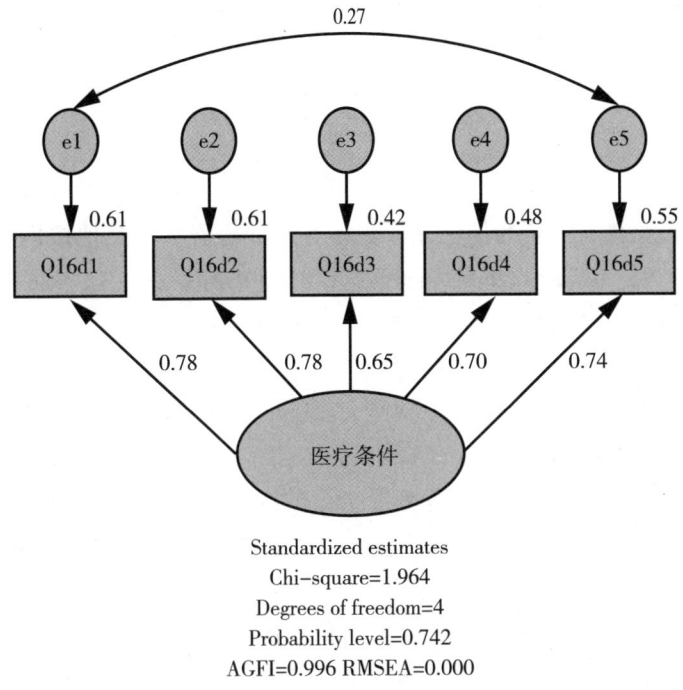

图 4-21 医疗条件的验证性因子分析模型图

1. 模型参数估计

使用 AMOS 24.0 对医疗条件维度进行验证性因子分析,结果如表 4-25 所示。

表 4-25　　　　　　　　医疗条件模型的信效度指标表

	因子载荷量	信度系数	测量误差	组合信度 CR	AVE 值
Q16d1	0.781	0.610	0.390		
Q16d2	0.781	0.610	0.390		
Q16d3	0.646	0.417	0.583	0.851	0.534
Q16d4	0.695	0.483	0.517		
Q16d5	0.740	0.548	0.452		

在图表分析中,χ^2/df = 0.491,且 P 值 = 0.742>0.01,这些绝对拟合指标表

明研究测量模型的协方差矩阵与实证数据的协方差矩阵之间无显著性差异。

表 4-26　　医疗条件的验证性因子分析模型拟合度指标表

df	GFI	AGFI	NFI	IFI	RMSEA
0.491	0.999	0.996	0.999	1.001	0.000

因为 χ^2 检验具有一定的局限性,实际研究中还需参考其他指标值,表 4-26 中,GFI=0.999,AGFI=0.996,都超过了 0.90 的标准接受值。而本模型中的,RMSEA=0.000<0.08,说明模型总体上可以接受。IFI=1.001,NFI=0.999 这些相对拟合指标值都超过了 0.9 的门槛接受值,充分说明整体因子模型拟合较好,具有良好的组合效度,故认为该模型是完全可以接受的。

2. 信度、效度指标评估

从 4-25 表中可以看出,所有测量指标的因子标准化负荷值都大于 0.6,充分说明所有的标准化系数都具有很高的显著性水平。因此,上述 5 个指标完全可以作为医疗条件的测量指标。而且医疗条件的组合信度值在 0.8 以上,充分说明各潜变量的测量内部具有良好的一致性,可以接受信度指标。

表 4-26 显示潜变量所属的观察变量负荷都大于 0.5 聚合效度的接受标准,充分说明研究量表潜变量具备一定的聚合效度。潜在变量平均抽取方差值(AVE 值)在 0.4 以上,表明构思变量的测量有足够的聚合效度。

(五)家庭关系的验证性因子分析

1. 模型参数估计

使用 AMOS 24.0 对家庭关系维度进行验证性因子分析,结果如表 4-27 所示。

在图表分析中,χ^2/df=2.927,且 P 值=0.032>0.01,这些绝对拟合指标表明研究测量模型的协方差矩阵与实证数据的协方差矩阵之间无显著性差异。

因为 χ^2 检验具有一定的局限性,实际研究中还需参考其他指标值,表 4-28 中,GFI=0.996,AGFI=0.979,都超过了 0.90 的标准接受值。而本模型中的,RMSEA=0.048<0.08,说明模型总体上可以接受。IFI=0.997,NFI=0.995 这些相对拟合指标值都超过了 0.9 的门槛接受值,充分说明整体因子模型拟合较好,具有良好的组合效度,故认为该模型是完全可以接受的。

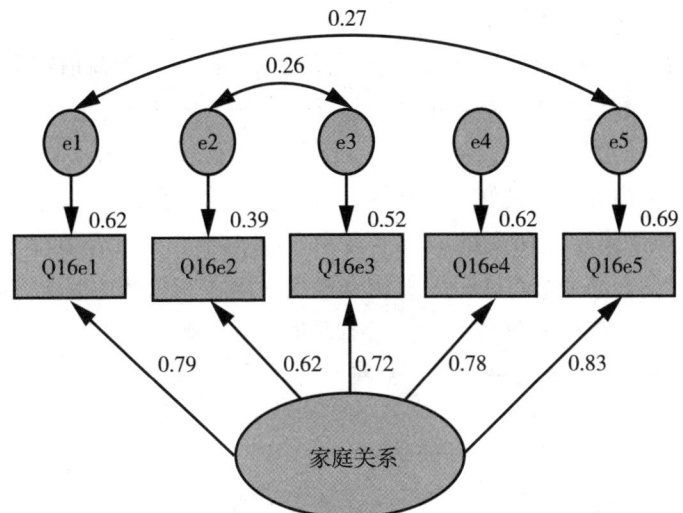

图 4-22 家庭关系的验证性因子分析模型图

表 4-27 家庭关系维度的信效度指标表

	因子载荷量	信度系数	测量误差	组合信度 CR	AVE 值
Q16e1	0.786	0.618	0.382		
Q16e2	0.625	0.391	0.609		
Q16e3	0.721	0.520	0.480	0.867	0.568
Q16e4	0.785	0.616	0.384		
Q16e5	0.833	0.694	0.306		

表 4-28 家庭关系的验证性因子分析模型拟合度指标表

χ^2/df	GFI	AGFI	NFI	IFI	RMSEA
2.927	0.996	0.979	0.995	0.997	0.048

2. 信度、效度指标评估

从表4-27中可以看出，所有测量指标的因子标准化负荷值都大于0.6，充分说明所有的标准化系数都具有很高的显著性水平。因此，上述5个指标完全可以作为家庭关系的测量指标。而且家庭关系的组合信度值在0.8以上，充分说明各潜变量的测量内部具有良好的一致性，可以接受信度指标。

表4-28显示潜变量所属的观察变量负荷都大于0.5聚合效度的接受标准，充分说明研究量表潜变量具备一定的聚合效度。潜在变量平均抽取方差值（AVE值）在0.5以上，表明构思变量的测量有足够的聚合效度。

（六）家庭幸福感的验证性因子分析

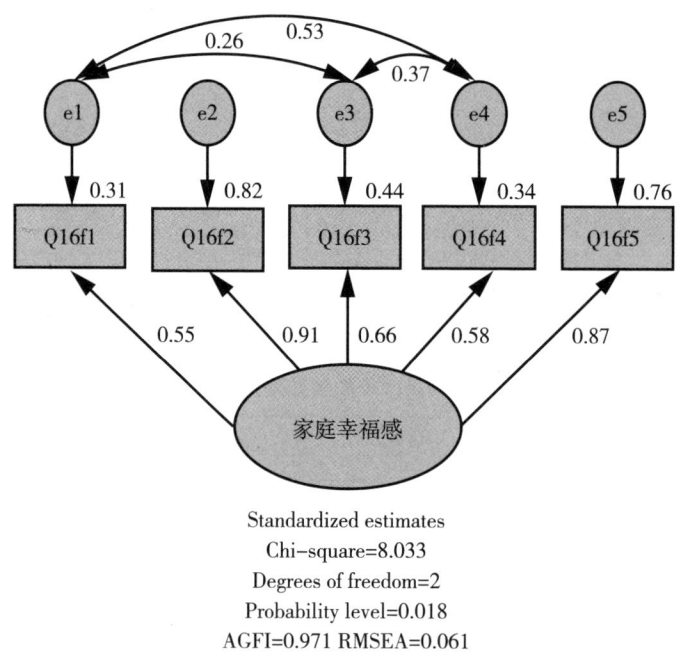

图4-23 家庭幸福感的验证性因子分析模型图

1. 模型参数估计

使用AMOS 24.0对家庭幸福感进行验证性因子分析，结果如表4-29所示。

表 4-29　　　　　　　　家庭幸福感模型的信效度指标表

	因子载荷量	信度系数	测量误差	组合信度 CR	AVE 值
Q16f1	0.555	0.308	0.692	0.845	0.532
Q16f2	0.908	0.824	0.176		
Q16f3	0.661	0.437	0.563		
Q16f4	0.579	0.335	0.665		
Q16f5	0.870	0.757	0.243		

在图表 4-30 中，$\chi^2/df = 4.017$，其值大于 3，且 P 值 = 0.018>0.01，这些绝对拟合指标表明研究测量模型的协方差矩阵与实证数据的协方差矩阵之间无显著性差异。

表 4-30　　　　　家庭幸福感的验证性因子分析模型拟合度指标表

χ^2/df	GFI	AGFI	NFI	IFI	RMSEA
4.017	0.996	0.971	0.996	0.997	0.061

因为 χ^2 检验具有一定的局限性，实际研究中还需参考其他指标值，表 4-30 中，GFI = 0.996，AGFI = 0.971，都超过了 0.90 的标准接受值。而本模型中的，RMSEA = 0.061<0.08，说明模型总体上可以接受。IFI = 0.997，NFI = 0.996 这些相对拟合指标值都超过了 0.9 的门槛接受值，充分说明整体因子模型拟合较好，具有良好的组合效度，故认为该模型是完全可以接受的。

2. 信度、效度指标评估

从表 4-29 中可以看出，所有测量指标的因子标准化负荷值都大于 0.5，充分说明所有的标准化系数都具有很高的显著性水平。因此，上述 5 个指标完全可以作为家庭幸福感的测量指标。而且家庭幸福感的组合信度值在 0.8 以上，充分说明各潜变量的测量内部具有良好的一致性，可以接受信度指标。

表 4-30 显示，潜变量所属的观察变量负荷都大于 0.5 聚合效度的接受标准，充分说明研究量表潜变量具备一定的聚合效度。潜在变量平均抽取方差值（AVE 值）在 0.5 以上，表明构思变量的测量有足够的聚合效度。

(七) 社会幸福感的验证性因子分析

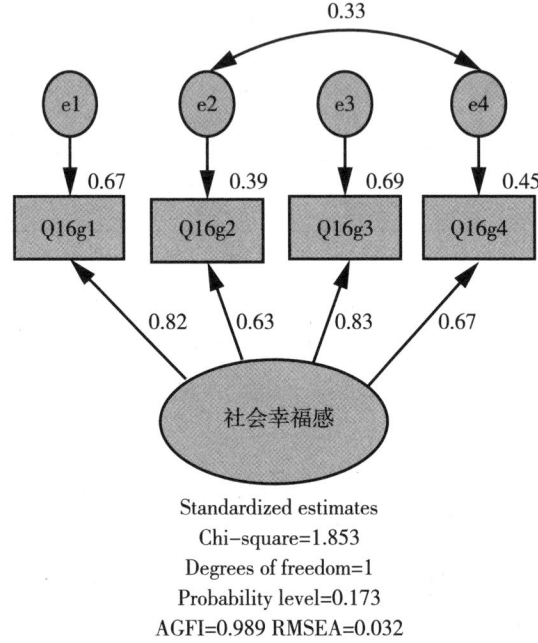

图 4-24　社会幸福感的验证性因子分析模型图

1. 模型参数估计

使用 AMOS 24.0 对社会幸福感进行验证性因子分析，结果如表 4-31 所示。

表 4-31　　　　　　　　社会幸福感模型的信效度指标表

	因子载荷量	信度系数	测量误差	组合信度 CR	AVE 值
Q16g1	0.819	0.671	0.329	0.829	0.552
Q16g2	0.626	0.392	0.608		
Q16g3	0.832	0.692	0.308		
Q16g4	0.672	0.452	0.548		

在图表分析中，X^2/df = 4.017，其值大于 3，且 P 值 = 0.018>0.01，这些绝对拟合指标表明，研究测量模型的协方差矩阵与实证数据的协方差矩阵之间无显著性差异。

表 4-32　　　　　社会幸福感的验证性因子分析模型拟合度指标表

χ^2/df	GFI	AGFI	NFI	IFI	RMSEA
1.853	0.999	0.989	0.999	0.999	0.032

因为 χ^2 检验具有一定的局限性，实际研究中还需参考其他指标值，表 4-32 中，GFI=0.999，AGFI=0.989，都超过了 0.90 的标准接受值。而本模型中的，RMSEA=0.032<0.08，说明模型总体上可以接受。IFI=0.999、NFI=0.999 这些相对拟合指标值都超过了 0.9 的门槛接受值，充分说明整体因子模型拟合较好，具有良好的组合效度，故认为该模型是完全可以接受的。

2. 信度、效度指标评估

从 4-31 表中可以看出，所有测量指标的因子标准化负荷值都大于 0.6，充分说明所有的标准化系数都具有很高的显著性水平。因此，上述 4 个指标完全可以作为社会幸福感的测量指标。而且家庭幸福感的组合信度值在 0.8 以上，充分说明各潜变量的测量内部具有良好的一致性，可以接受信度指标。

表 4-32 显示，潜变量所属的观察变量负荷都大于 0.5 聚合效度的接受标准，充分说明研究量表潜变量具备一定的聚合效度。潜在变量平均抽取方差值（AVE 值）在 0.5 以上，表明构思变量的测量有足够的聚合效度。

经过上述对各潜变量的拟合与调整，最终确定 7 个潜变量：身心健康、物质条件、生活质量、医疗条件、家庭关系、家庭幸福感和社会幸福感，37 个测量指标：Q16a1—Q16a6、Q16b1—Q16b6、Q16c1—Q16c6、Q16d1—Q16d5、Q16e1—Q16e5、Q16f1—Q16f5 和 Q16g1—Q16g4，进行结构方程的拟合。

三、影响因素的验证性因子分析

（一）结构方程模型的拟合

全体变量的验证性因子分析模型是由外生潜变量（身心健康、物质条件、生活质量、医疗条件、家庭关系）和内生潜变量（家庭幸福感和社会幸福感）构成。

根据居民幸福程度结构方程模型（见图 4-25），建立初始的结构方程模型进行拟合。初始建构的假设模型估计结果为模型可以辨识收敛。具体模型适配度指标中，卡方值（Chi-square）为 7014.561，显著性 P 值=0.000<0.05，模型自由度为 609；卡方自由度比值（NC）等于 11.518，未符合小于 3.00 的理想标准；GFI 值等于 0.650，未符合大于 0.900 的适配标准；RMSEA 值等于 0.113 >

0.080，不符合模型适配度良好标准；NFI 值等于 0.769，未符合大于 0.900 的适配标准；CFI 值等于 0.784，未符合大于 0.900 的适配标准；PNFI 值、PGFI 值均大于 0.5，符合大于 0.500 的适配标准；CN 的值等于 82.000，在显著性水平 0.05 下，不符合大于 200 的理想标准。整体而言，假设模型与样本数据的契合度不佳，需要对模型进行修正。

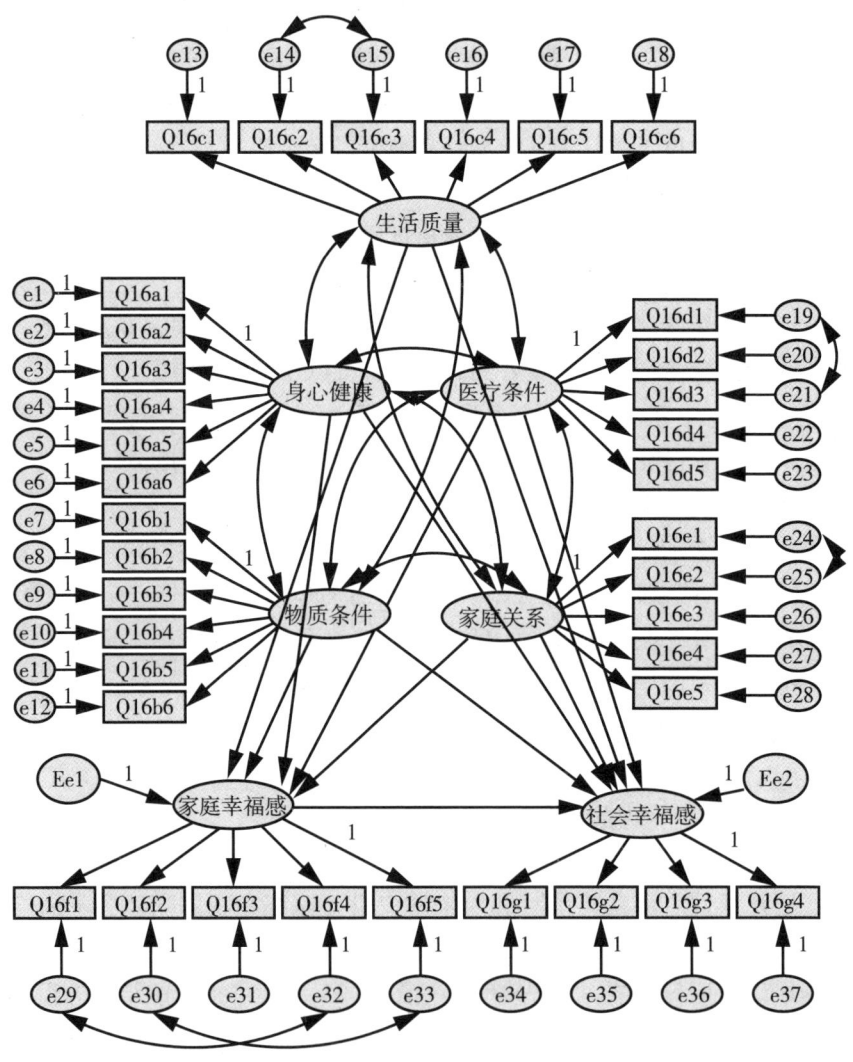

图 4-25　第一次拟合结构图

(二) 结构方程模型的修正

当假设模型进行参数估计后,发现假设理论模型与观察数据适配度不佳时,研究者可以对模型进行适当修正,修正的目的在于模型适配度的改善。

根据 Amos 24.0 提供的修正指标值摘要表和相关系数显著性检验表对模型进行修正。经过 8 次修正,最终模型达到了适配标准。其中,卡方值(Chi-square)为 2329.314,显著性 P 值=0.000<0.05,模型自由度为 601,说明研究的测量模型协方差矩阵与实证数据的协方差矩阵之间还存在显著性差异。由于卡方值对于样本总体的多变量正态性和样本大小特别敏感,具有一定的局限性,因而在实际研究中还得继续看其他的拟合指标值。卡方自由度(NC)比值等于 3.876,符合小于 5.00 的宽松标准;IFI 值等于 0.901,满足 0.900 的适配标准;RMSEA 值等于 0.048<0.080,符合理想标准,总体上显示模型可以接受。CFI 值等于 0.899,基本符合大于 0.900 的适配标准;TLI 等于 0.921,符合大于 0.900 的适配标准;从简约适配度来看,PNFI 值等于 0.708,PGFI 值等于 0.713,均满足大于 0.500 的标准;CN 的值等于 260,符合大于 200 的理想标准。

虽然模型拟合指数和系数的显著性检验很重要,但是数据分析遵循模型结论一定具有理论依据的准则是最为重要的。也就是说,模型模拟的结果一定要能够找到真实的理论来解释它。经多次修正可以认为最终模型基本达到了适配标准(见图 4-26)。

(三) 理论假设检验分析

理论模型的假设检验结果如表 4-33 所示。

表 4-33　　　　　　　　　假设检验结果表

假设编号	修正后假设	结论
H_1	身心健康会直接正向影响家庭幸福感	成立
H_2	物质条件会直接正向影响家庭幸福感	成立
H_3	生活质量会直接正向影响家庭幸福感	成立
H_4	医疗条件会直接正向影响家庭幸福感	不成立
H_5	家庭关系会直接正向影响家庭幸福感	成立
H_6	身心健康会直接正向影响社会幸福感	不成立
H_7	物质条件会直接正向影响社会幸福感	不成立
H_8	生活质量会直接正向影响社会幸福感	不成立
H_9	医疗条件会直接正向影响社会幸福感	成立
H_{10}	家庭关系会直接正向影响社会幸福感	成立
H_{11}	家庭幸福感会直接正向影响社会幸福感	成立

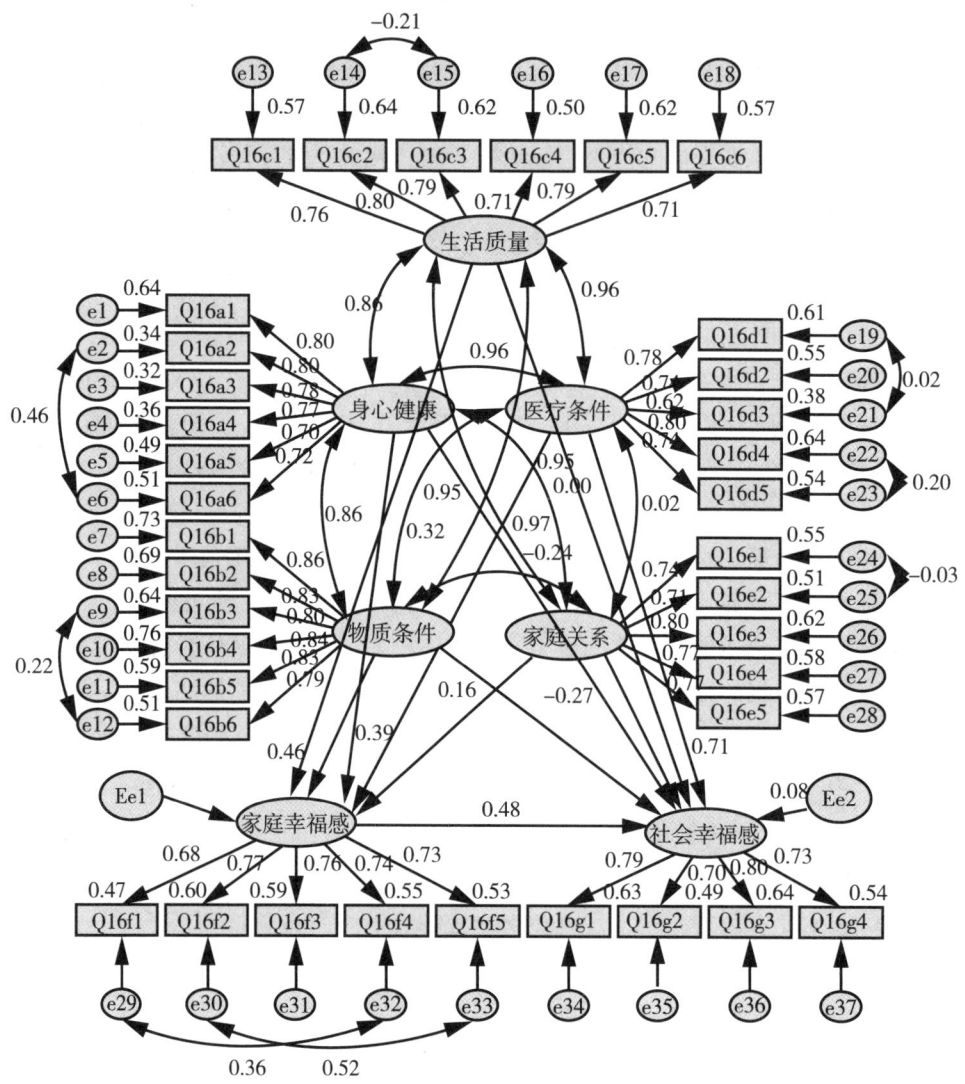

图 4-26 最终模型拟合模型图

四、结构方程模型的结论

根据表 4-33 所示，修正后的假设中身心健康、物质条件、生活质量均会影响居民的家庭幸福感，而医疗条件正向影响居民的家庭幸福感则不成立；同样，医疗条件、家庭关系、家庭幸福感对居民的社会幸福感也会产生影响，但身心健康、物质条件、生活质量影响居民的社会幸福感则不成立。

第五节 结论及建议

一、结论

(一) 扶贫后居民幸福感有显著差异

根据扶贫前后家庭月生活支出的 K-S 正态性检验结果，得出居民扶贫前后家庭生活月支出有显著提升，根据扶贫前后家庭住房情况的 K-S 正态性检验结果，得出居民家庭住房得到了明显的改善，根据扶贫前后居民常用的出行方式比较结果，得出居民扶贫前后大部分居民的出行方式由之前的非机动车变成了现在的机动车，根据扶贫前后居民在哪儿就诊分析结果得出，居民医疗条件得到了显著提高。可见扶贫工作的进行对居民的生活水平、身体健康程度有了很大的改善，使居民幸福感有了提升。

(二) 扶贫后居民的家庭幸福感有显著提升

影响家庭幸福感的四个指标通过了信效度评价，进行验证性因子分析模型得到各指标的因子标准化复合值都大于 0.5，标准化系数都有很高的显著性水平。所以，以下四个指标：相对于其他家庭，是幸福的；相对于以前，是幸福的；以后会更加幸福和家是幸福的作为家庭幸福感的测量指标是合理的。从此，可以得出居民家庭幸福感在提升。

(三) 扶贫后居民的社会幸福感有所提高

影响社会幸福感的五个指标通过了信效度评价，进行验证性因子分析模型得到各指标的因子标准化复合值都大于 0.5，标准化系数都有很高的显著性水平。所以，以下五个指标：相对于曾经的住房设施，是幸福的；相对于曾经的医疗设施，是幸福的；相对于曾经的娱乐设施，是幸福的；相对于曾经的交通设施，是幸福的和相对于曾经的饮食条件，是幸福的作为社会幸福感的测量指标是合理的。由此可以得出居民社会幸福感在逐步提高。

(四) 扶贫工作取得了一定的成效但还需加强

从调查所得的信息可知，800 个调查对象中，贫困户占比 37%，建档立卡贫困户达到了 148 人。可见榆中县居民的生活水平不是很高，很多家庭还是比较贫困，扶贫工作应当加大力度，继续进行。而且当地居民整体的文化水平并不高，小学学历占比最高，大多数是老年人、中年人。没有接受高水平教育的主要原因是家庭贫困，家里的经济收入太低导致无法让每个孩子都得到高素质教育。本科学历及以上的人最少且主要是学生，这一现象反映了居民的生活质量在逐步提升，每个家庭都尽量让孩子接受更好的教育。居民的家庭幸福感和社会幸福感与扶贫前相比也有了很大的提升。由调查数据看到了扶贫工作对居民脱贫的重要性和特殊意义，为此，提出了一些建议。

二、建议

（一）提高义务教育覆盖程度

有资料显示，学历与收入呈正相关关系，根据本小组结论得出，扶贫示范区的居民所接受教育程度普遍不高，所以提高义务教育覆盖程度有利于扶贫示范区居民脱贫，脱贫效率会在一定程度上影响扶贫示范区居民的幸福指数。

（二）进一步因地制宜，利用当地环境，发展生产力

因地制宜发展生产力，可以减少劳动力外出，提高当地资源环境的利用率，有利于降低当地空巢率，空巢率越低，该地幸福指数也会相应越高。

（三）继续执行扶贫政策，加大扶贫力度，提高扶贫精准度

根据调查结果，对比扶贫前贫困户占比有所下降，说明国家的扶贫政策有一定作用，但贫困户仍然有超过半数以上，所以扶贫政策还将继续进行。

（四）可同时尝试多种脱贫模式，共同推进脱贫的进度

扶贫示范区可能范围较广，各地区地形环境千差万别，周围自然资源与劳动力都有差异，所以应因地制宜结合当地居民的实际情况采用最佳的脱贫模式，如此便可使自然资源、人力资源的利用率达到最大化。

附件1 问卷

兰州市榆中县扶贫示范区居民幸福程度的调查问卷

第一部分 基本信息

1. 您的职业是（   ）

    A. 国家机关、党群组织、企业、事业单位负责人

    B. 专业技术人员

    C. 办事人员和有关人员

    D. 商业、服务业人员

    E. 农、林、牧、渔生产人员

    F. 生产、运输设备操作人员及有关人员

    G. 军人

    H. 不便分类的其他从业人员

2. 您的性别是（   ）

    A. 男　　　B. 女

3. 您的年龄是（   ）

    A. 18岁~30岁　　B. 30岁~45岁

    C. 45岁~65岁　　D. 65岁~75岁

4. 您的受教育程度（   ）

    A. 文盲或者半文盲　B. 小学　C. 初中　D. 高中　E. 本科及以上

5. 是不是空巢家庭（   ）

    A. 是　B. 否

6. 您所在的地区是（   ）

    A. 定远镇　　B. 和平镇　　C. 夏官营镇　　D. 三角城乡

    E. 小康营乡　F. 哈岘乡　　G. 上花岔乡　　H. 金崖镇

7. 您的家庭是贫困户吗？（   ）

    A. 是　B. 否（请直接跳过第八题）

8. 您的家庭贫困类型？（   ）

A. 低保户 B. 五保户 C. 建档立卡户 D. 其他_____

第二部分　扶贫前家庭情况

9. 您的家庭月生活支出是多少？（　　）
   A. 1000 元以下　　B. 1000 元~1500 元　　C. 1500 元~2000 元
   D. 2000 元~2500 元　E. 2500 元~3000 元　F. 3000 元以上

10. 您的家庭住房情况？（　　）
    A. 窑洞　　B. 泥房　　C. 砖瓦房　　D. 其他_____

11. 您常用的出行方式？（　　）
    A. 步行　　B. 自行车　　C. 电动车　　D. 汽车　　E. 其他_____

12. 您家庭所在地的路况？（　　）
    A. 土路　　B. 石子路　　C. 水泥路　　D. 柏油马路　　E. 其他_____

13. 您生病时在哪就诊？
    A. 私人药店　　B. 村卫生室　　C. 乡镇卫生室　　D. 县医院
    E. 市医院　　F. 省医院

第三部分　当前家庭情况

14. 您的家庭月生活支出是多少？（　　）
    A. 1000 元以下　　B. 1000 元~1500 元　　C. 1500 元~2000 元
    D. 2000 元~2500 元　E. 2500 元~3000 元　F. 3000 元以上

15. 您的家庭住房情况？（　　）
    A. 窑洞　　B. 泥房　　C. 砖瓦房　　D. 楼房　　E. 其他_____

16. 您常用的出行方式？（　　）
    A. 步行　　B. 自行车　　C. 电动车　　D. 汽车　　E. 其他_____

17. 您家庭所在地的路况？（　　）
    A. 土路　　B. 石子路　　C. 水泥路　　D. 柏油马路　　E. 其他___

18. 您生病时在哪就诊？（　　）
    A. 私人药店　　B. 村卫生室　　C. 乡镇卫生室　　D. 县医院
    E. 市医院　　F. 省医院

第四部分　幸福度评价指标量表

19. 您对生活中遇到的问题的满意程度

【说明】下列问项中的"1"表示非常不同意;"2"表示不同意;"3"表示不确定;"4"代表同意;"5"代表非常同意。其中,"非常不同意"表示该问项所述情况与实际不符合,"非常同意"表示该问项所述情况与实际相符,"不确定"表示中立。请在相应的框内打"√"。

序号	问题项	不同意←──→同意				
身心健康						
a1	兴趣爱好广泛					
a2	心理状况良好					
a3	身体状况良好					
a4	生活压力小					
a5	道德标准高					
a6	对生活的态度积极					
物质条件						
b1	交通状况良好					
b2	住房的条件优越					
b3	收入分配平衡					
b4	居住环境良好					
b5	饮食条件良好					
生活质量						
c1	娱乐活动丰富					
c2	能积极参加社会活动					
c3	生活规律					
c4	公共服务(水、电、道路状况)良好					
c5	学校和教育标准高					
c6	健康和卫生良好					
医疗条件						
d1	医疗设备齐全					
d2	医生个人能力强					
d3	住院条件良好					
d4	生病就医方便快捷					

续表

序号	问题项	不同意←→同意				
d5	医疗费用报销更容易					
d6	药品种类齐全					
家庭关系						
e1	和父母的关系好					
e2	和另一半的关系好					
e3	和子女的关系好					
e4	婆媳关系好					
e5	老人和小孩关系好					
家庭幸福感						
f1	相对于其他家庭，是幸福的					
f2	相对于以前，是幸福的					
f3	以后会更加幸福					
f4	总之，家是幸福的					
社会幸福感						
g1	相对于曾经的住房设施，是幸福的					
g2	相对于曾经的医疗设施，是幸福的					
g3	相对于曾经的娱乐设施，是幸福的					
g4	相对于曾经的交通设施，是幸福的					
g5	相对于曾经的饮食条件，是幸福的					

第五部分　开放式问题

20. 您对扶贫政策所持的态度？

21. 您家庭当前仍存在的主要困难和问题？

附件2 检验表

(一) 第一次拟合路径系数检验表与协方差检验表

表4-34　Regression Weights：(Group number 1 - Default model)

路径关系			Estimate	S.E.	C.R.	P	Label
家庭幸福感	←	身心健康	-0.325	0.665	-0.489	0.625	par_39
家庭幸福感	←	物质条件	-1.595	0.722	-2.208	0.027	par_42
家庭幸福感	←	生活质量	0.728	0.491	1.483	0.138	par_43
家庭幸福感	←	医疗条件	0.398	0.347	1.147	0.251	par_44
家庭幸福感	←	家庭关系	1.776	0.619	2.868	0.004	par_49
社会幸福感	←	家庭幸福感	-0.735	0.289	-2.542	0.011	par_40
社会幸福感	←	身心健康	-0.145	0.199	-0.726	0.468	par_41
社会幸福感	←	物质条件	-0.459	0.241	-1.904	0.057	par_45
社会幸福感	←	生活质量	0.976	0.312	3.13	0.002	par_46
社会幸福感	←	医疗条件	0.871	0.435	2.001	0.045	par_47
社会幸福感	←	家庭关系	0.329	0.291	1.133	0.257	par_50
Q16a1	←	身心健康	1				
Q16a2	←	身心健康	1.012	0.039	25.779	***	par_1
Q16a3	←	身心健康	1.063	0.042	25.217	***	par_2
Q16a4	←	身心健康	0.943	0.038	24.601	***	par_3
Q16a5	←	身心健康	0.956	0.044	21.923	***	par_4
Q16a6	←	身心健康	1.012	0.046	21.797	***	par_5
Q16b1	←	物质条件	1				
Q16b2	←	物质条件	1.061	0.035	30.603	***	par_6
Q16b3	←	物质条件	1.007	0.034	29.29	***	par_7
Q16b4	←	物质条件	1.065	0.034	31.515	***	par_8
Q16b5	←	物质条件	1.069	0.035	30.668	***	par_9
Q16b6	←	物质条件	1.008	0.035	28.641	***	par_10
Q16c6	←	生活质量	1				

续表

路径关系			Estimate	S.E.	C.R.	P	Label
Q16c5	←	生活质量	0.996	0.036	27.608	***	par_11
Q16c4	←	生活质量	1.002	0.041	24.286	***	par_12
Q16c3	←	生活质量	0.988	0.035	27.872	***	par_13
Q16c2	←	生活质量	1.03	0.037	27.807	***	par_14
Q16d1	←	医疗条件	1				
Q16d2	←	医疗条件	0.915	0.039	23.45	***	par_15
Q16d3	←	医疗条件	0.787	0.042	18.574	***	par_16
Q16d4	←	医疗条件	0.978	0.038	25.661	***	par_17
Q16d5	←	医疗条件	1.004	0.044	23.059	***	par_18
Q16e1	←	家庭关系	1				
Q16e2	←	家庭关系	1.02	0.08	21.468	***	par_19
Q16e3	←	家庭关系	0.992	0.042	23.571	***	par_20
Q16e4	←	家庭关系	0.966	0.042	22.896	***	par_21
Q16e5	←	家庭关系	0.997	0.044	22.527	***	par_22
Q16f5	←	家庭幸福感	1				
Q16f4	←	家庭幸福感	1.018	0.044	23.097	***	par_23
Q16f3	←	家庭幸福感	1.028	0.042	24.387	***	par_24
Q16f2	←	家庭幸福感	1.039	0.041	25.14	***	par_25
Q16f1	←	家庭幸福感	0.975	0.046	21.136	***	par_26
Q16g4	←	社会幸福感	1				
Q16g3	←	社会幸福感	1.219	0.051	23.948	***	par_27
Q16g2	←	社会幸福感	0.97	0.047	20.646	***	par_28
Q16g1	←	社会幸福感	1.257	0.053	23.746	***	par_29
Q16c1	←	社会幸福感	1				

表 4-35　　　　Covariances：(Group number 1 – Default model)

路径关系			Estimate	S.E.	C.R.	P	Label
身心健康	←→	生活质量	0.454	0.029	15.521	***	par_30
身心健康	←→	物质条件	0.434	0.028	15.599	***	par_31
身心健康	←→	生活质量	0.498	0.032	15.661	***	par_32
生活质量	←→	生活质量	0.538	0.033	16.081	***	par_33
医疗条件	←→	医疗条件	0.525	0.034	15.346	***	par_34
生活质量	←→	医疗条件	0.507	0.032	15.837	***	par_35
物质条件	←→	生活质量	0.509	0.032	16.099	***	par_36
物质条件	←→	家庭关系	0.513	0.03	16.873	***	par_37
物质条件	←→	医疗条件	0.486	0.031	15.924	***	par_38
身心健康	←→	医疗条件	0.447	0.03	15.006	***	par_48
e2	←→	e6	-0.167	0.015	-11.217	***	par_51

(二) 第二次拟合路径系数检验表与协方差检验表

表 4-36　　　　Regression Weights：(Group number 1 – Default model)

路径关系			Estimate	S.E.	C.R.	P	Label
家庭幸福感	←	生活质量	-2.2	3.668	-0.6	0.549	par_39
家庭幸福感	←	医疗条件	-4.051	4.652	-0.871	0.384	par_42
家庭幸福感	←	身心健康	2.134	2.787	0.766	0.444	par_43
家庭幸福感	←	物质条件	0.262	0.874	0.3	0.764	par_44
家庭幸福感	←	家庭关系	4.926	5.177	0.951	0.341	par_49
社会幸福感	←	家庭幸福感	-0.674	0.23	-2.938	0.003	par_40
社会幸福感	←	身心健康	-0.146	0.185	-0.786	0.432	par_41
社会幸福感	←	物质条件	-0.489	0.226	-2.16	0.031	par_45
社会幸福感	←	生活质量	0.942	0.299	3.154	0.002	par_46
社会幸福感	←	医疗条件	0.909	0.367	2.475	0.013	par_47
社会幸福感	←	家庭关系	0.294	0.221	1.326	0.185	par_50
Q16a1	←	身心健康	1				
Q16a2	←	身心健康	1.012	0.039	25.825	***	par_1
Q16a3	←	身心健康	1.062	0.042	25.241	***	par_2

续表

路径关系			Estimate	S. E.	C. R.	P	Label
Q16a4	←	身心健康	0.943	0.038	24.614	***	par_3
Q16a5	←	身心健康	0.956	0.044	21.96	***	par_4
Q16a6	←	身心健康	1.01	0.046	21.772	***	par_5
Q16b1	←	物质条件	1				
Q16b2	←	物质条件	1.062	0.035	30.638	***	par_6
Q16b3	←	物质条件	1.008	0.034	29.284	***	par_7
Q16b4	←	物质条件	1.065	0.034	31.451	***	par_8
Q16b5	←	物质条件	1.07	0.035	30.665	***	par_9
Q16b6	←	物质条件	1.008	0.035	28.626	***	par_10
Q16c6	←	家庭关系	1				
Q16c5	←	家庭关系	1.021	0.037	27.765	***	par_11
Q16c4	←	家庭关系	0.97	0.036	26.807	***	par_12
Q16c3	←	家庭关系	0.993	0.037	26.984	***	par_13
Q16c2	←	家庭关系	1.053	0.038	27.825	***	par_14
Q16d1	←	生活质量	1				
Q16d2	←	生活质量	0.914	0.039	23.448	***	par_15
Q16d3	←	生活质量	0.785	0.042	18.562	***	par_16
Q16d4	←	生活质量	0.977	0.038	25.689	***	par_17
Q16d5	←	生活质量	1.004	0.043	23.11	***	par_18
Q16e1	←	医疗条件	1				
Q16e2	←	医疗条件	1.02	0.047	21.49	***	par_19
Q16e3	←	医疗条件	0.992	0.042	23.597	***	par_20
Q16e4	←	医疗条件	0.968	0.042	22.935	***	par_21
Q16e5	←	医疗条件	0.997	0.044	22.545	***	par_22
Q16f5	←	家庭幸福感	1				
Q16f4	←	家庭幸福感	1.034	0.045	22.931	***	par_23
Q16f3	←	家庭幸福感	1.046	0.043	24.206	***	par_24
Q16f2	←	家庭幸福感	1.045	0.043	24.576	***	par_25
Q16f1	←	家庭幸福感	0.992	0.047	21.056	***	par_26
Q16g4	←	社会幸福感	1				
Q16g3	←	社会幸福感	1.22	0.051	23.955	***	par_27

续表

路径关系			Estimate	S.E.	C.R.	P	Label
Q16g2	←	社会幸福感	0.97	0.047	20.643	***	par_28
Q16g1	←	社会幸福感	1.257	0.053	23.735	***	par_29
Q16c1	←	家庭关系	1				

表4-37　　　　Covariances：(Group number 1 - Default model)

路径关系			Estimate	S.E.	C.R.	P	Label
身心健康	↔	家庭关系	0.448	0.029	15.484	***	par_30
身心健康	↔	物质条件	0.434	0.028	15.601	***	par_31
身心健康	↔	生活质量	0.499	0.032	15.672	***	par_32
家庭关系	↔	生活质量	0.534	0.033	16.065	***	par_33
生活质量	↔	医疗条件	0.525	0.034	15.368	***	par_34
家庭关系	↔	医疗条件	0.504	0.032	15.831	***	par_35
物质条件	↔	生活质量	0.509	0.032	16.106	***	par_36
物质条件	↔	家庭关系	0.511	0.03	16.884	***	par_37
物质条件	↔	医疗条件	0.486	0.03	15.925	***	par_38
身心健康	↔	医疗条件	0.447	0.03	15.01	***	par_48
e2	↔	e6	-0.167	0.015	-11.184	***	par_51
e18	↔	e16	0.191	0.02	9.432	***	par_52

(三) 第三次拟合路径系数检验表与协方差检验表

表4-38　　　　Regression Weights：(Group number 1 - Default model)

路径关系			Estimate	S.E.	C.R.	P	Label
家庭幸福感	←	生活质量	-1.968	1.614	-1.219	0.223	par_39
家庭幸福感	←	医疗条件	-3.808	1.904	-2	0.046	par_42
家庭幸福感	←	身心健康	2.005	1.089	1.842	0.065	par_43
家庭幸福感	←	物质条件	0.166	0.581	0.286	0.775	par_44
家庭幸福感	←	家庭关系	4.72	2.123	2.223	0.026	par_49
社会幸福感	←	家庭幸福感	-0.76	0.216	-3.523	***	par_40

续表

路径关系			Estimate	S.E.	C.R.	P	Label
社会幸福感	←	身心健康	-0.256	0.231	-1.107	0.268	par_41
社会幸福感	←	物质条件	-0.437	0.235	-1.862	0.063	par_45
社会幸福感	←	生活质量	1.137	0.347	3.28	0.001	par_46
社会幸福感	←	医疗条件	1.132	0.519	2.182	0.029	par_47
社会幸福感	←	家庭关系	0.008	0.304	0.025	0.98	par_50
Q16a1	←	身心健康	1				
Q16a2	←	身心健康	1.011	0.039	25.905	***	par_1
Q16a3	←	身心健康	1.063	0.042	25.346	***	par_2
Q16a4	←	身心健康	0.944	0.038	24.736	***	par_3
Q16a5	←	身心健康	0.958	0.043	22.071	***	par_4
Q16a6	←	身心健康	1.015	0.046	21.96	***	par_5
Q16b1	←	物质条件	1				
Q16b2	←	物质条件	1.063	0.035	30.676	***	par_6
Q16b3	←	物质条件	1.007	0.034	29.252	***	par_7
Q16b4	←	物质条件	1.065	0.034	31.441	***	par_8
Q16b5	←	物质条件	1.072	0.035	30.715	***	par_9
Q16b6	←	物质条件	1.008	0.035	28.62	***	par_10
Q16c6	←	家庭关系	1				
Q16c5	←	家庭关系	1.041	0.036	28.665	***	par_11
Q16c4	←	家庭关系	0.971	0.037	26.567	***	par_12
Q16c3	←	家庭关系	1.003	0.037	27.188	***	par_13
Q16c2	←	家庭关系	1.075	0.038	28.628	***	par_14
Q16d1	←	生活质量	1				
Q16d2	←	生活质量	0.914	0.039	23.63	***	par_15
Q16d3	←	生活质量	0.787	0.042	18.713	***	par_16
Q16d4	←	生活质量	0.978	0.038	26.02	***	par_17
Q16d5	←	生活质量	1.004	0.043	23.258	***	par_18
Q16e1	←	医疗条件	1				
Q16e2	←	医疗条件	1.015	0.045	22.48	***	par_19
Q16e3	←	医疗条件	0.99	0.039	25.063	***	par_20
Q16e4	←	医疗条件	0.969	0.04	24.196	***	par_21

续表

路径关系			Estimate	S.E.	C.R.	P	Label
Q16e5	←	医疗条件	0.996	0.02	23.641	***	par_22
Q16f5	←	家庭幸福感	1				
Q16f4	←	家庭幸福感	1.046	0.047	22.409	***	par_23
Q16f3	←	家庭幸福感	1.057	0.045	23.626	***	par_24
Q16f2	←	家庭幸福感	1.05	0.031	33.723	***	par_25
Q16f1	←	家庭幸福感	1.001	0.049	20.535	***	par_26
Q16g4	←	社会幸福感	1				
Q16g3	←	社会幸福感	1.228	0.051	24.008	***	par_27
Q16g2	←	社会幸福感	0.97	0.047	20.564	***	par_28
Q16g1	←	社会幸福感	1.257	0.053	23.648	***	par_29
Q16c1	←	家庭关系	1				

表 4-39　　Covariances：(Group number 1 - Default model)

路径关系			Estimate	S.E.	C.R.	P	Label
身心健康	↔	家庭关系	0.443	0.028	15.748	***	par_30
身心健康	↔	物质条件	0.433	0.028	15.645	***	par_31
身心健康	↔	生活质量	0.498	0.032	15.653	***	par_32
家庭关系	↔	生活质量	0.527	0.033	15.985	***	par_33
生活质量	↔	医疗条件	0.525	0.032	16.182	***	par_34
家庭关系	↔	医疗条件	0.499	0.032	15.809	***	par_35
物质条件	↔	生活质量	0.509	0.031	16.164	***	par_36
物质条件	↔	家庭关系	0.505	0.03	17.006	***	par_37
物质条件	↔	医疗条件	0.486	0.03	16.273	***	par_38
身心健康	↔	医疗条件	0.447	0.03	15.15	***	par_48
e2	↔	e6	-0.167	0.015	-11.225	***	par_51
e18	↔	e16	0.208	0.021	9.995	***	par_52
e33	↔	e30	0.188	0.015	12.783	***	par_53

(四) 第四次拟合路径系数检验表与协方差检验表

表 4-40　Regression Weights：(Group number 1 - Default model)

路径关系			Estimate	S.E.	C.R.	P	Label
家庭幸福感	←	生活质量	1.906	0.995	1.915	0.055	par_ 39
家庭幸福感	←	医疗条件	1.906	1.615	1.18	0.238	par_ 42
家庭幸福感	←	身心健康	-1.031	0.753	-1.37	0.171	par_ 43
家庭幸福感	←	物质条件	0.881	0.886	0.995	0.32	par_ 44
家庭幸福感	←	家庭关系	-2.821	2.476	-1.14	0.254	par_ 49
社会幸福感	←	家庭幸福感	-0.785	0.36	-2.181	0.029	par_ 40
社会幸福感	←	身心健康	-0.256	0.256	-1	0.317	par_ 41
社会幸福感	←	物质条件	-0.436	0.262	-1.664	0.096	par_ 45
社会幸福感	←	生活质量	1.155	0.469	2.463	0.014	par_ 46
社会幸福感	←	医疗条件	1.129	0.459	2.463	0.014	par_ 47
社会幸福感	←	家庭关系	0.014	0.28	0.049	0.961	par_ 50
Q16a1	←	身心健康	1				
Q16a2	←	身心健康	1.012	0.039	25.736	＊＊＊	par_ 1
Q16a3	←	身心健康	1.063	0.042	25.163	＊＊＊	par_ 2
Q16a4	←	身心健康	0.944	0.038	24.575	＊＊＊	par_ 3
Q16a5	←	身心健康	0.958	0.044	21.955	＊＊＊	par_ 4
Q16a6	←	身心健康	1.014	0.047	21.797	＊＊＊	par_ 5
Q16b1	←	物质条件	1				
Q16b2	←	物质条件	1.067	0.035	30.785	＊＊＊	par_ 6
Q16b3	←	物质条件	1.008	0.034	29.213	＊＊＊	par_ 7
Q16b4	←	物质条件	1.064	0.034	31.343	＊＊＊	par_ 8
Q16b5	←	物质条件	1.073	0.035	30.722	＊＊＊	par_ 9
Q16b6	←	物质条件	1.008	0.035	28.572	＊＊＊	par_ 10
Q16c6	←	家庭关系	1				
Q16c5	←	家庭关系	1.063	0.039	27.343	＊＊＊	par_ 11
Q16c4	←	家庭关系	0.966	0.037	25.827	＊＊＊	par_ 12
Q16c3	←	家庭关系	1.026	0.033	31.213	＊＊＊	par_ 13
Q16c2	←	家庭关系	1.1	0.04	27.495	＊＊＊	par_ 14
Q16d1	←	生活质量	1				

续表

路径关系			Estimate	S.E.	C.R.	P	Label
Q16d2	←	生活质量	0.913	0.039	23.38	***	par_15
Q16d3	←	生活质量	0.788	0.042	18.6	***	par_16
Q16d4	←	生活质量	0.978	0.038	25.664	***	par_17
Q16d5	←	生活质量	1.006	0.044	23.114	***	par_18
Q16e1	←	医疗条件	1				
Q16e2	←	医疗条件	1.011	0.047	21.322	***	par_19
Q16e3	←	医疗条件	0.99	0.042	23.591	***	par_20
Q16e4	←	医疗条件	0.971	0.042	23.064	***	par_21
Q16e5	←	医疗条件	0.997	0.044	22.597	***	par_22
Q16f5	←	家庭幸福感	1				
Q16f4	←	家庭幸福感	1.048	0.046	22.552	***	par_23
Q16f3	←	家庭幸福感	1.061	0.045	23.793	***	par_24
Q16f2	←	家庭幸福感	1.045	0.031	33.712	***	par_25
Q16f1	←	家庭幸福感	1	0.049	20.584	***	par_26
Q16g4	←	社会幸福感	1				
Q16g3	←	社会幸福感	1.229	0.051	24.039	***	par_27
Q16g2	←	社会幸福感	0.968	0.047	20.53	***	par_28
Q16g1	←	社会幸福感	1.257	0.053	23.666	***	par_29
Q16c1	←	家庭关系	1				

表4-41　　　Covariances：(Group number 1 - Default model)

路径关系			Estimate	S.E.	C.R.	P	Label
身心健康	↔	家庭关系	0.435	0.028	15.34	***	par_30
身心健康	↔	物质条件	0.433	0.028	15.587	***	par_31
身心健康	↔	生活质量	0.498	0.032	15.657	***	par_32
家庭关系	↔	生活质量	0.521	0.033	15.953	***	par_33
生活质量	↔	医疗条件	0.525	0.034	15.354	***	par_34
家庭关系	↔	医疗条件	0.492	0.031	15.738	***	par_35
物质条件	↔	生活质量	0.508	0.032	16.089	***	par_36
物质条件	↔	家庭关系	0.502	0.03	16.83	***	par_37

续表

路径关系			Estimate	S.E.	C.R.	P	Label
物质条件	←→	医疗条件	0.486	0.031	15.925	***	par_38
身心健康	←→	医疗条件	0.447	0.03	15.006	***	par_48
e2	←→	e6	−0.167	0.015	−11.234	***	par_51
e18	←→	e16	0.232	0.022	10.562	***	par_52
e33	←→	e30	0.191	0.015	12.893	***	par_53
e15	←→	e13	0.177	0.018	9.939	***	par_54

(五) 第五次拟合路径系数检验表与协方差检验表

表 4-42　　Regression Weights：(Group number 1 – Default model)

路径关系			Estimate	S.E.	C.R.	P	Label
家庭幸福感	←	生活质量	1.248	0.268	4.662	***	par_39
家庭幸福感	←	医疗条件	0.995	0.375	2.655	0.008	par_42
家庭幸福感	←	身心健康	−0.648	0.235	−2.763	0.006	par_43
家庭幸福感	←	物质条件	0.054	0.396	0.137	0.891	par_44
家庭幸福感	←	家庭关系	−0.745	0.246	−3.025	0.002	par_49
社会幸福感	←	家庭幸福感	9.501	8.591	1.106	0.269	par_40
社会幸福感	←	身心健康	6.519	6.421	1.015	0.31	par_41
社会幸福感	←	物质条件	−1.294	3.86	−0.335	0.737	par_45
社会幸福感	←	生活质量	−11.907	11.781	−1.011	0.312	par_46
社会幸福感	←	医疗条件	−9.395	10.05	−0.935	0.35	par_47
社会幸福感	←	家庭关系	8.409	7.585	1.109	0.268	par_50
Q16a1	←	身心健康	1				
Q16a2	←	身心健康	1.011	0.04	25.593	***	par_1
Q16a3	←	身心健康	1.063	0.042	25.062	***	par_2
Q16a4	←	身心健康	0.942	0.039	24.404	***	par_3
Q16a5	←	身心健康	0.958	0.044	21.881	***	par_4
Q16a6	←	身心健康	1.012	0.047	21.662	***	par_5
Q16b1	←	物质条件	1				
Q16b2	←	物质条件	1.066	0.035	30.776	***	par_6

续表

路径关系			Estimate	S.E.	C.R.	P	Label
Q16b3	←	物质条件	1.007	0.035	29.167	***	par_7
Q16b4	←	物质条件	1.065	0.034	31.394	***	par_8
Q16b5	←	物质条件	1.072	0.035	30.695	***	par_9
Q16b6	←	物质条件	1.008	0.035	28.574	***	par_10
Q16c6	←	家庭关系	1				
Q16c5	←	家庭关系	1.057	0.039	27.039	***	par_11
Q16c4	←	家庭关系	0.959	0.037	25.769	***	par_12
Q16c3	←	家庭关系	1.022	0.033	31.144	***	par_13
Q16c2	←	家庭关系	1.093	0.04	27.206	***	par_14
Q16d1	←	生活质量	1				
Q16d2	←	生活质量	0.911	0.04	22.504	***	par_15
Q16d3	←	生活质量	0.789	0.043	18.152	***	par_16
Q16d4	←	生活质量	0.98	0.04	24.553	***	par_17
Q16d5	←	生活质量	1.001	0.045	22.199	***	par_18
Q16e1	←	医疗条件	1				
Q16e2	←	医疗条件	1.019	0.049	20.832	***	par_19
Q16e3	←	医疗条件	0.996	0.044	22.843	***	par_20
Q16e4	←	医疗条件	0.972	0.044	22.294	***	par_21
Q16e5	←	医疗条件	0.999	0.046	21.868	***	par_22
Q16f5	←	家庭幸福感	1				
Q16f4	←	家庭幸福感	1.05	0.049	21.44	***	par_23
Q16f3	←	家庭幸福感	1.056	0.047	22.297	***	par_24
Q16f2	←	家庭幸福感	1.045	0.031	33.254	***	par_25
Q16f1	←	家庭幸福感	1.008	0.051	19.845	***	par_26
Q16g4	←	社会幸福感	1				
Q16g3	←	社会幸福感	1.223	0.051	23.998	***	par_27
Q16g2	←	社会幸福感	0.969	0.047	20.589	***	par_28
Q16g1	←	社会幸福感	1.256	0.053	23.702	***	par_29
Q16c1	←	家庭关系	1				

表 4-43　　　　Covariances：(Group number 1 - Default model)

路径关系			Estimate	S. E.	C. R.	P	Label
身心健康	←→	家庭关系	0.437	0.029	15.2	***	par_30
身心健康	←→	物质条件	0.433	0.028	15.559	***	par_31
身心健康	←→	生活质量	0.5	0.032	15.607	***	par_32
家庭关系	←→	生活质量	0.526	0.033	15.934	***	par_33
生活质量	←→	医疗条件	0.521	0.036	14.537	***	par_34
家庭关系	←→	医疗条件	0.494	0.031	15.717	***	par_35
物质条件	←→	生活质量	0.509	0.032	15.813	***	par_36
物质条件	←→	家庭关系	0.505	0.03	16.827	***	par_37
物质条件	←→	医疗条件	0.484	0.031	15.687	***	par_38
身心健康	←→	医疗条件	0.446	0.03	14.94	***	par_48
e2	←→	e6	-0.166	0.015	-11.158	***	par_51
e18	←→	e16	0.23	0.022	10.542	***	par_52
e33	←→	e30	0.212	0.016	13.368	***	par_53
e15	←→	e13	0.179	0.018	9.971	***	par_54
e32	←→	e29	0.169	0.018	9.464	***	par_55

(六) 第六次拟合路径系数检验表与协方差检验表

表 4-44　　　　Regression Weights：(Group number 1 - Default model)

路径关系			Estimate	S. E.	C. R.	P	Label
家庭幸福感	←	生活质量	1.895	0.993	1.907	0.056	par_39
家庭幸福感	←	医疗条件	1.878	1.606	1.17	0.242	par_42
家庭幸福感	←	身心健康	-1.018	0.75	-1.356	0.175	par_43
家庭幸福感	←	物质条件	0.914	0.894	1.023	0.307	par_44
家庭幸福感	←	家庭关系	-2.837	2.486	-1.141	0.254	par_49
社会幸福感	←	家庭幸福感	-0.86	0.377	-2.279	0.023	par_40
社会幸福感	←	身心健康	-0.315	0.266	-1.185	0.236	par_41
社会幸福感	←	物质条件	-0.438	0.273	-1.608	0.108	par_45
社会幸福感	←	生活质量	1.242	0.486	2.555	0.011	par_46
社会幸福感	←	医疗条件	1.144	0.481	2.377	0.017	par_47

续表

路径关系			Estimate	S. E.	C. R.	P	Label
社会幸福感	←	家庭关系	0.033	0.299	0.112	0.911	par_50
Q16a1	←	身心健康	1				
Q16a2	←	身心健康	1.014	0.039	25.719	***	par_1
Q16a3	←	身心健康	1.063	0.042	25.132	***	par_2
Q16a4	←	身心健康	0.942	0.038	24.469	***	par_3
Q16a5	←	身心健康	0.957	0.044	21.899	***	par_4
Q16a6	←	身心健康	1.018	0.047	21.831	***	par_5
Q16b1	←	物质条件	1				
Q16b2	←	物质条件	1.067	0.035	30.779	***	par_6
Q16b3	←	物质条件	1.008	0.035	29.211	***	par_7
Q16b4	←	物质条件	1.064	0.034	31.325	***	par_8
Q16b5	←	物质条件	1.073	0.035	30.7	***	par_9
Q16b6	←	物质条件	1.009	0.035	28.571	***	par_10
Q16c6	←	家庭关系	1				
Q16c5	←	家庭关系	1.064	0.039	27.335	***	par_11
Q16c4	←	家庭关系	0.966	0.037	25.832	***	par_12
Q16c3	←	家庭关系	1.027	0.033	31.214	***	par_13
Q16c2	←	家庭关系	1.101	0.04	27.503	***	par_14
Q16d1	←	生活质量	1				
Q16d2	←	生活质量	0.914	0.039	23.478	***	par_15
Q16d3	←	生活质量	0.788	0.042	18.651	***	par_16
Q16d4	←	生活质量	0.973	0.038	25.61	***	par_17
Q16d5	←	生活质量	1.007	0.043	23.235	***	par_18
Q16e1	←	医疗条件	1				
Q16e2	←	医疗条件	1.008	0.047	21.357	***	par_19
Q16e3	←	医疗条件	0.986	0.042	23.624	***	par_20
Q16e4	←	医疗条件	0.968	0.042	23.133	***	par_21
Q16e5	←	医疗条件	0.995	0.044	22.656	***	par_22
Q16f5	←	家庭幸福感	1				
Q16f4	←	家庭幸福感	1.052	0.047	22.545	***	par_23

表 4-45　　　　Covariances：(Group number 1 - Default model)

路径关系			Estimate	S.E.	C.R.	P	Label
身心健康	↔	家庭关系	0.435	0.028	15.332	***	par_30
身心健康	↔	物质条件	0.432	0.028	15.576	***	par_31
身心健康	↔	生活质量	0.498	0.032	15.658	***	par_32
家庭关系	↔	生活质量	0.521	0.033	15.962	***	par_33
生活质量	↔	医疗条件	0.527	0.034	15.385	***	par_34
家庭关系	↔	医疗条件	0.493	0.031	15.756	***	par_35
物质条件	↔	生活质量	0.509	0.032	16.096	***	par_36
物质条件	↔	家庭关系	0.502	0.03	16.826	***	par_37
物质条件	↔	医疗条件	0.487	0.031	15.945	***	par_38
身心健康	↔	医疗条件	0.448	0.03	15.02	***	par_48
e33	↔	e30	0.192	0.015	12.909	***	par_51
e18	↔	e16	0.232	0.022	10.564	***	par_52
e15	↔	e13	0.178	0.018	9.957	***	par_53
e2	↔	e6	-0.169	0.015	-11.377	***	par_54
e37	↔	e35	0.083	0.014	6.04	***	par_55

(七) 第七次拟合路径系数检验表与协方差检验表

表 4-46　　　　Regression Weights：(Group number 1 - Default model)

路径关系			Estimate	S.E.	C.R.	P	Label
家庭幸福感	←	生活质量	1.458	0.746	1.955	0.051	par_39
家庭幸福感	←	医疗条件	1.421	1.217	1.167	0.243	par_42
家庭幸福感	←	身心健康	-0.716	0.578	-1.24	0.215	par_43
家庭幸福感	←	物质条件	1.269	1.067	1.189	0.234	par_44
家庭幸福感	←	家庭关系	-2.55	1.942	-1.313	0.189	par_49
社会幸福感	←	家庭幸福感	-0.743	0.399	-1.864	0.062	par_40
社会幸福感	←	身心健康	-0.439	0.348	-1.263	0.207	par_41
社会幸福感	←	物质条件	-0.89	0.549	-1.623	0.105	par_45
社会幸福感	←	生活质量	1.383	0.579	2.389	0.017	par_46
社会幸福感	←	医疗条件	1.3	0.585	2.221	0.026	par_47

续表

路径关系			Estimate	S.E.	C.R.	P	Label
社会幸福感	←	家庭关系	0.169	0.331	0.51	0.61	par_50
Q16a1	←	身心健康	1				
Q16a2	←	身心健康	1.014	0.039	25.7	***	par_1
Q16a3	←	身心健康	1.064	0.042	25.127	***	par_2
Q16a4	←	身心健康	0.942	0.039	24.455	***	par_3
Q16a5	←	身心健康	0.957	0.044	21.887	***	par_4
Q16a6	←	身心健康	1.019	0.047	21.862	***	par_5
Q16b1	←	物质条件	1				
Q16b2	←	物质条件	1.094	0.036	30.342	***	par_6
Q16b3	←	物质条件	1.014	0.036	27.949	***	par_7
Q16b4	←	物质条件	1.064	0.031	33.994	***	par_8
Q16b5	←	物质条件	1.092	0.037	29.925	***	par_9
Q16b6	←	物质条件	1.012	0.037	27.263	***	par_10
Q16c6	←	家庭关系	1				
Q16c5	←	家庭关系	1.07	0.039	27.322	***	par_11
Q16c4	←	家庭关系	0.969	0.038	25.816	***	par_12
Q16c3	←	家庭关系	1.029	0.033	31.177	***	par_13
Q16c2	←	家庭关系	1.106	0.04	27.454	***	par_14
Q16d1	←	生活质量	1				
Q16d2	←	生活质量	0.913	0.039	23.49	***	par_15
Q16d3	←	生活质量	0.788	0.042	18.674	***	par_16
Q16d4	←	生活质量	0.972	0.038	25.63	***	par_17
Q16d5	←	生活质量	1.007	0.043	23.257	***	par_18
Q16e1	←	医疗条件	1				
Q16e2	←	医疗条件	1.007	0.047	21.304	***	par_19
Q16e3	←	医疗条件	0.987	0.042	23.617	***	par_20
Q16e4	←	医疗条件	0.972	0.042	23.153	***	par_21
Q16e5	←	医疗条件	0.997	0.044	22.649	***	par_22
Q16f5	←	家庭幸福感	1				
Q16f4	←	家庭幸福感	1.054	0.047	22.55	***	par_23
Q16f3	←	家庭幸福感	1.062	0.045	23.704	***	par_24

续表

路径关系			Estimate	S.E.	C.R.	P	Label
Q16f2	←	家庭幸福感	1.045	0.031	33.646	***	par_25
Q16f1	←	家庭幸福感	1.004	0.049	20.574	***	par_26
Q16g4	←	社会幸福感	1				
Q16g3	←	社会幸福感	1.229	0.052	23.784	***	par_27
Q16g2	←	社会幸福感	0.965	0.042	23.012	***	par_28
Q16g1	←	社会幸福感	1.257	0.054	23.414	***	par_29
Q16c1	←	家庭关系	1				

表4-47　Covariances：(Group number 1 - Default model)

路径关系			Estimate	S.E.	C.R.	P	Label
身心健康	←→	家庭关系	0.433	0.028	15.311	***	par_30
身心健康	←→	物质条件	0.427	0.028	15.489	***	par_31
身心健康	←→	生活质量	0.498	0.032	15.661	***	par_32
家庭关系	←→	生活质量	0.52	0.033	15.947	***	par_33
生活质量	←→	医疗条件	0.527	0.034	15.38	***	par_34
家庭关系	←→	医疗条件	0.491	0.031	15.728	***	par_35
物质条件	←→	生活质量	0.505	0.032	16.022	***	par_36
物质条件	←→	家庭关系	0.497	0.03	16.729	***	par_37
物质条件	←→	医疗条件	0.483	0.03	15.865	***	par_38
身心健康	←→	医疗条件	0.447	0.03	15.009	***	par_48
e33	←→	e30	0.193	0.015	12.919	***	par_51
e18	←→	e16	0.234	0.022	10.613	***	par_52
e15	←→	e13	0.18	0.018	10.034	***	par_53
e2	←→	e6	-0.169	0.015	-11.4	***	par_54
e37	←→	e35	0.083	0.014	6.042	***	par_55
e7	←→	e10	0.061	0.01	5.92	***	par_56
e9	←→	e12	0.071	0.012	5.721	***	par_57

附件3　进行调查时的图片资料

第五章 榆中县健康扶贫落实情况的调查

第一节 调查的前期准备

甘肃省作为脱贫攻坚最困难的省份，2013年共识别建档立卡贫困人口552万人，建档立卡贫困村6220个。全省86个县市区中，有58个县列入国家六盘山、秦巴山和藏区"三大片区"，还有17个县属于插花型贫困县。2017年，甘南州、临夏州和天祝县共17个县被整体列入国家重点支持的"三区三州"范围，省里又确定了18个深度贫困县，是全省的贫中之贫、困中之困。

甘肃省坚持把脱贫攻坚作为全省头等大事和第一民生工程来抓，按照"省负总责、市县抓落实、乡村抓具体"的要求，紧盯"两不愁、三保障"目标，聚焦深度贫困地区，瞄准最困难的群体，扭住最急需解决的问题，着力夯实精准帮扶、产业扶贫、各方责任、基层队伍和工作作风基础，扶贫工作正在有力有序有效地扎实推进。全省建档立卡贫困人口由2013年底建档立卡的552万人减少到2017年底的189万人；贫困发生率由26.5%下降到9.6%，58个片区县农村居民人均可支配收入达到7194元，脱贫攻坚取得了阶段性成效。

近年来，随着社会科学的发展，医学技术已经很发达了。但是在交通和经济比较落后的农村，"看病贵，看病难"却成了最为严峻的问题，政府对于这一普遍存在于中国农村的现象，做出了很大的努力。由刚开始的医疗互助共济政策，到后来的新农合，无一不体现出国家对这个问题的重视。但是由于健康扶贫在贫困地区资金投入不足，技术人才缺乏等原因，国家政策主要是满足了居民的基本医疗需求，很大一部分慢性疾病、重大疾病的用药、治疗费用不在医保报销范围之内，所以还普遍存在因病致贫，因病返贫的现象。

一、调查背景

"看病贵，看病难"的问题一直在困扰着生活在交通不便利的农村的人们，由于农村经济比较落后，农民收入较少，偶尔一两次小感冒还能解决，如果很不幸地患上严重的疾病，可能一生的积蓄都会花到医院里，因此，由病致贫的现象频频出现。这个问题逐渐地变成了重要的民生问题。为了解决这一问题，国家推出了由政府组织、引导、支持，农民自愿参加的，个人、集体和政府多方筹资，以大病统筹为主的农民医疗互助的共济制度。2002年10月，我国明确提出各级政府要积极引导农民建立以大病统筹为主的新型农村合作医疗制度。2009年，我国作出深化医药卫生体制改革的重要战略部署，确立新农合作为农村基本医疗保障制度的地位。继续探索建立与经济社会发展水平、各方承受能力相适应的稳定可持续筹资机制。

多年来，因病致贫、因病返贫是许多贫困户产生的主要原因。即使再富裕的家庭一旦摊上一场大病，不仅病人难受，好好的一个家庭都会被拖累得筋疲力尽，甚至倾家荡产。

应该说，近年来，很多地方都探索通过提高贫困人口的医疗救助报销比例、提高贫困人口的健康管理水平等办法，以让贫困人口有效解决因病致贫或返贫的问题。但事实证明，这些办法浮在宏观层面上，不具体细化的话，有时会找不准扶贫的病根，难以从根本上解决贫困家庭的致贫原因。

数据显示，我国农村贫困人口中42%是因病致贫返贫，有的地方甚至高达50%。可以说，在全面脱贫的道路上，"因病致贫"带来的考验十分巨大，目前，我国还有7000万人口处于严重的贫困状态，在这些贫困人口当中，因病致贫的有42%，因病致贫成为农村贫困人口主要的致贫原因，可见医疗健康扶贫对贫困人口脱贫的重要意义。

二、调查目的及意义

（一）调查目的

国务院扶贫办建档立卡数据显示，截至2013年，因病致贫、因病返贫的贫困户有1256万户，占贫困户总数的42.4%。其中，患大病的有417万人，占4.7%，患长期慢性病的有1504万人，占16.8%。在各种致贫原因中，因病致贫在各地区都排在最前面。由于贫困地区自然条件差、发展起步晚，经济社会发展落后，贫困家庭收入主要依靠外出务工和家庭农业收入，缺乏财产性收入，收入来源比较单一。因此一旦家庭成员患上大病，治病不但花去多年积蓄，甚至负债累累；更有一些家庭因无钱治病，只能"小病扛，大病躺"，结果"小病拖大，大病拖重"，深陷贫病交加之中不能自拔。为了改善此问题，提高居民生活质量，帮助贫困群众脱贫，国家特实施建档立卡扶贫项目，主要针对"因病致贫，因病返贫"家庭，为了了解国家政策是否切实落实到真正有需求的家庭上，了解民意，特此设计健康扶贫落实情况调查问卷，进行此次调查。

(二) 调查意义

健康扶贫项目的核心是要让贫困地区农村贫困人口"看得起病、看得好病、看得上病、少生病"，实施该政策为了有效防止因病致贫、因病返贫的问题，此次调查在于发现政策的不足，并根据调查情况给出相关建议。

三、文献综述

贫困一直以来是国家及社会重点关注的问题，因为只有摆脱贫困，才能实现经济的快速发展，人民生活的和谐稳定，国家的繁荣富强。而贫困是我国根深蒂固的问题，引起了社会各界人士及专家学者的广泛关注，总结出了很多致贫的原因，而因为疾病导致一个家庭的贫困的现象更是数不胜数，所以健康扶贫是改善人民生活条件的关键一环，它直接关系到贫困人口的获得感。

就此问题，陈成文教授的《从"因病滞贫"看农村医疗保障制度改革》一文从精准扶贫的现实困境角度创新性地提出了"因病滞贫"的学术话语，认为精准扶贫要走出"因病滞贫"的现实困境，就必须推进农村医疗保障制度改革。这就要求着力增强农村医疗保障制度的契合度，努力践行大病治疗付费与结算机制，积极完善医疗救助制度，尽快健全社会力量参与机制。张仲芳教授的《精准扶贫政策背景下医疗保障反贫困研究》一文基于精准扶贫的政策背景，探讨了医疗保障的反贫困功能，认为要降低贫困人口的贫困脆弱性，就必须完善医疗保障政策体系，建立基本医疗保险、大病保险、医疗救助制度衔接和协同机制，加强贫困人口大病医疗费用控制，推行贫困人口大病和慢性病分类救治。陈云凡副教授的《基本药物"零差价"管制政策效果评估》一文从"药品价格虚高"的现实困境出发，从实证的角度对国家基本药物"零差价"管制政策进行了效果评估，认为基本药物"零差价"管制政策目标出现了医院亏损面扩大和药费不降反升的偏差，在此基础上提出了尊重市场规律、发挥医院和医生主体作用、合理利用医保支付方式来控制费用的医药体制改革政策建议。陈楚、潘杰在《健康扶贫机制与政策探讨》一文中认为我国健康扶贫应该通过"预防、治疗、保障"三条路径，切断"贫困→疾病→贫困"循环链，解决"因病致贫、返贫"难题的内在机制。通过预防保健政策，帮助贫困人口树立健康观；合理配置医疗资源，发挥乡镇卫生院的功能；制定长效保障机制。后期健康扶贫工作以"大健康"为引导、"大数据"为指导、"小人群"为抓手,对接贫困地区多元文化,提高健康扶贫效率。冯莉钧、汤少梁、马蓉在《基于供给侧改革的健康扶贫优化路径研究》中通过对我国健康扶贫、供给侧结构性改革的内涵及医疗卫生领域健康扶贫工作存在的问题进行分析,从供给侧改革的角度提出健康扶贫的政策优化路径,包括财政投入路径、管理机制路径、医疗保障路径、模式创新路径,为保障健康扶贫的有效供给提供借鉴和参考。

综上所述,健康扶贫仍然是精准扶贫的重要内容,是实现健康中国战略的关键环节。目前我国贫困人口的健康问题日益突出,健康状况低下又加剧了贫困的发生,因病致贫、因病返贫现象严重。各类医疗保险保障水平依然较低、医疗救助制度尚不完善、县域内医疗机构服务能力较低、县域外转诊率高、贫困地区公共卫生问题较为突出。

四、研究的技术线路图

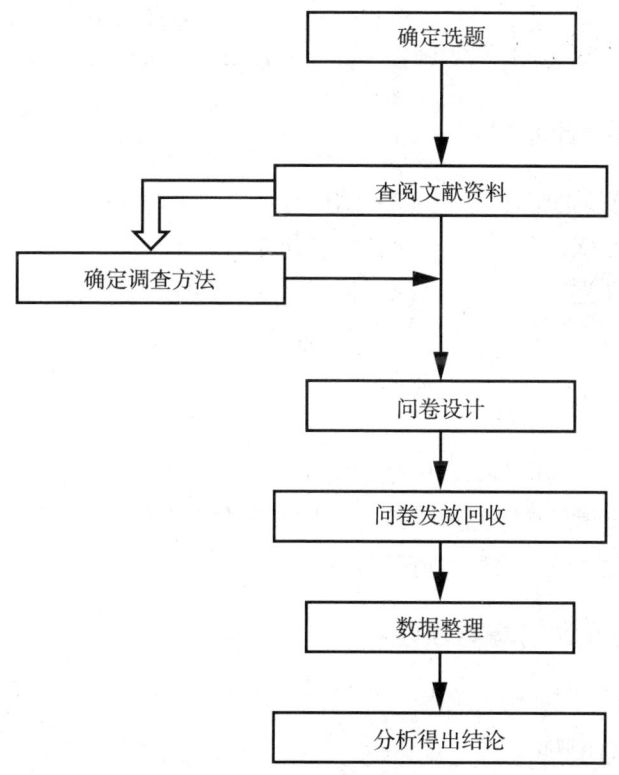

图5-1 研究思路导图

第二节　调查方案设计与实施

一、调查对象与单位

调查对象为榆中县每位居民，调查单位是被抽中的居民。

二、调查与分析方法

文献调查、问卷辅助的面访、个别深度访问、抽样调查。以抽样调查为主。抽样调查与其他非全面调查比较，具有随机性、是以结构化问卷为工具、从数量上推算总体。

具体方法：采用调查问卷法搜集数据资料，利用计算机进行统计分析，如相关分析和回归分析、方差分析、假设检验、非参数检验、描述统计分析、推断统计分析等。此外，还需要结合现场访谈，文献搜集等方法。

三、问卷设计原则

(1) 有明确的主题；　　(2) 结构合理、逻辑性强；
(3) 通俗易懂；　　　　(4) 控制问卷的长度；
(5) 不重不漏；　　　　(6) 便于资料的整理和统计；
(7) 穷尽性；　　　　　(8) 互斥性。

四、设计调查问卷

基本问卷是调查每个家庭的基本情况：性别、年龄、职业、参加医保情况、患病状况、花费情况、康复情况等。根据家庭基本情况展开一系列问题：对医保的具体参与情况和政策的落实情况等。

五、问卷设计的基本程序

(一) 确定主题和资料范围

(二) 分析样本特征

(三) 拟定并编排问题

(四) 进行试问试答

（五）修改、复印

六、编制抽样框

表 5-1　　　　　　　　　　一级抽样框

乡镇名称	行政村个数	人口（人）	面积（Km²）
城关镇	18	52092	89.2
夏官营镇	17	28133	136
甘草店镇	13	16801	130
高崖镇	11	10101	74.12
青城镇	14	22600	137
金崖镇	16	27000	182.5
定远镇	14	17000	64
和平镇	18	32943	138.97
小康营乡	17	25967	101.82
清水驿乡	16	21222	163.5
中连川乡	12	10362	228
园子岔乡	6	8682	502
上花岔乡	6	7562	174
哈岘乡	8	5862	26.13
连搭乡	18	33000	133
马坡乡	23	16648	165.5
新营乡	13	20100	142
龙泉乡	12	11088	84
贡井乡	9	8780	123
韦营乡	7	6289	123

总体按照多阶段抽样，第一阶段以镇为单位，作为一级样本；第二阶段以行政村为单位，沿公路沿线以人口多的原则抽取二级样本。榆中县有 8 个镇 12 个乡，将 20 个乡镇聚为五类后，在每一类中抽取 1 个一级样本，将 5 类乡镇进行编码，用 SPSS 软件随机抽样，一级样本抽样框抽到的样本点为：和平、夏官营、金崖、连搭、上花岔五个乡镇。

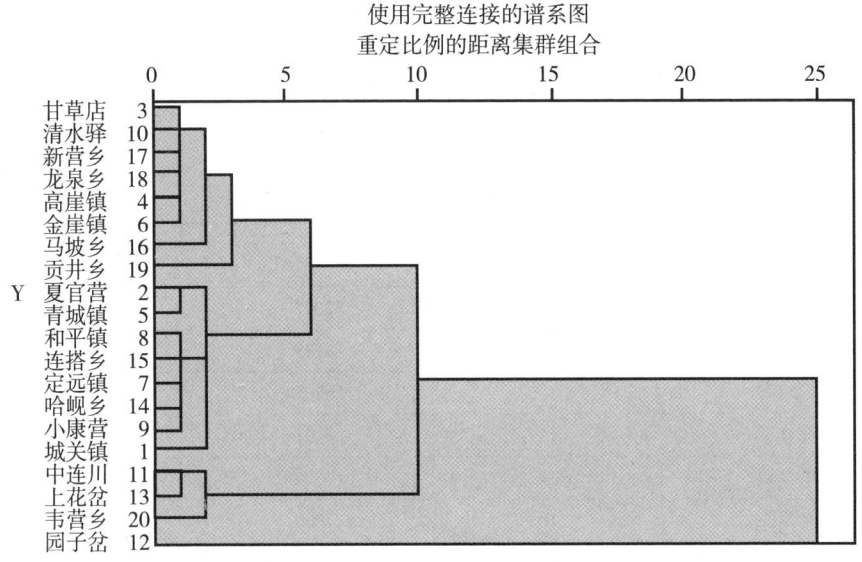

图 5-2 样本聚类

表 5-2　　　　　　　　　抽样框及选取的样本点

分类	抽样框	抽样方法	样本点
一	甘草店、清水驿、新营乡、龙泉乡、高崖镇、马坡乡、金崖镇	SPSS 软件随机抽样	金崖镇
二	贡井乡		无
三	夏官营、青城镇、和平镇、定远镇、哈岘乡、小康营、城关镇、连搭乡	SPSS 软件随机抽样	夏官营、连搭乡、和平镇
四	中连川、上花岔、韦营乡	SPSS 软件随机抽样	上花岔
五	园子岔	SPSS 软件随机抽样	无

注：因前期设计问题，漏掉了对贡井的问卷的发放，而在第三类中抽取了和平村，因贡井人口较少且调查距离较远，考虑安全、经济种种问题，因而删去对贡井问卷的发放。而对人口最多的第二类抽取三个乡镇。

七、问卷分配及发放

表 5-3 问卷分配及发放

地区	人数（人）	比例（%）
金崖	27000	25.80
贡井	8780	8.40
夏官营	28133	26.90
上花岔	7562	7.20
和平	32943	31.50

八、调查时间和场所

调查时间：2018 年 6 月 8 日至 11 日

调查场所：直接进入家庭访问。之所以选择进入家庭访问而不是集中填写问卷或由村干部分发，是由于被调查者的文化水平较低，但更重要的是因为通过除问卷以外的面对面访谈和现场观察可以获得更多的信息。

第三节 政策落实情况分析

一、解决贫困家庭困难仍是脱贫攻坚的重点

表 5-4 建档立卡户的分布比例

有效	频率	百分比	有效百分比	累积百分比
否	94	78.3	78.3	78.3
是	26	21.7	21.7	100.0
合计	120	100.0	100.0	

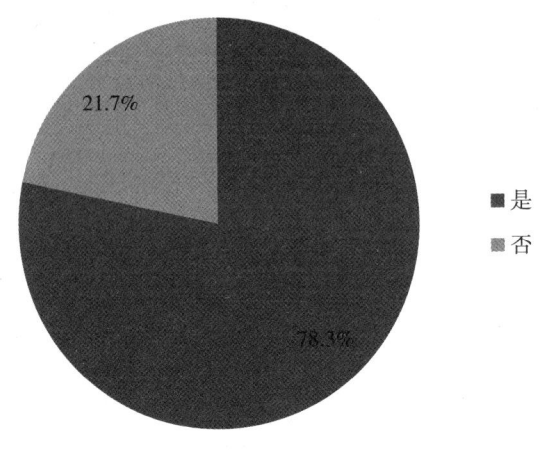

图 5-3　建档立卡户的分布比例

由图 5-3、表 5-4 可以看到，建档立卡户即贫困户占样本总数的 21.7%，而贫困家庭仍是脱贫攻坚的重点对象，虽然贫困家庭占所调查家庭总数的少一部分，但这依然是所要解决的重大难题，因为只有真正帮扶到贫困家庭，解决最困难那部分人最迫切需要解决的问题，使这部分人有足够的经济实力去改善自己的生活水平，进而运用技术创造财富，才有可能以消费拉动经济增长，实现本地区的长期发展，人民生活水平的显著提升，才能真正使人民步入小康社会，国家走向繁荣富强。

二、因病致贫是导致绝大多数家庭贫困的主要诱因

分析：由图 5-4、表 5-5 可知因病致贫是导致绝大多数家庭贫困的主要诱因，所以进行健康扶贫就能解决一般人的困难处境，由于一般的上学费用对一个家庭的影响不至于使家庭贫困，很有可能是由于因病而放大了这种效果，这很好解释，如果是家里的主要劳动力患病的话，家庭不但失去收入来源而且要支付高额的医疗费用。由于人口多而致贫这与常识不符，但如果想到第一个主因，因病致贫的话这也不难解释，如果家里主要劳动力少，而患病的人多的话，肯定会拖垮这个家庭，而使家庭贫困。由于其他方面的原因造成贫困所占的比例跟因病致贫相当，为总数的 38.5%，目前健康问题是造成贫困的重要原因，所以国家及各地政府应该对人民健康问题给予高度重视，要让贫困地区人口看得起病，看得好病，看得上病，少生病，提高人民的健康意识，使人民真正富裕起来。

表 5-5　　　　　　　　　　　致贫的主要原因

	选项	人数（人）	频率（%）	有效（%）	累积（%）
有效	因病	10	8.30	38.5	38.50
	因学	4	3.30	15.4	53.80
	家里人口多	2	1.70	7.7	61.50
	其他	10	8.30	38.5	100.00
	合计	26	21.7	100.0	
缺失	系统	94	78.30		
	合计	120	100.00	100.00	

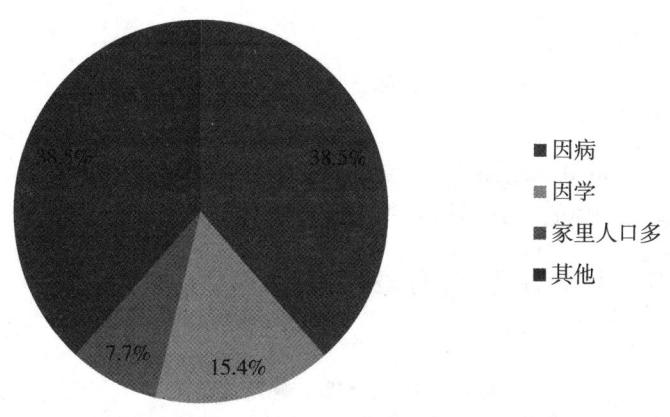

图 5-4　致贫的主要原因

三、电子健康档案建立情况不明确

表 5-6　　　　　　　　　建立电子健康档案分类比例

	选项	人数（人）	频率（%）	有效（%）	累积（%）
有效	有	36	30.00	30.00	30.00
	没有	44	36.70	36.70	66.70
	不知道	40	33.30	33.30	100.00
	总计	120	100.00	100.00	

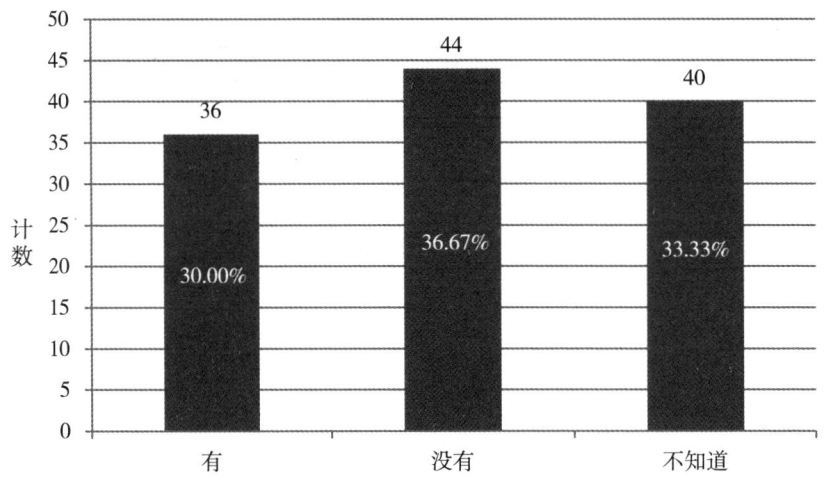

图 5-5 建立电子健康档案的分类比例

表 5-6 显示 30.0% 的家庭有建立电子健康档案，36.7% 家庭没有建立电子健康档案，还有 33.3% 的家庭不知道是否建立了电子健康档案。

四、健康手册和医疗箱对居民有帮助

表 5-7　　　　　　　　发放健康手册和医疗箱所占比例

选项	人数（人）	频率（%）	有效（%）	累积（%）
否	34	28.33	28.33	28.33
是	86	71.67	71.67	100.00
总计	120	100.00	100.00	

从表 5-7 数据统计可以得出，28.33% 的家庭没有收到政府及相关部门发放的健康手册和医药箱，71.67% 的家庭收到了政府及相关部门发放的健康手册和医药箱。从这些数据中可以看出，政府在这方面的政策落实情况还是存在很大的缺陷。

在实际调查中，了解到没有收到健康手册和医药箱的家庭，有的是政府发放了健康手册和医药箱，但是他们并没有去领取，有的是确实没有发放。

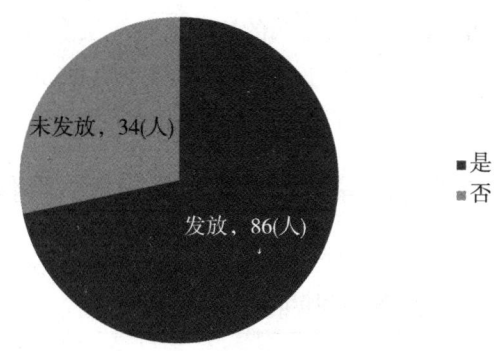

图 5-6 发放健康手册和医疗箱所占比例

由图 5-6 可知有 71.7%的村民家中都发放有健康宣传手册和医疗箱，只有小部分 28.3%村民家中没有发放。对于健康宣传手册、医药箱在各个家庭中是否有较大的用处和健康宣传手册、医药箱对家庭健康是否有帮助，是否有发放的必要性。从就医的时机看，在有健康宣传手册、医药箱的家庭中由于对健康宣传手册的学习，认识到了一些健康常识、通过运用医药箱的工具能够及早发现是否生病，知道病情的严重程度及其危害性，所以能够尽早地去医院做治疗，在生病就医的花费上能够花更少的钱而拥有健康的身体，这对于避免因为健康原因而导致家庭遭受损失有很大的帮助，而这能够从根源上杜绝因病致贫的发生，所以健康宣传手册、医药箱的发放是有积极作用的，应该大力推广。

五、少数家庭的收入花费在医疗上所占比例极高

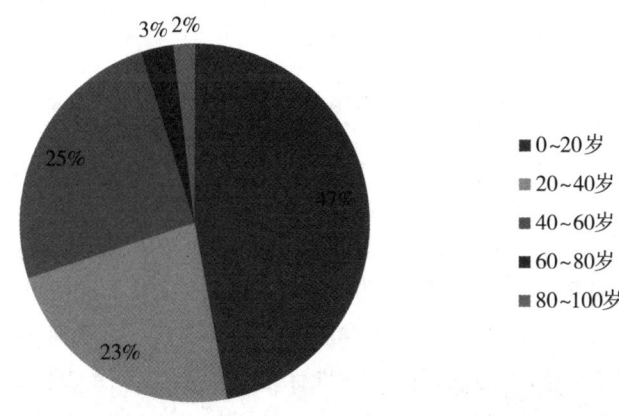

图 5-7 少数家庭的收入花费在医疗上所占比例

上图 5-7 是医疗方面的花费占收入的比例饼图，从上可以看到有近一半的家庭花费占比在 0~20%，有一半的家庭花费占比在 20%~60%，有 5% 的家庭花费占比在 80% 以上，属于花费极高的家庭，而这部分家庭是重点帮扶的对象。

六、健康知识的宣传讲解对大多数人有积极引导作用

表 5-8　　　　　　　　做过健康知识的宣传讲解所占比例

选项	人数（人）	频率（%）	有效（%）	累积（%）
否	60	50	50	50
是	60	50	50	100
总计	120	100	100	

在表 5-8 对调查对象的描述统计中可以读出一些信息，有一半受访者接受过健康知识的讲解，了解健康常识，因此想知道了解了这些常识的人们是怎样一种生活状态，所以做出是否做过健康知识的讲解和做体检的间隔长度、身体最近是否不适交叉表，从而发现其中的联系。

表 5-9　　　　　　　　就医的时机和是否有医药箱比例

是否发放		刚有不适	稍微严重	很严重	其他情况	总计
否	人数（人）	4	20	8	2	34
	频率（%）	3.30	16.70	6.70	1.70	28.30
是	人数（人）	22	50	10	4	86
	频率（%）	18.30	41.70	8.30	3.30	71.70

表 5-9 可以看到与没有医疗箱相比，有医疗箱的家庭在身体稍有不适就医的比例大于没有医疗箱的家庭。健康宣传手册、医药箱的发放对于一些小病作用较大，而对于一些特殊疾病则要靠一些专业手段来做诊断，当然也需要专业的知识，专业的医师来保驾护航。在知道健康知识常识之后，日常生活中注意对自己身体的防护、饮食均衡、锻炼身体、定期体检、规律日常作息等，极大程度地避免小病甚至大病的发生。所以健康知识的宣传讲解、常识的科普对引导人们采取健康的生活方式有极其现实的意义。

第四节 政策满意度分析

一、大多数居民对国家健康扶贫政策不了解

表 5-10　　　　　　对国家扶贫政策的了解程度

	选项	人数（人）	频率（%）	有效（%）	累积（%）
有效	很了解	12	10.00	10.00	10.00
	较了解	44	36.67	36.67	46.67
	不了解	64	53.33	53.33	100.0
	总计	120	100.0	100.0	

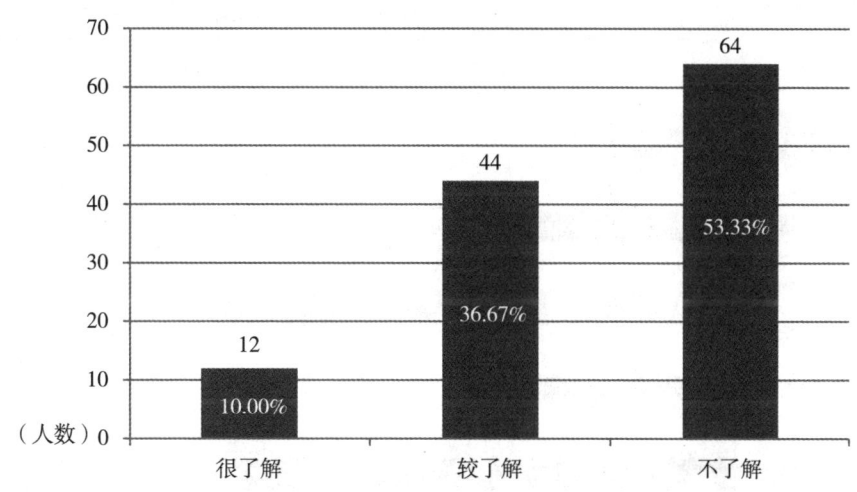

图 5-8　对国家扶贫政策的了解程度

在图 5-8 中显示 53.33%的被调查对象对国家扶贫政策不了解，36.67%对国家扶贫政策比较了解，很了解的仅占比 10%，由于大部分人对国家扶贫政策不了解，这其中就包含了健康扶贫的政策，在不了解的情况下，这种扶贫对于大多数人来说是信息不对称的，一部分人在不知情的情况下应得利益无法得到保障。

二、大多数居民对国家政策落实满意

表 5-11 显示有 78.3%对于国家扶贫政策落实情况是满意的，非常不满意的将近 10%，这其中不排除抽样误差的可能，说明总体效果是趋好的，还有需要改进、努力的地方。这需要对扶贫效果进行反馈和对不到位，偏离方向的做法及时纠正，使投入的资源能够最大化地发挥扶贫效果。

表 5-11　　　　　对国家扶贫政策落实情况满意程度

选项	人数（人）	频率（%）	有效（%）	累积（%）
非常满意	40	33.30	33.30	33.30
比较满意	18	15.00	15.00	48.30
一般	36	30.00	30.00	78.30
不满意	16	13.30	13.30	91.70
非常不满意	10	8.30	8.30	100.00
合计	120	100.00	100.00	

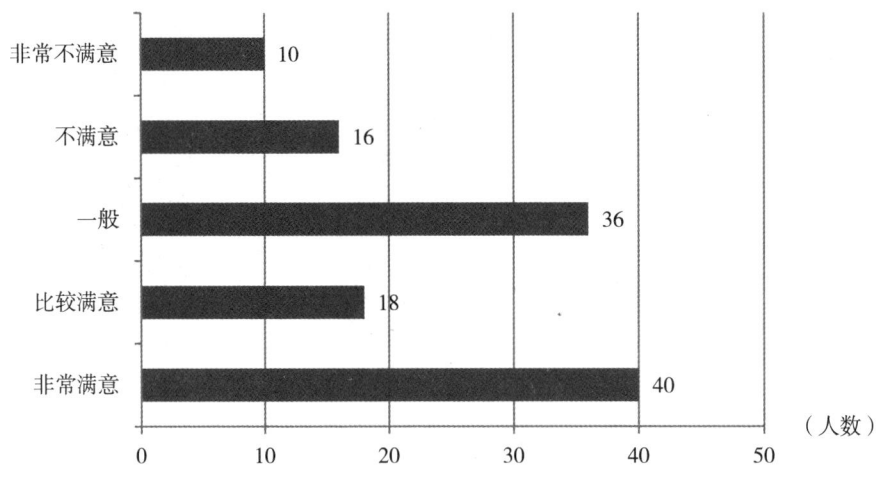

图 5-9　对国家扶贫政策落实情况满意程度

（一）完善相关制度设计

国家将健康扶贫工程作为脱贫攻坚工作的重要内容，强化组织领导，完善政策措施，健全工作机制，统筹整合资源，突出工作重点，旨在解决农村贫困问题。而由表 5-11 可知，居民对国家健康扶贫政策落实情况整体来看还是满意的，累积达到了 78.3%，只有 21.7% 的居民对国家健康扶贫政策落实情况不满意。大部分的家庭基本问题得到解决，而对于持久解决的方法还没有真正的实施，这也是需要精准扶贫的原因所在。对于医疗上需要帮助的家庭应该再多些有针对性的帮扶，合理资助困难群众参加基本医疗保险。对城乡低保对象、特困人员等重点救助对象参加基本医疗保险的个人缴费部分给予补贴，特困人员给予全额资助，低保对象给予定额资助；完善资助农村扶贫建档立卡贫困人口参加新农合的政策，确保困难群众及时获得基本医疗保险。着力提高救助水平。加强部门协作配合，严格管控医疗卫生费用不合理增长，科学测算医疗救助资金需求，确保重点救助对象政策范围内住院自负费用救助水平不低于 70%。规范经办管理机制，完善"一站式"信息交换和即时结算机制，健全社会力量参与、"救急难"等工作机制，确保救助资金及时高效用于真正困难的居民。

（二）加强大病救助力度

完善重特大疾病医疗救助工作方案，加强资金保障和日常监管，规范对象认定办法和工作程序，依据家庭经济状况、医疗费用支出、医保报销等情况确定对象范围，采用信息化手段核准对象信息，在做好低保对象和特困人员医疗救助基础上，向低收入救助对象和因病致贫家庭重病患者适当拓展。综合考虑患病家庭实际情况，分类分段设置住院救助比例和最高救助限额，以梯度救助方式把有限的救助资金用于最困难的救助对象。

从实际调查中发现居民对国家所出台的政策都是非常满意的，但是对政策的落实情况大家都是不满意的，居民认为政策并没有落实到位，存在大量的实际情况和与政策的实施不符的现象。重点突出的问题是：享受扶贫政策的是有钱人，不知道扶贫政策的是贫困人，扶贫政策扶富人。

H_0：对国家扶贫政策了解度与对国家扶贫政策落实情况满意度没有相关性

H_1：对国家扶贫政策了解度与对国家扶贫政策落实情况满意度存在相关性

三、居民对扶贫政策了解情况及满意度——相关性分析

表 5-12　　　　　　　　　　相关性分析

选项		对国家扶贫政策了解吗	对国家扶贫政策落实情况满意吗
对国家扶贫政策了解吗	相关系数	1	0.451**
	P 值		0.000
	N	120	120

续表

选项		对国家扶贫政策了解吗	对国家扶贫政策落实情况满意吗
对国家扶贫政策落实情况满意吗	相关系数	0.451**	1
	P值	0.000	
	N	120	120

**在0.01水平（双侧）上显著相关。

由上表5-12可知，Sig值为0，所以在P=0.01的水平下，拒绝原假设，即对国家扶贫政策了解度与对国家扶贫政策落实情况满意度存在相关性，Pearson相关系数为0.451。国家要落实扶贫政策就必须将政策宣传到位，使每个人都了解政策，共同监督才能使政策更好地实施。

从实际调查中也发现了对政策很了解的是享受了政策的居民，他们对政策的落实情况是满意的，而对政策落实情况非常不满意的是了解政策，但是没有享受政策并且认为政策没有落到实处的居民。

四、收入在医疗中花费比例越低了解政策知识就越少

表5-13　　　　　　　　各收入占比家庭对政策了解程度

对扶贫政策了解度		每年医疗占收入的比例					合计
		0~20	20~40	40~60	60~80	80~100	
很了解	人数（人）	2	6	4	0	0	12
	频率（%）	16.70	50.00	33.30	0.00	0.00	100.00
较了解	人数（人）	18	10	12	2	2	44
	频率（%）	40.90	22.70	27.30	4.50	4.50	100.00
不了解	人数（人）	36	12	14	2	0	64
	频率（%）	56.20	18.80	21.90	3.10	0.00	100.00

从上表5-13可以看出，医疗在收入占比中不管是医疗花费占比较大的家庭还是医疗花费占比小的家庭，对相关政策不了解的都占比很大，对于这种现象可以结合调查主体来分析，由于被调查者大多数是学历较低的人群，所以一方面可以认为他们获取信息的渠道有限；另一方面由于地处位置偏远，消息来源有限或对政策的宣传力度不够，从而使得这些家庭对自己的花费没有降到最低。

由于健康扶贫对于花费大的一般是补助较多的,所以这会在报销比例上有所体现,所以做出了花费占比与报销比例的交叉表,见表5-14。

表 5-14　　　　　　　　每年医疗支出占收入的比例

报销占比		0~20	20~40	40~60	60~80	80~100	合计
报销多半	人数（人）	16	14	16	2	0	48
	频率（%）	33.30	29.20	33.30	4.20	0.00	100.0
报销一半	人数（人）	14	8	6	2	0	30
	频率（%）	46.70	26.70	20.00	6.70	0.00	100.0
报销很少	人数（人）	8	4	4	0	2	18
	频率（%）	44.40	22.20	22.20	0.00	11.10	100.0
没报销过	人数（人）	18	2	4	0	0	24
	频率（%）	75.00	8.30	16.70	0.00	0.00	100.0

五、因病致贫的家庭需要从技术和资金两方面的扶持

表 5-15　　　　　　　　希望得到政府支持方面的分配比例

	选项	人数（人）	频率（%）	有效（%）	累积（%）
支持类型	资金	60	50.00	50.00	50.00
	技术	20	16.70	16.70	66.70
	医疗	24	20.00	20.00	86.70
	其他	16	13.30	13.30	100.00
	合计	120	100.00	100.00	

在对希望哪方面得到支持的描述统计中,表5-15表明资金占比最大,这也不难理解,资金作为流通最快的资产,在当期就能给家庭带来帮助。所以对于资金的需求是最多的,同样的,医疗作为基础服务,而且现在的医疗成本越来越高,所以在医疗方面的需求也是相当大的。授人以鱼不如授人以渔,技术是第一生产力。从社会再生产角度考虑,在有了足够先进的技术和生产手段后,社会的进步是肯定的,每次的工业革命都有不同的文明衰落,新兴的文明体诞生并取代衰落的文明。同样的,家庭的贫困也是家庭的衰落表现,因此对于家庭来说,当

拥有了技术以后,生活收入来源改变,生活条件将得到改善,拥有持续的收入来源,但从调查的样本来看,对于技术的需求没有想象中的迫切。但反过来看,被访者没有更多的选择技术而是选择资金和医疗保障,可能是因为与技术相比,资金医疗受益的周期相对来说要短得多。使用技术、掌握技术致富,这需要一个漫长的过程,而因病致贫的家庭等不了那么久,但救助资源有限,无法从根本上解决问题。因此,要消除因病致贫,不仅要在资金和医疗上提供帮助,更多地要帮这些家庭培养自救自助的能力,要让这些家庭在看病就医、生活支出上有保障,而不是一直依靠政府社会,这样才能从根本上解决因病致贫问题。

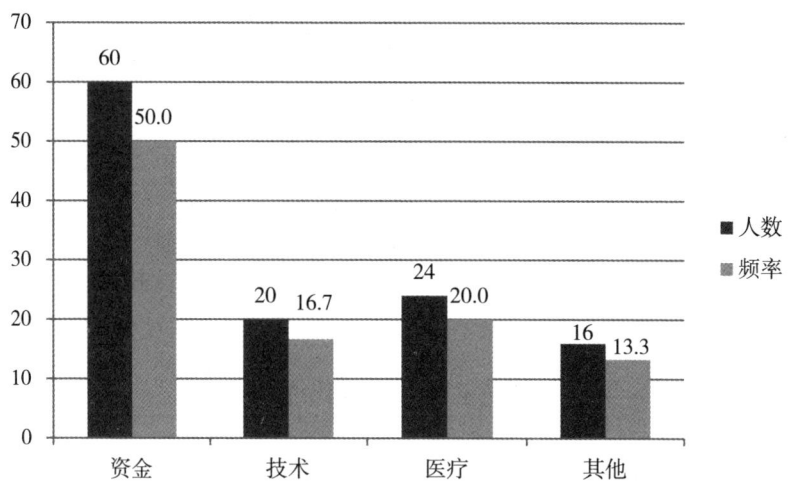

图 5-10　希望得到政府支持方面的分配比例

由图 5-10 可以看出,从比例来看非贫困户的家庭需求与贫困户的需求相同,都对资金比较需要,其次是医疗、技术。非建档立卡户的家庭虽然生活质量得到基本保障,较贫困户生活条件较好,但在希望得到政府哪方面的支持上,选资金的占了 50%,说明人们对于目前的经济现状仍处于不满足状态,在经济上有很大的空间提升。其次是医疗方面需要得到支持,占比 20%,说明各地区的医疗水平并不是很好,小病可以得到治疗,而发生重大疾病时,可能得不到很好的医治,导致救治不及时,而花费更多,使居民的生活水平下降。这也是一个不可忽视的大问题,所以要想真正改善人民的生活条件,应该精准扶贫,从根源处解决,不然投入再多的资金都无法最大效率的应用。要讲求效率,花最少的代价来使得这些贫困家庭走出困境,享受社会进步带来的福利。使扶贫资金落到实处,并大力改善贫困地区医疗条件,在医疗支出上大力扶持,加强大病救助力度,引领社会力量参与。

从上面两类的比较来看,农村居民对于技术的重视不足,这对扶贫来说是一个很具挑战的问题,要想取得扶贫攻坚的胜利,转变思想很重要,只有让被帮扶者清楚地认识到技术生产力的强大致富作用才能让他们有自主、自我脱贫的能力,这对于减轻政府社会的压力极其重要。

第五节 结论与建议

一、结论

结合问卷发放得到的数据和实际调查中得到的情况,对榆中县健康扶贫政策落实情况进行了较为全面、深入的研究,得出了下列主要结论:

(一)通过"预防、治疗、保障"解决因病致贫、返贫

我国健康扶贫政策主要从"预防、治疗、保障"三个角度,解决"因病致贫、因病返贫"问题。在疾病发生前,通过预防,如公共卫生、人居环境改善、健康教育等,引导健康生活方式,树立正确健康观,以减少疾病发生。当疾病发生时,通过提高医疗服务能力,促进疾病预后康复,让贫困病人得到治疗,恢复健康。另外通过提高医疗保障水平、医疗救助等途径,减少医疗支出。

榆中县医疗保险政策已经全面实施,每个村都有卫生室和村医,报销制度相对完善,报销比例也与国家政策规定的相符合,但是对扶贫项目、政策的宣传和讲解并不到位,如特殊慢性病门诊报销、大病可申请民政救助政策并没有被居民所了解。政府及相关部门对健康知识的宣传讲解也没有使居民真正做到了解基本健康知识,防治地方常见病,健康生活。

(二)居民对一些政策一知半解

居民对有些政策不是很了解,经调查发现,主要是政策的公开透明度不够,获得建档立卡名额的人对政策了解相对较多,其他人了解的相对较少,对健康政策的宣传和讲解还是不够,很多人对健康方面的问题没有提起重视,比如平时的体检、饮食、锻炼等,导致大病发现时已是晚期,产生巨额的费用,使得普通的家庭陷入贫困危机。

(三)甘肃需要精准健康扶贫

社会资源有限,要想将现有资源合理运用,最大限度地发挥其作用,就要精

准扶贫。扶贫开发贵在精准、重在精准，健康扶贫同样需要精准。当前，我国虽已实现了全民医保，但主要是满足居民的基本医疗需求，很大一部分慢性疾病、重大疾病的用药、治疗费用不在医保报销范围之内。

2015年"中国城乡困难家庭社会政策支持系统建设"调查显示，"过重的家庭成员疾病负担"是农村贫困家庭面临的致贫原因之一，63.45%的农村贫困家庭认为医疗卫生保健是需求程度最高的服务项目，79.62%的农村贫困家庭认为"就医费用高、看病贵"是就医的首要困难。国务院扶贫办建档立卡统计，我国因病致贫、因病返贫的贫困户约790万户，占建档立卡总数的42%，远超其他致贫因素。因此，在"供给侧结构性改革"背景下，应积极推进精准健康扶贫工作，着力增加有效供给，补齐短板，优化扶贫资源的结构配置，调整扶贫资源投入的内在比例，将有限的扶贫资源投向真正贫困的地方，实现从"输血式"救济型扶贫转变成提升贫困地区内生动力的"造血式"健康扶贫。

（四）贫困地区专项扶贫资金仍显不足

长期以来，我国的扶贫资源供需不平衡、不匹配甚至错位严重，投入与产出不成正比，在实施精准扶贫策略下，健康扶贫供给侧方面仍有部分制度缺陷和政策问题。

健康扶贫资金筹集和投入不足，运行效率较低，贫困地区的经济发展体系较为薄弱，扶贫资金筹集面临很大困难。虽然中央财政专项扶贫资金从2011年的272亿元增加至2015年的467.45亿元，2016年首次超过1000亿元，并且开始向西部倾斜，2017年达到1400亿，增幅达到40%，在这几年投入多达2800多亿，比2011年几乎翻了5倍，但针对贫困地区的专项扶贫资金仍显不足，转移支付力度有待增加。

（五）资金分配标准不合理

扶贫专项资金分配指标体系不完善，用于扶贫重点项目的专项资金不能有效整合，资金使用效率较低，严重制约着贫困地区卫生事业的发展。2014年国家卫生计生委卫生发展研究中心对全国832个贫困县的调查发现，贫困地区人均GDP为18203元，远低于全国46652元的平均水平；贫困县对卫生投入资金不到位，未到位资金平均为1064.66万元，其中基建项目县级配套基金占比62.54%，医改运行经费的地方配套资金占比16.74%。面对庞大的资金缺口，仅仅依靠政府扶贫资金是远远不够的，还需吸纳大量的社会资本，将社会资源转化为扶贫资源。

健康扶贫人才、技术缺乏，医疗卫生资源供给不足。长期以来，我国高质量的卫技人员大多分布在大中型医疗机构，基层医疗卫生机构人员整体素质偏低，服务能力不足，利用效率不高，造成贫困地区优质卫生资源可及性较差，已成为健康中国建设中最突出的"短板"，严重影响贫困地区的健康扶贫质量。数据显示，我国贫困地区县域内千人口床位数（2.75张）和千人口卫技人员数（2.78人）均低于全国平均水平（3.54张和3.77人），卫技人员学历、职称也普遍偏低。随着人口老龄化进程的加快和疾病谱的变化，贫困地区居民对医疗服务质量的要求越来越高，医疗卫生资源总供给难以有效满足总需求。

二、建议

（一）落实方面

针对政策落实问题，政府应该将政策的落实公开透明，大众投票选举，实地考察一些申请健康扶贫的家庭，检查相关证明，确保将名额分给真正有需要的人。为了更好地落实，国家政府应有专人负责落实的工作，负责人和该村村委会成员、居民等最好不是亲属或朋友关系，避免滥用职权谋福利。

（二）监督方面

在政策落实上，实施的过程很重要，但是监督是一个政策落实是否真实合理的必要保障。所以应设立层层检查和同时安排几组不同的检查员去检查，看他们检查情况是否符合一致，如果大致相同，说明政策落实基本属实；如果出入很大，则肯定存在有一些检查员的信息是虚假信息，国家应加大对提供虚假信息的人员的处罚。

（三）"贫穷陷阱"假说

图5-11显示的是"贫穷陷阱"假说。X轴代表人口今天的收入，Y轴代表将来的收入，对角线表示今天的收入等于明天的收入，而S形曲线是"贫穷陷阱"的来源，P点左边的地带即"贫穷陷阱"，曲线低于对角线，将来的收入低于今天的收入，这意味着随着时间的流逝，这一地带的人们会越来越穷，由A1→A2→A3顺延下去，最终陷入无尽的贫困中；P点右边，曲线高于对角线，意味着将来的收入会高于今天的收入，处于此区域的人会越来越富，以B1为起点，至B2、B3，最后趋于平缓。

为了避免贫困人口因疾病而陷入"贫穷陷阱"，让贫困人口有机会越过P点，可以通过健康扶贫的方式，打破贫困与疾病的循环。健康扶贫的关键在于帮助贫困人口减少医疗支出，同时改善健康，提高劳动生产率，减轻家庭负担率，增加家庭收入。

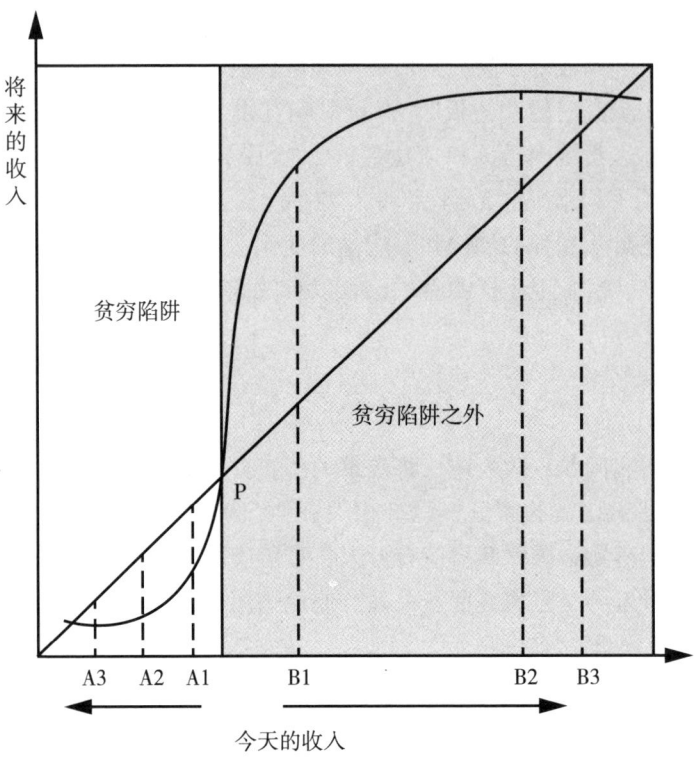

图 5-11 "贫穷陷阱"假说

附件1　调查问卷

榆中县健康扶贫政策落实情况的调查

尊敬的先生、女士：

您好！我是兰州财经大学统计学院的学生，为了了解国家健康扶贫政策的落实情况，特地展开了此次调查活动。本次调查采取随机抽查不记名的方式，对您的回答予以保密，期待能收到您填写的完整问卷。谢谢您的配合。

一、家庭成员基本信息调查表

选项	A	B	C	D	E	F	G
1							
2							
3							
4							
5							
6							

A（关系）：1. 本人　2. 父母　3. 配偶　4. 子女　5. 祖父母　6. 孙子/女

B（性别）：1. 男　2. 女

C（职业）：1. 农民　2. 学生　3. 自由职业　4. 职工　5. 其他

D（是否参加医保）：　1. 是　2. 否

E（是否患过重大疾病）：1. 是　2. 否

F（所使用的费用）

G（康复状况）：1. 非常好　2. 比较好　3. 一般　4. 较差

二、普通问卷

1. 您家是不是国家认定的建档立卡户？（单选）

    A. 是　　B. 否

2. 您村是否有卫生室？（单选）

    A. 有　　B. 没有　　C. 不知道

3. 本村有村医吗？（单选）

    A 有   B 无

4. 村医为您或家人做基本身体检查的次数？

    A. 0   B. 1~3 次   C. 4~5 次   D. 5 次以上

5. 您和家人一般多久做一次身体检查？（单选）

    A. 半年   B. 一年   C. 两年   D. 从来不做

6. 您注意过以下哪些基本健康常识？（多选）

    A. 饮食平衡金字塔   B. 定期体检

    C. 经常锻炼身体   D. 从来不注意

7. 您在近期有过身体不适应的情况吗？（单选）

    A. 有   B. 没有

8. 您在什么情况下会去医院就诊？（单选）

    A. 刚有不适就去   B. 稍微严重才去

    C. 很严重了才去   D. 其他情况

9. 您去过下列哪些医疗机构看病？（多选）

    A. 小诊所   B. 乡镇医院   C. 县医院

    D. 省市医院   E. 外省医院

10. 您家一年收入用在医疗上的比例：

    A. 0~20%   B. 20%~40%   C. 40%~60%   D. 60%~80%

    E. 80%-100%   F. 大于 100%

11. 您家看病支出的报销情况？

    A. 报销多半   B. 报销一半   C. 报销很少   D. 没报销过

12. 您觉得报销方便吗？

    A. 非常方便   B. 比较方便   C. 不方便   D. 非常不方便

13. 您是否知道特殊慢性病门诊报销？

    A. 知道   B. 不知道

14. 您是否了解大病可申请民政救助政策（即民政报销）？

    A. 了解   B. 不了解

15. 政府及相关部门有没有对扶贫项目相关信息进行公示？

    A. 有   B. 没有   C. 不知道

16. 是否为您家发放健康手册和医药箱？

    A. 是   B. 否

17. 是否做过健康知识的宣传讲解？

　　A. 是　　B. 否

18. 有没有为您和您家人建立电子健康档案？

　　A. 有　　B. 没有　　C. 不知道

19. 您觉得您对国家健康扶贫政策了解吗？

　　A. 很了解　　B. 较了解　　C. 不了解

20. 您对国家健康扶贫政策满意吗？

　　A. 非常满意　　B. 比较满意　　C. 一般　　D. 不满意

　　E. 非常不满意

21. 您希望得到政府哪方面的支持？

　　A. 资金　　B. 技术　　C. 医疗　　D. 其他

22. 您对国家健康扶贫政策的建议

三、贫困户专访问卷

1. 您家属于以下哪级建档立卡户？

　　A. 省级　　B. 市级　　C. 县级

2. 您了解建档立卡户"先治疗，后付款"的政策吗？

　　A. 了解　　B. 不了解

3. 您家致贫的主要原因：

　　A. 因病　　B. 因学　　C. 因缺少技术　　D. 家里人口多　　E. 其他

4. 参与贫困户给您家带来以下哪些方面的帮助：

　　A. 看病方面　　B. 上学方面　　C. 生活方面

5. 您觉得国家扶贫政策对人们追求更高生活水平有什么影响：

　　A. 积极影响　　B. 消极影响

6. 您觉得您村贫困户如果脱贫会愿意退出贫困户吗？

　　A. 非常愿意　　B. 愿意　　C. 一般　　D. 不愿意　　D. 非常不愿意

附件 2 访问进行时的图片资料

第六章 乡村振兴战略下榆中县乡村教育面临的困境与对策的调查分析

第一节 调查方案设计与实施

一、调查背景

近些年来,我国政府一直倡导科教兴国、人才强国战略,致力于把我国建设成为教育强国。由于我国人口众多,加之改革开放之后 40 多年的发展,使东西部、城乡发展差距越来越大,尤其是西北部的乡村发展落后尤为明显。想要解决这一问题,必须得从问题背后的原因进行深层次挖掘,首先需要解决乡村的教育问题。教育程度的高低会对一个人的思维能力,知识文化水平以及个人素质产生一定的影响。乡村一般都是在地理位置比较偏僻的地方;另外,交通不便、观念落后等是乡村的代名词。乡村的孩子大多因其父母外出打工的原因由爷爷奶奶照顾,所以在最应该接受父母教育的时期,由于父母缺席,加之爷爷奶奶溺爱,对他们良好的生活习惯的养成产生不利影响,况且有些孩子是单亲家庭,甚至有的孩子是孤儿。在这样一个本来就不优越的地方生活,加之教育的落后,对他们的生活习惯、世界观产生许多不利的影响。这就是近些年来我国未成年人犯罪人数居高不下且集聚于农村的原因之一,这一结果不是单方面造成,而是家庭、社会、教育综合的结果。教育的不足以及缺失更是起到推波助澜的作用。"百年大计,教育为先"就是这个道理。

《乡村振兴战略规划(2018—2022 年)》,对实施乡村振兴战略第一个五年工作做出了具体部署,是指导各地区各部门分类有序推进乡村振兴的重要依据。

要想乡村振兴,乡村教育振兴不得不摆在重要的位置,所以乡村教育的背后不仅仅是解决城乡教育的不均衡,更是全局发展的战略所需,也是国家迈入全面建成小康社会、实现现代化的关键所在。

二、调查目的

随着九年义务教育的普及，我国人民总体教育水平有所提高，但是教育系统还是会存在着一些问题，比如：部分中小学会有信息技术、音乐、美术等艺术专业课缺失的情况，甚至有的学校还会出现外语、物理、化学等专业课程由非专业老师任教的情况。这种情况在乡村学校更是比比皆是。希望通过此次调查，能够清楚地了解乡村教育中存在的问题，进而提出建议并且进行整改。希望调查结果能够为乡村教育振兴服务，为乡村振兴赋能。

三、调查方式

为了准确全面地了解榆中县乡村教育面临的现状及存在的问题，采用了抽样调查、面访以及调查问卷的调查方法。在榆中县进行了实地走访，问卷线上线下调查及视频采访相结合的方式，对榆中县部分地方以户为单位进行了抽样调查。采用的调查方式是问卷调查法和深度访谈法。

四、调查意义

乡村振兴，振兴乡村教育是关键。如果没有一所环境美丽、教育优质的学校，如果教育质量达不到要求，乡村就没有人才，留不住人就谈不上振兴。乡村是中华文明的具体映射，有效地传承中华民族优秀的传统文化，对形成新时代的文明乡村具有重要意义，乡村学校和教师在这方面有着独特的优势。发展乡村教育事业，对于乡村振兴战略具有十分重要的意义。优先发展乡村教育，对解决乡村发展的不平衡不充分问题提供便利。

新时代社会主义社会的主要矛盾已经转化为人民日益增长的美好生活需要和不平衡不充分的发展之间的矛盾。《乡村规划》提出，我国社会的主要矛盾在乡村最为突出，我国仍处于并将长期处于社会主义初级阶段的特征在很大程度上表现在乡村。也就是说，目前我国社会事业发展的重点在乡村，而乡村发展的重点在教育，必须优先发展乡村教育事业。要解决乡村发展的不平衡不充分问题，就必须把乡村教育放在优先发展的重点，抓重点、补短板、强弱项，逐步建立城乡一体的基本公共教育服务体系，推进城乡公共教育服务均等化。传统观念和长期形成的习惯思维，常常把"乡村"等同于农业，乡村教育也只是针对乡村地区人口的教育，致使乡村教育和城市教育相互割裂。《乡村规划》所提出的乡村教育改革发展的重点不仅是振兴乡村地区人口的教育,更是与乡村社会经济发展紧密结合,考虑乡村教育与城市教育的一体化,满足乡村和城市社会经济发展上的不断融合。单独谈乡村教育,只会将乡村社会和城市社会、乡村人口和城市人口割裂,从而形成新的割裂生态。

五、国家相关政策

新华社北京 2019 年 2 月 23 日电:今日,国务院印发了《中国教育现代化 2035》,明确提出到 2035 年要总体实现教育现代化,迈入教育强国行列,推动我国成为学习大国、人力资源强国和人才强国。在发展目标中也强调了要实现优质均衡的义务教育,形成全社会共同参与的教育治理新格局。可见我国在教育强国之路上的新格局,新战略。在 2019 年的政府工作中继续强调了乡村振兴战略,要想乡村振兴,乡村教育振兴不得不摆在重要的位置,所以乡村教育的背后不仅是解决城乡教育的不均衡,更是全局发展的战略所需,也是国家迈入全面建成小康社会、实现现代化的关键所在。所以,对于乡村教育问题的研究调查显得尤为重要。

六、文献综述

通过文献查阅和网络检索,了解到目前相关方面的研究现状。国内专家学者对基础教育管理改革研究较为深入,特别是对县级教育管理体制改革的研究著述较多,对乡村教育管理模式改革也有所涉及,并提出了一些建设性意见。李学容教授在《警惕农村教育的城市化倾向——对农村教育城市化的审思》中认为,随着城乡一体化的推进,一些地方政府开始关注农村教育,但由于长期"城市主导"的价值预设,用城市教育的模式来管理农村教育,参照城市教育的标准来发展农村教育,将城市教育的要素简单复制到农村教育中去,成了很多地方的通行做法。这难免会出现两种情况:一方面,城市教育未必适应农村实际,另一方面是,城市教育的优势不复存在。因此,分清城乡教育各自的优势,找到农村教育的发展方向,对于农村教育的长足发展有着重要意义。

归纳各类研究,主要分三种情形:一是教育宏观管理层次研究。吴庆华、李军霞、孙刚成、张志强等人对中国基础教育尤其是农村义务教育管理体制进行了深究。吴庆华认真分析总结了 1985 年以来的基础教育管理体制的基本特征及其原因,得出未来基础教育改革应摆脱经济体制改革的影响,变革"效率优先"的非均衡发展模式的结论。李军霞从当前农村基础教育的现状出发,针对经费投入、队伍建设等管理中存在的突出问题,提出其"县为主体,乡是基础,正确处理县、乡两政府办学和管理的职责和权限"的观点,并以此为核心建议强化县级作为办学和管理主体的职能。袁桂林、孙刚成等人以农村税费改革背景,着重从实践层面深入分析"以县为主"农村义务教育管理体制存在的问题,提出解决我国现行农村义务教育管理体制存在问题的理性思考与对策建议。另外还有沈荣华、郭建如等学者从地方政府体制改革、财政体制改革以及行政管理学、教育经济学等不同角度,分析研究农村教育。二是教育中观管理层次研究。储朝晖、王诗堂、谢清平、曹大宏等专家学者对农村义务教育的研究相对更为深入。储朝晖较早关注中国乡村教育边缘化问题,依据中国乡村教育边缘化的事实和特征,对现行乡村教育管理体制进行了结构功能分析,阐述了全球化与中国乡村教育边缘化的内在联系,提出了建立九年一贯制学校、校长民主选举制、"喷灌式"乡村教育财政体制、乡村教师自治委员会基础上的校长负责制和乡村教育人、财、物、事的管理体制,以应对全球化的挑战。王诗堂、谢清平等人从教育经费、师资水平、教育观念、课程资源、教育管理与评价等方面描述了农村教育边缘化发展状态,进行原因剖析,进而从国情出发提出了相应的对策。曹大宏总结我国乡镇教育管理体制的变迁规律,分析"以县为主"管理体制下乡镇教育管理的实践困难,提出要准确定位"中心校"教育管理职能,进一步完善乡镇教育管理体制。三是教育微观管理层次研究。部分学者特别是不少地方的农村基础教育一线管理干部与教师对乡村教育管理进行了大量的调查研究与实践探索。山东潍坊市教委干部魏进路、张克成就针对当时农村教育分级办学、分工管理的体制存在的弊端进行归根溯源。

在此基础之上对西北落后的甘肃省榆中县的乡村教育进行实地考察和研究,希望研究成果能为当地的政府提供一定的参考性建议。

第六章　乡村振兴战略下榆中县乡村教育面临的困境与对策的调查分析

第二节　主要调查结果分析

一、被调查者中多数为女性

表 6-1　　　　　　　　调查对象男女性别比例

性别	人数（人）		汇总	
	线上	线下	合计	比重（%）
男	121	55	176	35.85
女	181	134	315	64.15

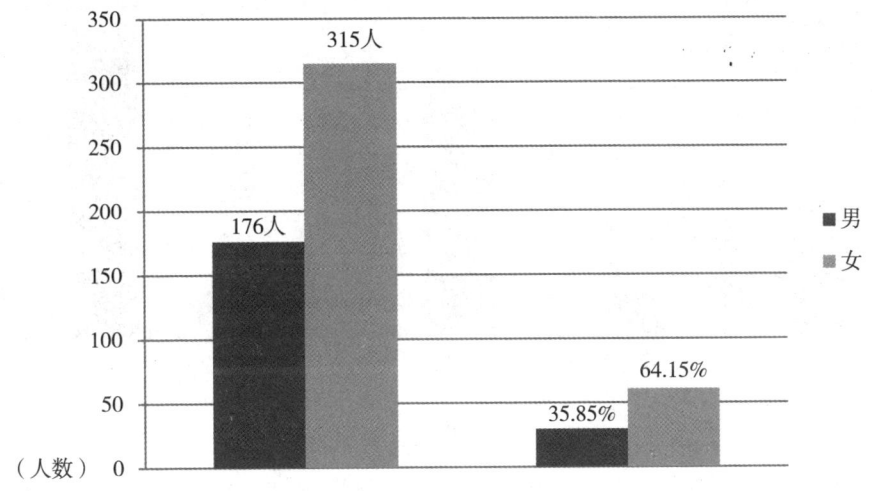

图 6-1　调查对象男女性别比例

在被调查者人数中，根据表 6-1 和图 6-1 可以看到，男性被调查者线上和线下人数总计为 176 人，女性被调查者线上和线下人数总和 315 人，男性占被调查者人数的 35.85%，女性被调查者占被调查人数的 64.15%，且男性和女性的线上调查人数都高于线下调查人数。

二、被调查者的学历大多数为本科及以上

表 6-2　　　　　　　　调查对象学历情况

学历	人数（人）		汇总	
	线上	线下	合计	比重（%）
小学	25	43	68	13.86
初中	58	107	165	33.60
高中	47	8	55	11.20
本科及以上	172	31	203	41.34

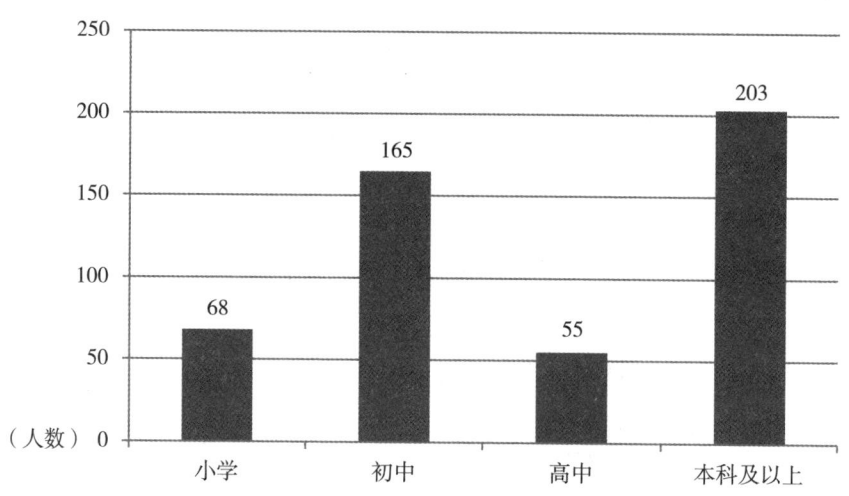

图 6-2　调查对象学历情况

通过调查研究发现，被调查者的学历情况参差不齐，由表 6-2 和图 6-2 可以明显地看到，本科和初中学历的被调查者占据了调查总人数的 74.94%，而小学和高中学历的被调查者人数占了被调查总人数的 25.06%，本科及以上学历的人数居多主要是线上人数居多导致，这是线上问卷的广泛性和随机不确定性以及周边的人群主体是大学生所导致。由于他们拥有较为完善的知识理论储备和思想悟性，对教育的认识比较深刻，所以导致本科及以上学历被访者居多。

三、被调查者的家庭收入大多数来源家庭种植和打工

表 6-3 家庭收入来源状况

家庭收入来源	人数（人）		汇总	
	线上	线下	合计	比重（%）
家庭种植业	66	66	132	26.45
家庭养殖业	11	19	30	6.01
外出打工	106	57	163	32.67
教师等事业单位	25	16	41	8.22
开店或是经商	39	17	56	11.22
其他	55	22	77	15.43

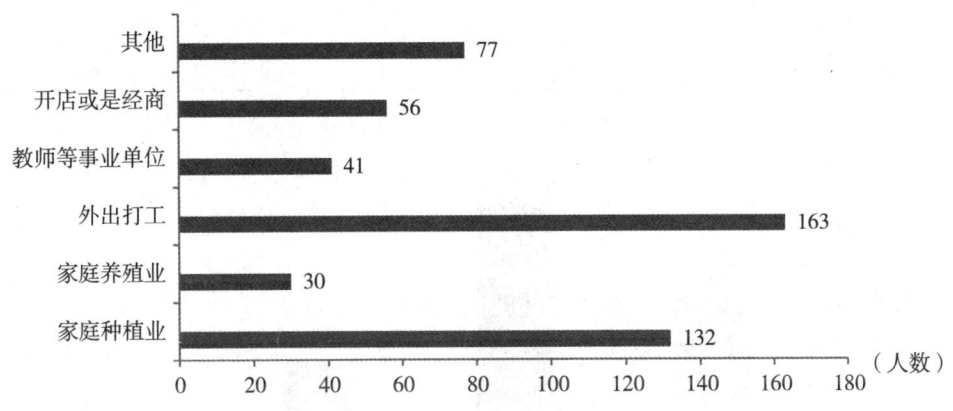

图 6-3 家庭收入来源状况

（一）以体力劳动为主要收入来源的人数居多

可以通过表 6-3 和图 6-3 明显地看到从事家庭种植业和外出打工人数居多，各自占据了被调查人数的 26.45%、32.67%，二者总计占到了总人数的 59.12%。其主要原因是调查对象为西北落后的偏远地区且以甘肃榆中县的乡村为主，所以出现这种情况是对落后地方教育情况最真实的反映。人们所从事的行业或是劳动的形式决定了家庭的收入来源，这就必然决定了人们对家庭中孩子教育经费投入力度的大小以及孩子所处环境的优劣，这些都是影响孩子教育的关键性因素，也是家长认知水平高低和是否具有远见的教育眼光的一个重要指标。

（二）以脑力劳动为主要收入来源的人较少

通过表6-3和图6-3可以明显地看到以教师等事业单位和开店或是经商为收入来源的人只占到了总人数的20%左右，这足以说明乡村家庭的收入来源比重严重失衡，家庭收入来源的不同对于孩子教育的影响程度非常大，家庭的经济背景可以支撑孩子上学的各项费用支出，家境的优劣对于孩子是否自信等有很大的关系，可见家庭的经济收入来源反映的是一个影响孩子教育的综合性指标。

四、对乡村战略的了解和读书的作用分析

表6-4　　　　　　　　乡村战略的了解情况

乡村战略了解情况	人数（人）		汇总	
	线上	线下	合计	比重（%）
不了解	116	28	144	29.33
一般	129	106	235	47.86
比较了解	44	50	94	19.14
非常了解	13	5	18	3.67

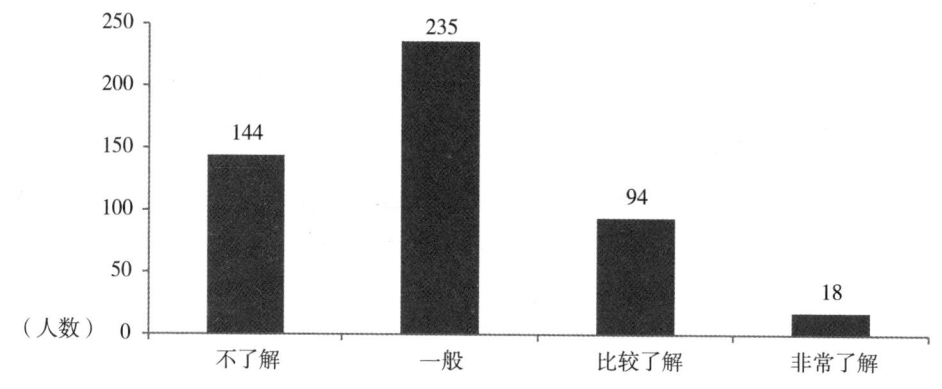

图6-4　乡村战略的了解情况

（一）有近三分之一的人不了解政策

从表6-4和图6-4可以看到有29.33%的人不了解政策，这将近占据了调查人数的三分之一，根据这样的占比情况，可以得出结论：人们对政策的不了解现象非常的严重。任何的行业或是领域必须要了解政策，只有在政策的大环境下，才能够健康、有效地发展。对教育而言，就更得尤为重要。因为良好的教育政策

的实施,对家长来说减少了一定的家庭负担,对于孩子而言更加坚定了求学的信念,对于学校而言则是加强了学校的各方面管理。

(二) 大部分人对于政策一知半解

从表6-4和图6-4也可以看到,有67%左右的人对政策一知半解,模糊不清,仅有不到4%的人清楚了解政策。政策是方针、是方向,必须得有高度重视的态度,只有了解政策,按政策办事,才会有效,甚至是高效。

五、绝大多数人认为读书是为了获得生存的技能

表 6-5　　　　　　　　　　　　读书的目的

读书的目的	人数（人）		汇总	
	线上	线下	合计	比重（%）
考大学,走出乡村	118	72	190	38.70
获得生存的知识技能	215	134	349	71.08
拿到文凭	65	62	127	25.87
完成义务教育	43	28	71	14.46
其他	72	51	123	25.05

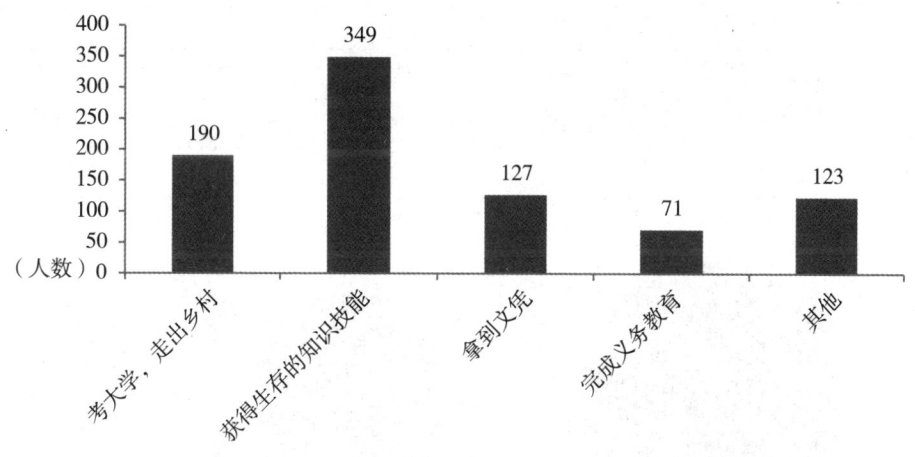

图 6-5　读书的目的

(一) 大多数人读书的目的为获得知识和技能

从表6-5和图6-5的数据分析中可以看到,有349个人认为读书是为了获得

知识技能且占总人数的71.08%。这反映了人们更加追求切合实际的东西,更注重知识的实用性,人们对于读书的目的更倾向于技能的提升,更注重知识与技能的结合。

(二) 有近40%的人把读书与走出乡村的理想相结合

从表6-5和图6-5的数据分析中也可以看到,有38.7%的人认为读书是为了改变命运,实现走出乡村的理想,人们把读书与理想相结合,也是唯一一条相对公平的竞争道路。

(三) 少部分人认为读书只是为了获得学历

从表6-5和图6-5的数据分析中也可以看到,有40%左右的人认为读书的目的是为了获得文凭或是接受该有的义务教育,这显然是处于比较虚无的认知状态,这和乡村振兴的战略严重违背,教育的目的是实用和改造社会,学历是一个认证,真正的知识应该超乎学历本身。仅仅是为了学历的教育注定是没有前途的,教育是为了培养实干家,只有能力才是最好的认证,学历只是能力的一个结果性的认证而已。仅为学历的教育注定要失败。

六、多半人认为读书对家庭经济有影响

表6-6 读书对于家庭经济的影响情况

读书对于家庭经济的影响情况	人数(人)		汇总	
	线上	线下	合计	比重(%)
造成很大负担	160	113	273	55.60
影响不是很大	116	59	175	35.64
无影响	26	17	43	8.76

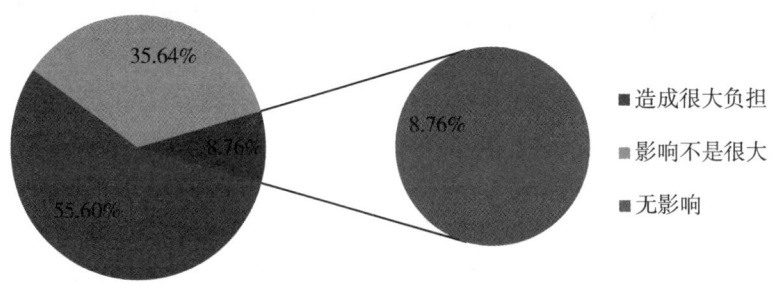

图6-6 读书对于家庭经济的影响情况

通过表6-6和图6-6可以很明显地发现,有一半以上的人认为读书对于家庭经济的影响非常大,占据到了总人数的55.6%;也有35.64%的人认为读书对于家庭经济的影响不是很大;仅有不到10%的人认为,读书对于家庭经济没有影响。由此发现,经济还是制约性的条件因素。

七、人们对乡村教育的关心程度较高

表 6-7　　　　　　　　　对于乡村教育的关心问题

对于乡村教育的关心问题	人数（人）		汇总	
	线上	线下	合计	比重（%）
教师素质	199	98	297	60.49
教学设施及硬件设施	183	134	317	64.56
学费	116	91	207	42.16
其他	163	96	259	52.75

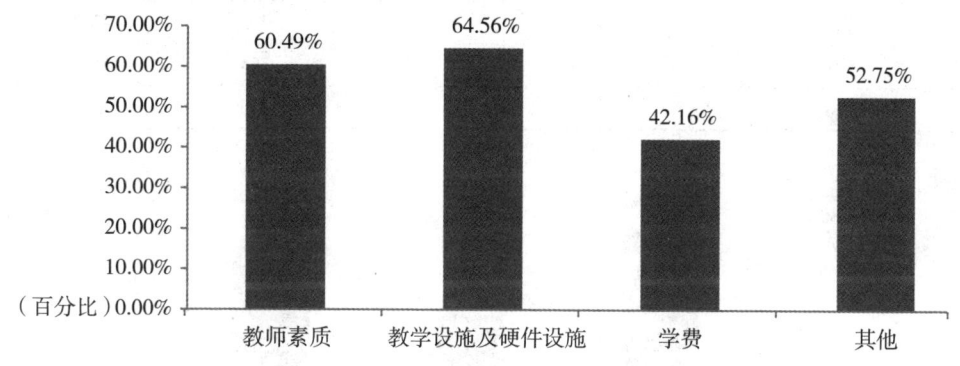

图 6-7　对于乡村教育的关心问题

（一）教学硬件设施成为乡村教育中人们关心最多的问题

从表6-7和图6-7可以明显地看到,教学设施及硬件设施成为人们关心率很高的问题,其中关心这一问题的人有317人,占据了总人数的64.56%。这表明乡村教育中,现代信息化教学设备的严重不足以及人们对高质量教学设备资源的渴求,因为这是连接现代化的纽带,也是传输最优秀的教学资源,探索最有效的学习方式的重要途径。

（二）人们更加关注教师的素质和水平

通过表6-7和图6-7也可以发现，教师的素质水平也是人们很关心的问题之一，其中可以看到，关心这一问题的人数有297人，占据总人数的60.49%。教师的素质水平是教学质量的保障，其中包括教师的个人素质、教学水平等。教师作为学生的引路人，对于学生的成长和发展起着至关重要的作用。

（三）学费也是人们关注的主要问题之一

通过表6-7和图6-7发现，学费也是人们关心的问题之一，其中认为学费是乡村教育主要问题的人数有207人，占据了总人数的42.16%。

八、学校需要全方位改善

表6-8　　　　　　　　　学校需要改善的方面

学校需要改善的方面	人数（人）		汇总	
	线上	线下	合计	比重（%）
教师素质和教学水平	248	118	366	74.54
课程内容	141	84	225	45.82
硬件设施	179	145	324	65.99
其他	72	43	115	23.42

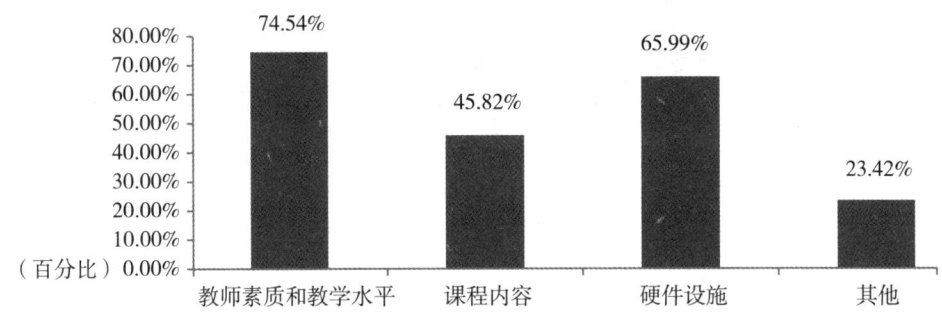

图6-8　学校需要改善的方面

通过表6-8和图6-8发现，教师的素质和教学水平、课程内容以及硬件设施是人们认为学校需要改善的方面，其中这些指标的建议人数各自占据总人数的74.54%、45.82%和65.99%，其中教师的素质和教学水平是占比最高的建议性指标。所以学校对提升教师素质应该势在必行，硬件设备也急需更迭，课程内容也要进行进一步的优化和创新。

九、乡村教育的主要着力点是政府

表 6-9　　　　　　　　乡村教育的主要着力点

乡村教育的主要着力点	人数（人）		汇总	
	线上	线下	合计	比重（%）
强化政府办教育职能	176	108	284	57.84
国家加大教育投入	190	85	275	56.01
合理调整教育布局	189	110	299	60.90
提高教师教学水平	192	95	287	58.45
关注家庭贫困儿童及留守儿童	194	103	297	60.49
其他	60	21	81	16.50

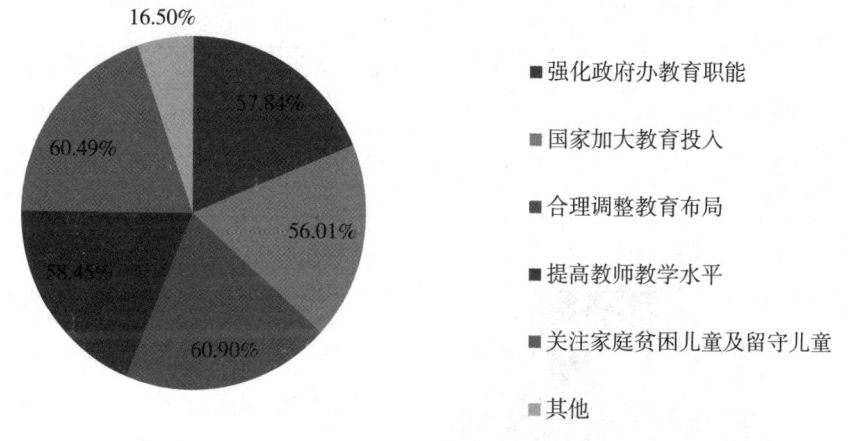

图 6-9　乡村教育的主要着力点

通过表 6-9 和图 6-9 可以得出以下结论：

（一）强化政府办教育职能

要求强化政府办教育的人数为 284 人，占据了总人数的 57.84%，这着实强调了政府办教育的文化职能。

（二）国家加大教育投入

建议国家加大教育投入的人数为 275 人，占据了总人数的 56.01%，这需要国家加大在教育领域的投入,支持鼓励乡村教育的发展。

(三) 合理调整教育布局

强调合理布局教育产业、教育战略的人数为 299 人,占据总人数的 60.90%,这是对教育制度、政策的一个呼声。

(四) 提高教师教学水平

强调教师的教学水平的人数为 287 人,占据总人数的 58.45%,可见人们对更高质量的教育资源的渴求,也反映出乡村教育中确实存在师资水平低的问题。

(五) 关注家庭贫困儿童及留守儿童

强调家庭贫困儿童及留守儿童的人数为 297 人,占据总人数的 60.49%,这是一个很现实的社会性问题,需要政府政策大力支持。

十、人们对读书的态度大多是正面的

表 6-10　　　　　　　　　看待读书的态度

看待读书的态度	人数(人)		汇总	
	线上	线下	合计	比重(%)
读书是最好的出路	121	76	197	40.12
只要能赚钱,不必多读书	40	30	70	14.26
必须要读书	141	83	224	45.62

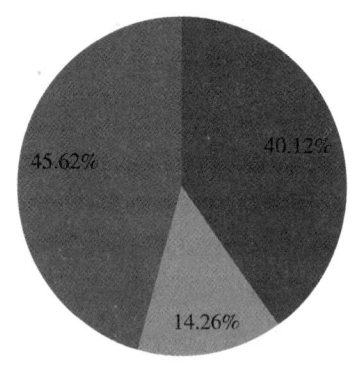

图 6-10　看待读书的态度

从表 6-10 和图 6-10 可以很明显地看到人们对读书还是持一个很好的认知态度。首先,认为读书是最好的出路并且必须读书,其中认为读书是最好的出路的人有 197 人，占据总人数的 40.12%，认为必须要读书的人有 224 人，占据总人数的 45.62%，说明人们对读书有一个很好的认知和定位。其次，也发现还有 14.26% 的人认为没有必要读书，只需要赚钱。

十一、学校育人观念普遍较强

表 6-11　　　　　　　　　　学校育人观念

学校育人观念	人数（人）		汇总	
	线上	线下	合计	比重（%）
很强	63	32	95	19.35
强	94	87	181	36.86
一般	126	61	187	38.09
差	19	9	28	5.70

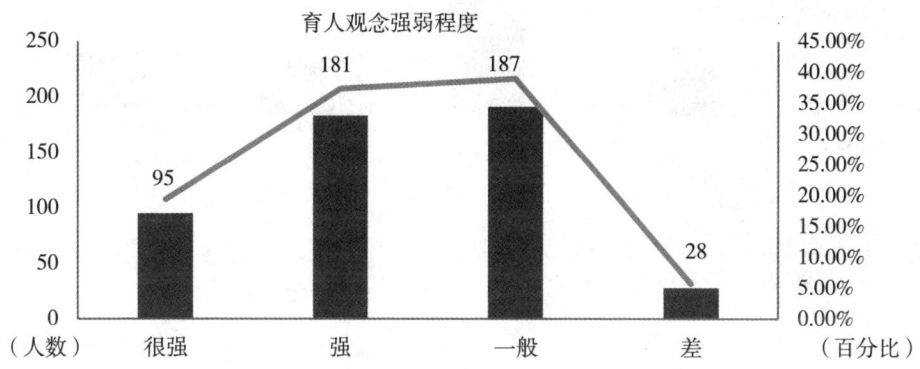

图 6-11　学校育人观念

通过表 6-11 和图 6-11 可以看到，绝大多数的人认为学校的育人观念是比较强的，其中大概 60% 的人认为学校的育人观念是强烈的，是符合学校的理念的，只有少部分的人认为学校的育人观念是差的，仅占总人数的 5.7%。所以学校的育人观念整体上还是不错的。

十二、家庭教育的主要问题是家长和孩子缺少沟通

表 6-12　　　　　　　　　　家庭教育的问题

家庭教育的问题	人数（人）		汇总	
	线上	线下	合计	比重（%）
孩子不听话，越来越难管理	28	40	68	13.85
家长和孩子缺少沟通	187	108	295	60.08
孩子理解能力差	19	15	34	6.93
孩子缺少思想道德引导	68	26	94	19.14

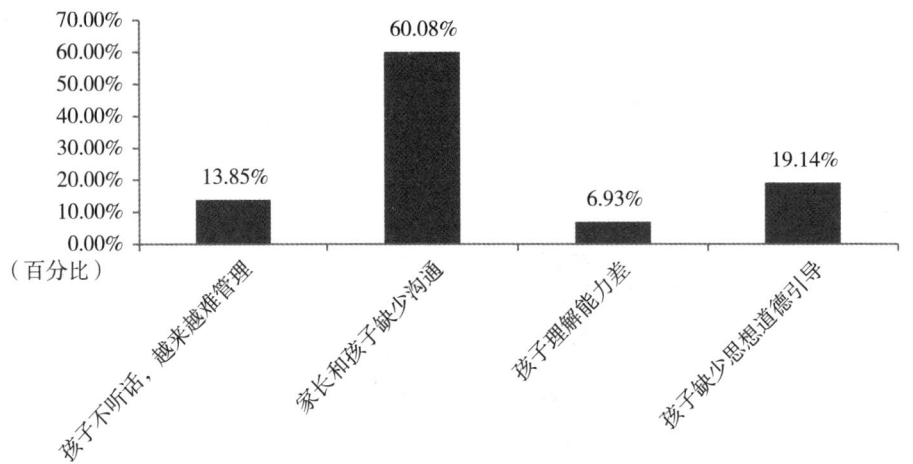

图 6-12　家庭教育的问题

（一）家长和孩子之间缺少沟通和交流

根据表6-12和图6-12可以很明显地看出，认为孩子和父母缺少沟通和交流的人数为295人。占据了被调查者人数的60.08%，这说明家庭教育最重要的是家长要和孩子及时有效地进行沟通和了解，孩子也要及时给父母汇报或是告知自己在生活、学习等方面的事情，出现什么事情时父母和孩子要共同解决，互相增进情感的交流，以及生活能力的锻炼，养成良好的生活习惯等。

（二）孩子缺少思想道德的引导

通过表6-12和图6-12的分析可以看出，认为孩子缺少思想道德引导的人数

有94人，占据了被调查人数的19.14%，有将近五分之一的人认为孩子需要思想道德的引导。这主要是因为乡村教育阶段的孩子处于未成年阶段，需要正确的思想价值观念的引导，这将为他们的健康成长打下坚实的基础，思想道德的引导极为重要。

十三、多数人愿意留在乡村工作

表 6-13　　　　　　　　　　乡村工作意愿留存度

是否愿意留在乡村工作	人数（人）		汇总	
	线上	线下	合计	比重（%）
会	56	32	88	17.92
不会	97	65	162	33.0
可以考虑	149	92	241	49.08

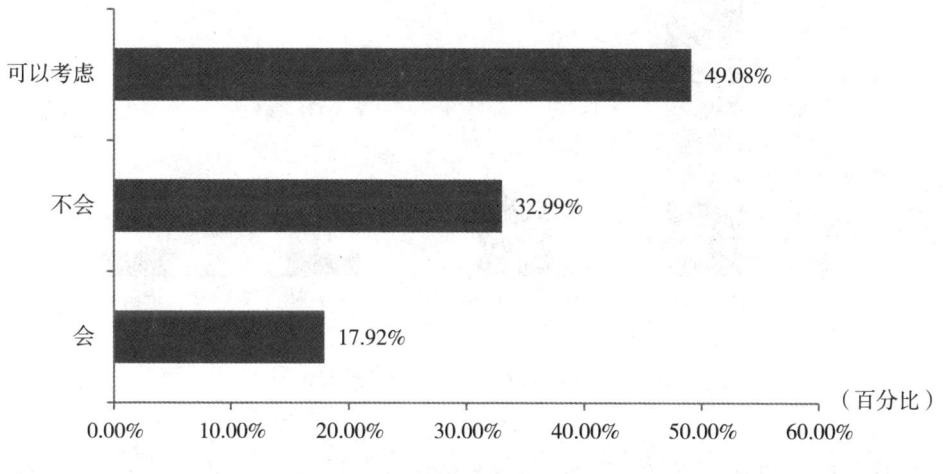

图 6-13　乡村工作意愿留存度

通过表6-13和图6-13可以发现，会在乡村工作和愿意考虑在乡村工作的人数分别为88人、241人，各占据总人数的17.92%、49.08%，这二者的合计人数占到了总人数的67%。这说明人们对乡村有一定的热爱度，大多数人都愿意为乡村的发展工作，以自己的乡村为工作地，为家乡发展贡献自己的力量。乡村振兴就是要留住人才，让从乡村中走出去的人才回归乡村，为建设乡村而服务工作，乡村振兴就是人才回归，要想乡村教育振兴，必须要有人才。

十四、乡村教育在乡村振兴中有非常重要的作用

表 6-14　　　　　　　　乡村教育在乡村振兴中的作用

乡村教育在乡村振兴中的作用	人数（人）		汇总	
	线上	线下	合计	比重（%）
重要地位	208	140	348	70.88
一般地位	55	38	93	18.94
不重要	19	4	23	4.68
不清楚	20	7	27	5.50

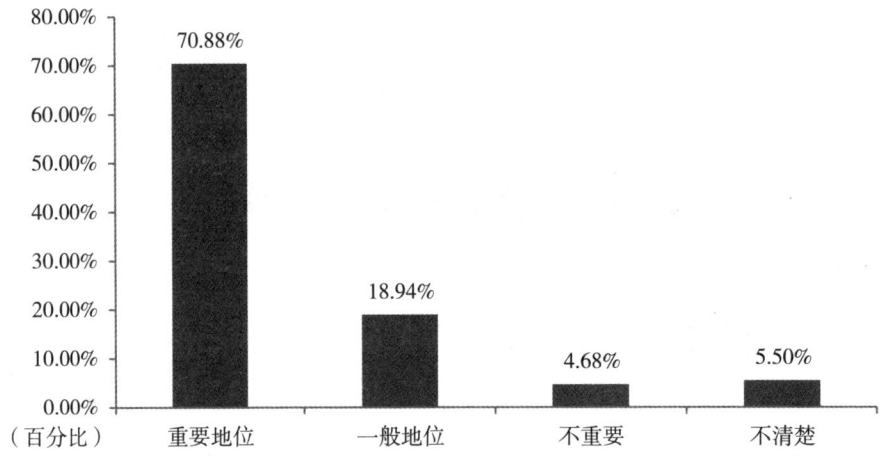

图 6-14　乡村教育在乡村振兴中的作用

通过表 6-14 和图 6-14 可以明显地发现，人们对乡村振兴的认知从大体的方向上是没有问题的，其中认为乡村教育对乡村振兴有重要影响的人数占据总人数的 70.88%，认为乡村教育在乡村振兴中的作用一般的人数占据了总人数的 18.94%；另外，有近 5% 的人认为乡村教育在乡村振兴中的作用不重要，还有 5.5% 的人不清楚乡村振兴战略。综合来看，乡村振兴战略的政策传达还是比较到位，至于有部分人不了解甚至认为不重要，这可能与他们的教育程度有一定的关系。

十五、乡村振兴对改变城乡教育差距有非常大的影响

表 6-15　　　　　乡村振兴对改变城乡教育差距的影响

乡村振兴对改变城乡教育差距的影响程度	人数（人）		汇总	
	线上	线下	合计	比重（%）
非常有影响	205	127	332	67.62
影响较小	50	38	88	17.92
没有影响	10	11	21	4.28
不清楚	37	13	50	10.18

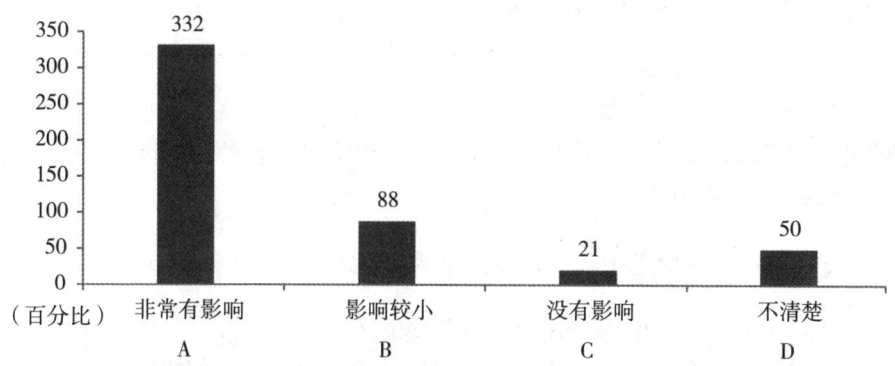

图 6-15　乡村振兴对改变城乡教育差距的影响

根据表 6-15 和图 6-15 的数据分析可以看出，有 67.62% 的人认为乡村振兴对改变城乡教育差距具有非常大的影响，这说明大部分人对城乡教育的差距有比较深刻的感受，说明城乡教育确实存在着非常大的差距；也有近 15% 的人认为，乡村振兴对改变城乡教育差距的影响不大或是不清楚有没有影响，这主要是因为被调查者的教育背景所导致的。

第三节 调查发现的主要问题

一、乡村学校的学生阅读量较少

乡村学校的图书量普遍比较少,有的甚至是没有,学生缺少必要的丰富的课外阅读书籍,学生的阅读能力不仅来源于课本,更多的是来源于课外,阅读对孩子们开阔视野、培养阅读兴趣都有非常重要的作用。仅从这一点就拉大了城乡教育的差距,这应该是乡村学校所存在的问题。

二、老师与学生的交流普遍较少

老师与学生的交流很重要,此次调查中发现乡村学校老师与学生的交流普遍较少,只有性格开朗、成绩优秀的学生跟老师互动较多。这严重忽视了孩子们渴望被关心的需求,如果长时间不与人交流,这对学生未来的沟通能力,健全人格的培养都是十分有害的。

三、学生参加大型的集体公益活动较少

从了解中得知,学生参加大型集体活动的次数较少。大型集体活动有助于培养学生之间相互合作、相互信任以及互相学习的精神。大型集体活动的缺乏使学生对现实世界的了解感知能力以及参加实践活动的能力都得不到培养。

四、家长们与老师的交流问题

随着通信技术的发达,老师与家长的沟通频率是增加了,比如 QQ 群、微信群等之类的交流渠道越来越多。但是,这种交流仅限于老师给家长通知一些学校事情和给学生布置作业,有的甚至成了家长们聊天的地方。

五、老师的精神懈怠

老师们上课缺少必要的激情活力和热情,缺少有带动性有感染力的课堂氛围。教师对职业倦怠,缺乏爱岗敬业的精神,团队协作贫乏,集体荣誉感不强。

六、乡村教师的自主发展能力不是太好

老师应该不断精进,在备好课、上好课的基础上,不断地进行自我能力的提升。

比如，加强课题项目研究的能力，多阅读、多思考，不断提高自我修养，多了解关心政策和社会正能量的东西，在课堂多对学生进行思想上的正确引导等。

七、乡村教师所处的环境恶劣

乡村教师所处的环境，包括教学工作环境和生活环境。乡村学校教育资金投入明显低于城市，资金的匮乏导致教育资源匮乏，教学环境简陋，教育设施陈旧落后，教师不能很好地因材施教。

第四节 榆中县乡村教育发展的对策及建议

一、依靠国家政策的调控和引领，建立乡村教师发展保障机制

国家充分发挥宏观调控和规范引领的作用，建立乡村教师发展保障机制。包括对乡村教师的职前培养机制、职后培训机制度和制度保障机制。国家应该严格制定乡村教师队伍准入标准，在成为乡村教师之前需要进行全方位的考察，包括教育教学能力、身心素质，提高整体乡村教师的培养质量。在乡村教师入职后，需要继续实施国培计划，培训形式多样化，具体化。提高培训质量，使培训具有针对性和时效性。

二、政府应加大对乡村教育的资金投入

政府应加大对乡村教育的资金投入，改善乡村教师的工作和生活条件，完善对乡村教师的科学评价机制。真正使乡村教师社会地位提升，薪资待遇提高。协调各级政府部门和学校，加强城乡教师之间合作，创建高校与乡村中小学校合作互利机制。党的十九大报告中提出的乡村教师支持计划的实施，在很大程度上保障了乡村教师的成长和发展。但是政策实施过程中出现很多问题。国家需要建立针对乡村教师发展机制的监督管理部门，保障国家政策实施的有效性。国家的政策要充分结合当地乡村学校教育的实际情况去实施。

三、加强学校的管理

首先，学校需要营造良好的工作环境。加强学校领导与教师、教师与教师之间的交流与合作，共同参与学校管理工作。鼓励和支持教师参与学校规章制度的制定和管理等工作，共同商议有利于学校发展的策略。其次，学校需要创建良好

的生活环境。学校要密切关注教师的生活环境，了解教师生活中的困难，积极与教师进行沟通，协商解决问题。再次，学校需要创建良好的文化氛围。鼓励乡村教师参与教学教研活动，实行教师参与教学教研活动奖励机制。组织学校之间教师相互交流学习活动。设计多样化的校本培训，设计多个主题的培训方案，也可以结合本校教师发展的实际情况，征求老师意见进行共同需求培训。学校还可以根据教师发展的不同阶段的任务和需求制订相应的培训方案和培训计划。教师的培训内容需广泛而实用，应该包括教育教学知识与能力，教师专业管理能力和教师道德品质建设等。乡村教师发展很大程度依赖于校本培训，所以，学校需要加大对校本培训的资金投入，适当地聘请外校专家或者区域内经验丰富的老师来进行指导。

四、乡村教师的自主发展尤为重要

作者认为，作为外部条件的国家政策支持以及校本培训固然必不可少，然而作为乡村教师发展的内部条件，自主发展更为重要。首先，乡村教师需要有职业规划，需要增强自身发展意识，良好的职业生涯规划可以促进教师的持续发展，是教师专业发展的必要内容。乡村教师作为乡村教育的主要力量，直接关系到乡村教育质量的高低。乡村教师需要针对自身所处的环境和发展阶段，制订适合自身发展的规划。包括自身教育教学理论知识的学习，专业技能的提高，管理工作能力的提升。还应该主动学习职业生涯理论知识，自觉规划自己的工作和生活，并将规划付诸实际的行动中。其次，乡村教师在实际教育教学工作中，需要不断地进行反思和总结，要有写教学总结，积极参与备课，听课的习惯，从中不断总结教学实践经验，提高自身的教学能力。再次，乡村教师要积极参与教学教研工作，创造条件，积极参加学术活动，并发挥自身专业长处，使自身具备科研的能力。最后，作为从事乡村教育的工作者，乡村教师应该结合自身所处学校以及地域特征，从事当地的乡村教育研究，开发当地的特色教育。包括开发特色课程，研究如何更好地促进本地特色教育的发展，从而更好地促进自身专业的发展。

乡村教师发展与乡村教育的发展息息相关。促进乡村教师良性发展，是深化乡村基础教育课程改革的要求。是促进基础教育均衡化发展和实现教育公平的重要举措。新时代赋予了乡村教师新的历史使命，对乡村教育发展的研究任重道远。

第七章 面向精准扶贫的甘肃岷县中药材产业发展策略

第一节 引 言

一、研究背景及意义

(一) 研究背景

近年来,由于人们对健康需求的增长和对中药材重视度的提升,甘肃岷县的中药材种植面积开始成倍增长,并向全国运销了大量优质药材和药材加工产品。中药材产业无疑是目前岷县决战脱贫攻坚的一项强力武器。此外,又由于政府对岷县脱贫工作的高度关注以及全力配合,中药材产业更是可以带领岷县人民真正实现脱贫致富的愿望。

为推动精准扶贫工作开展,甘肃省政府及岷县当地政府大力发展中药材种植业,推出一系列优惠政策:试行"中药材购销税收优惠政策"、全力推进"511"产业扶贫模式等,扶持中药材种植业发展,进而推动中药材产业的发展。

但由于岷县当地缺乏相关技术支撑和配套保障机制,目前当地还是以药材初加工为主的原料营销占据了主要交易市场,以致农户收益没有明显提升甚至亏本,出现了种植积极性下滑等问题,没有大幅度地改善当地经济状况。如此看来,作为中药材优良产地的岷县,并未能充分发挥其自身的优势。

(二) 研究目的及意义

1. 研究目的

深入了解当地的产业发展历程和现状,以及农户家庭情况和种植感受。并在此基础上结合产业发展的相关理论和政府扶贫精度、效果及当地贫困原因,进而对核心问题进行剖析。

岷县当地良好的种植资源优势为其形成中药材交易市场提供了可能，但要想进一步发展，或是想要依靠中药材产业来提高当地经济水平，还需要形成更完整的种植加工规模，发现并抓住远销国内各省甚至国外的商机，同时，更需要政府在了解当地基础资源和人民收入状况的同时提供更多的扶持政策。

在当前岷县中药材产业发展进步的重要时期，总结阐释产业发展优势，分析研究制约产业发展以及阻碍农户提高生活水平的薄弱环节，有助于提出对岷县中药材产业具有较强针对性和可操作性的具体策略建议。以此为推动当地中药材产业发展的根本动力，带动当地经济发展，提高农户收入，实现脱贫致富的愿望。

2. 理论意义

本次调查坚持理论与实际相结合的方法，梳理国内外近年相关研究理论和成果，通过简单随机抽样、比例抽样选取调查的中药材加工企业、合作社以及农户作为调查样本。综合运用了文献研究法、实地调查法、案例分析法以及比较分析法等统计调查分析方法，对岷县中药材产业发展的各个环节要素进行了系统梳理分析，运用统计学理论对岷县中药材产业在脱贫攻坚战中发挥的作用做出总结和展望。

3. 实践意义

中药材产业作为岷县推动扶贫政策实施的支柱产业，其特色经济地位非常显著。考虑到中药材产业的发展现状无法较好地带动经济发展，因此，全面了解中药材产业发展现状及在发展中遇到的困难是极有必要的，并就现存问题提出相对应的应对措施。

全力推动当地精准扶贫政策的进行，细化工作措施，保障人们的生活质量是岷县当前的首要任务。岷县中药材产品在我国市场上的占有率并不低，但岷县作为我国重要的中药材产业发展基地，当地经济发展却并不理想。岷县中药材市场交易活跃，原材料、医药产品产量充足，能进一步发展的空间还很大，对提升我国中药材产品市场竞争力的作用举足轻重。

二、扶贫理论与中药材发展

（一）文献与政策

贫困是制约各地区经济发展的重要因素之一，如何实现脱贫是全世界各国致力研究的一个重要课题。英国经济学家马尔萨斯（Thomas Robert Malthus）是全世界最早研究贫困问题的人，他在1798年发表的《人口学原理》中提出了"马尔萨斯人口论"，并指出人口过多是导致人类贫穷的原因之一。要想脱贫，人类就必须控制人口增长，否则，贫穷是人类不可改变的命运。此外，地区经济发展

第七章 面向精准扶贫的甘肃岷县中药材产业发展策略

不平衡、学历过低、失业等都是人类致贫的原因。

基于文献调查，可将世界范围内较成熟的扶贫模式大致分为以下三种。一是"发展极"模式。所谓发展就是基于不发达地区资源贫乏状况和非均衡经济发展规律，由主导部门和有创新能力的企业在某些地区或大城市聚集发展而形成的经济活动中心，这些中心具有生产、贸易、金融、信息、服务、决策等多种功能。就好比一个"磁场极"能够对周围产生吸引和辐射作用，促进自身并推动其他部门和地区经济增长。二是"满足基本需求模式"。满足基本需求模式主要针对穷人，尤其是对农村贫困人口提供基本商品和服务、基本食物、水和卫生设施、健康服务、初级教育和非正规教育及住房等。三是"社会保障方案"模式。此模式是国家通过财政手段实行国民收入的再分配，其主要内容是政府针对贫困人口的低收入和低生活水平状况，直接对穷人提供营养、基本卫生和教育保障及其他生活补助，以满足贫困人口的家庭需要。

对于产业扶贫，国外学者运用此扶贫措施解决贫困问题较早，至今取得了较为丰富的成果和经验。所谓产业扶贫就是以市场为导向，以经济效益为中心，以产业发展为杠杆的扶贫开发过程，是促进贫困地区发展、增加贫困农户收入的有效途径，是扶贫开发的战略重点和重要任务。产业扶贫的目标就是通过产业发展给贫困户培养一个产业，让贫困户成为产业经营的主体，或为他们提供就业，为贫困户创收，这是实现可持续扶贫的关键所在。

在中国，消除贫困是我国人民共同的目标，坚持大扶贫格局，注重扶贫同扶志、扶智相结合，深入实施东西部扶贫协作，重点攻克深度贫困地区的脱贫任务。确保到2020年我国现行标准下农村贫困人口实现脱贫，贫困县全部摘帽，解决区域性整体贫困，做到"脱真贫、真脱贫"。可见，我国对全面脱贫的愿望之迫切。

甘肃省一直是我国重点支持的深度贫困地区，同时也属于由中共中央办公厅、国务院办公厅发布的《关于支持深度贫困地区脱贫攻坚的实施意见》（厅字〔2017〕41号）中的"三州"之一。其中，甘肃省纳入中央"三区三州"扶持范围的是"两州一县"：临夏回族自治州、甘南藏族自治州和武威市天祝藏族自治县，共17个县市，全部为国家集中连片特困县。2018年以来，甘肃省把打赢脱贫攻坚战作为最大的政治任务，坚持把产业扶贫作为重中之重，全面实施"一户一策"精准到户扶贫政策措施。明确产业发展主攻方向，不断完善顶层设计，出台配套政策措施，探索创新运作模式，培育新型经营主体，形成了一系列行之有效的产业扶贫新模式，拓宽了贫困群众增收渠道。而甘肃岷县的中药材产业正是在产业扶贫政策下推动岷县人民真正脱贫的重要支柱产业。

(二) 中药材产业发展现状

据世界卫生组织统计，目前全世界有大约 40 亿人使用中草药治疗，占全世界总人口的 4/5。近年来，中国中药产品出口总额整体上呈上升趋势，2004 年达到 7.2 亿美元，约占中国医药产品总出口的 6%。除出口到传统的亚洲、美国市场外，中药近年来出口到欧洲市场的数量逐年增加，年平均增长率超过 26%。中药材（包括饮片）主要出口到日本、韩国、美国、德国、新加坡、马来西亚和越南等国家。并且随着中医药的疗效及其在医疗保健中的作用逐步得到承认与肯定，中医药正在被纳入一些国家的医疗卫生保健体系，并促进了中医药的国际交流与合作。

此外，2004 年美国投入大量资金进行中药研究与开发，韩国政府把中医药纳入医疗保险体系，澳大利亚成立中医学会等，都表明中药在世界范围内越来越受欢迎，得到各国的广泛认可，发展前景广阔。

但是，由于种种原因，中药在国际市场上仍处于不利局面。首先，国际市场没有给予中药合法地位，国际上尚无统一、完善的中药管理体制。其次，中药成分作用难以像西药那样科学界定，中药难以作为药品身份进入欧盟市场，目前几乎所有中药只能以食品、营养品、食品添加剂的形式进入欧盟国家。并且部分西方发达国家自身排斥中药，中西文化差异成为阻碍中药国际化的重要因素之一。

在中国，中药材既是中医治病的药物资源，也是化学药品、国际植物药、食品工业等的重要原料。通过对中药材的合理开发利用，可以带动药材加工业、运输业、储藏业、饮食业等相关产业群的发展。在中国，中药材栽培历史悠久，资源丰富，所产当归、黄芪、党参等药材俏销市场。由于中医药是我国国粹，是中华民族优秀传统文化的重要组成部分，几千年来为中华民族的繁衍昌盛做出了不可磨灭的贡献，并且对世界的文明进步产生了积极影响。随着人们健康观念的转变，中医药的优势越来越显著，也更受人们喜爱。在我国，中医药越来越好的发展境况使得中药材产业呈现良好的发展态势，并且盈利能力逐渐增强，尤其是中医素有"药食同源"一说，使得中药材产业在我国迅速发展，并成为甘肃省岷县在我国精准扶贫政策下实现脱贫任务的重要支柱产业。

三、研究内容和研究方法

(一) 研究内容

首先，以岷县中药材产业扶贫为基本素材，以国家精准扶贫政策为基本依据，明确岷县人民的贫困人数、贫困特点以及致贫原因，了解岷县当地中药材产业发展现状,包括种植和加工技术、产业基础设施、经济发展需求以及政策环境等方面的情况,找出岷县中药材产业发展的现存问题。

其次,清楚岷县中药材产业扶贫在精准扶贫中的重要性,分析产业扶贫与精准扶贫的结合是否能有效实现真正意义上的脱贫。此次调查通过对岷县当地农户、合作社以及中药材加工企业的深入调查,以岷县顺兴和中药材有限责任公司、甘肃天容堂药业有限公司、甘肃岷海制药有限责任公司和甘肃九州天润中药材产业有限公司这四个企业的典型产业扶贫案例,农户和岷县益农中药材种植购销农民专业合作社的实际情况进行分析。

最后,根据此次调查分析结果,有针对性地对当地农户、合作社以及中药材加工企业就岷县中药材产业发展现存问题提出合理且有效的对策和建议。

(二) 研究方法

本文应用以下方法分析岷县中药材产业发展现状并提出面向精准扶贫的甘肃岷县中药材产业发展策略。

1. 文献研究法

通过查阅大量国内外相关文献及政策文件,了解岷县精准扶贫历史成果及中药材产业发展现状,找到现有研究成果的空白点及不足之处,使文章内容更加清晰并具有创新性。

2. 实地调查法

在理论研究的基础上,到岷县当地进行实地调查。通过走访农民专业合作社并与其负责人沟通、和农户的面对面交谈,深入了解扶贫政策的落实情况,发现农户与合作社合作过程中遇到的问题。同时,走进企业,了解企业对带动当地经济发展的作用以及力度,获得第一手研究资料。

3. 案例分析法

通过对农户和岷县茶埠镇益农合作社的深访,具体了解其运营机制、发展现状及发展中遇到的困难。提出具有针对性、可操作性的建议。

4. 比较分析法

通过对岷县当地贫困户、非贫困户和脱贫户的比较分析,立足岷县当地贫困户的现实情况,对精准扶贫政策的需求及供给的靶向问题进行对比分析。同时,对本次调查范围内的四家中药材加工企业的发展情况进行分析,对比其带动当地经济发展及帮助贫困户脱贫情况。

(三) 研究技术路线图

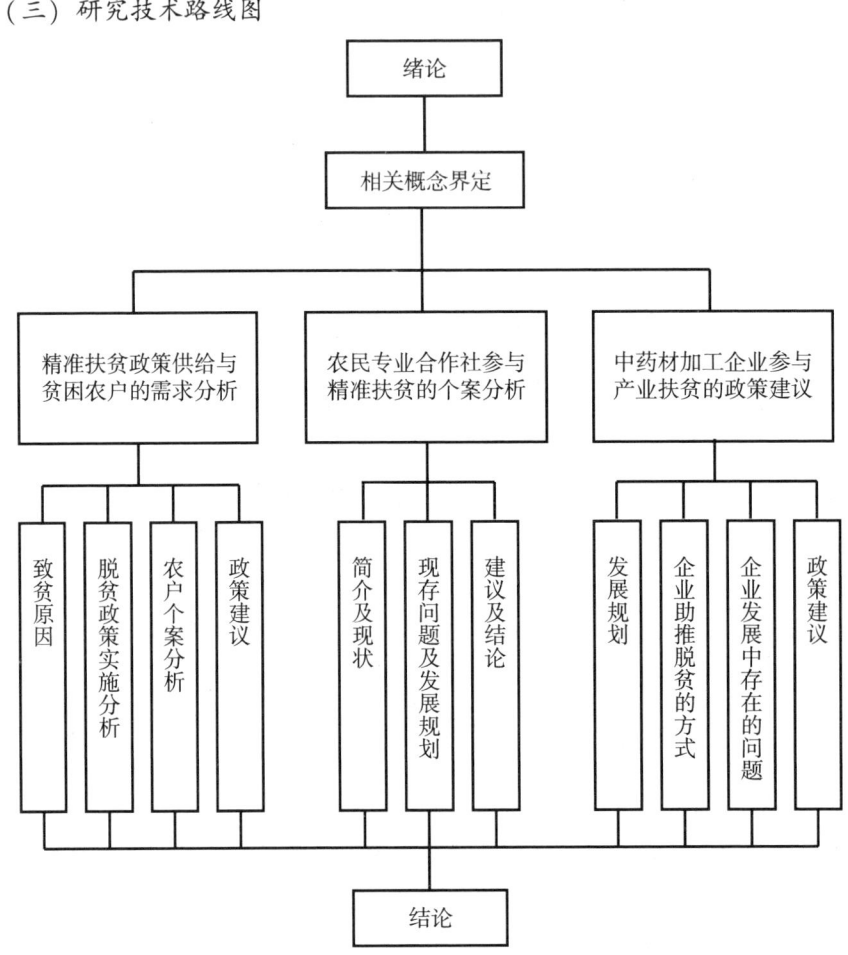

图 7-1　研究技术路线图

第二节　相关概念及政策制度

一、精准扶贫

精准扶贫是指针对不同区域环境、不同农户贫困状况，运用科学有效的程序对扶贫对象实施精确识别、精确帮扶、精确管理的治贫方式。

我国扶贫开发始于 20 世纪 80 年代中期，通过 30 多年的不懈努力，取得了举世瞩目的辉煌成就。2013年10月,习近平总书记在湖南湘西考察时,首次提出了"精准扶贫"的概念(2014年1月,中办详细规制了精准扶贫工作模式的顶层设计,推动了"精准扶贫"思想落地),扶贫工作越往后,内容越丰富,操作性越强,2015年1月,习近平总书记将首个调研地点选择在了云南,习总书记强调坚决打好扶贫开发攻坚战,加快民族地区经济社会发展。扶贫工作的目标是通过实施精准扶贫,达到截至2020年,贫困户稳定实现《中国农村扶贫开发纲要(2011—2020)》(国务院公报2011年第35号)其中目标任务第七条提出的"两不愁,三保障"的目标,确保现行标准下农村贫困人口实现脱贫。

二、产业扶贫

2016年11月23日,《国务院关于印发"十三五"脱贫攻坚规划的通知》(国发〔2016〕64号)在第二章明确指出,农林产业扶贫、电商扶贫、资产收益扶贫、科技扶贫是产业发展脱贫的重要内容。

其中在当地扶贫攻坚中的重要力量——产业扶贫,是指以市场为导向,以经济效益为中心,以产业发展为杠杆的扶贫开发过程,是促进贫困地区发展、增加贫困农户收入的有效途径,是扶贫开发的战略重点和任务。从某一角度看,产业扶贫可看成是对落后区域发展的一种政策倾斜。

此次调查立足于岷县中药材产业,希望能找出充分利用岷县得天独厚的中药材产业优势,及更有效结合当地的产业扶贫政策的方法,加大中药材产业对当地经济发展的带动力度,进而实现全面脱贫的最终目标。

三、建档立卡贫困户

国家对贫困户的界定有其严格的划分标准,而建档立卡就是建立贫困户的相关档案,把贫困户的困难程度记录在案,并分发相应的贫困卡。确认标准是以2013年农民人均纯收入2736元(相当于2010年2300元不变价)的国家农村扶贫标准为识别标准(国开办发〔2014〕24号),各省、自治区、直辖市在确保完成国家农村扶贫标准识别任务的基础上,结合当地实际情况,按照各省(自治区、直辖市)的标准开展贫困户识别工作,进一步筛选出符合建档立卡贫困户条件的家庭进行上报。主要目的就是精准识别贫困对象,搞清贫困户的分布情况,了解其贫困状况,分析其致贫原因,摸清帮扶对象的需求,明确帮扶主体,落实帮扶措施。

四、农民专业合作社

《中华人民共和国农民专业合作社法》由中华人民共和国第十届全国人民代表大会常务委员会第二十四次会议于 2006 年 10 月 31 日通过。又于 2017 年 12 月 27 日，表决通过了新修订的农民专业合作社法，国家主席习近平签署第 83 号主席令予以公布。修订后的《中华人民共和国农民专业合作社法》自 2018 年 7 月 1 日起施行。

农民专业合作社是以提供农产品、农民家庭承包经营为基础，通过提供农产品的销售、加工、运输、贮藏以及与农业生产经营有关的技术、信息等服务来实现成员互助目的的组织。从成立开始就具有经济互助性，拥有一定的组织框架，成员享有一定的权力，同时负有一定的责任。其主要特征为：

（1）以农民为经济主体，构建新的组织形式；

（2）实现劳动和资本的联合，从而形成新的所有制结构；

（3）合作社对内部成员不以营利为目的，将利润返还给成员，形成了新的利益分配制度；

（4）合作社实行入社自愿、退社自由、民主自由、民主选举、民主决策等原则，建构了新的经营管理体制。

此次调查主要针对这一最新政策，具体调查了岷县当地极具代表性的益农中药材种植购销农民专业合作社，并分析了合作社对岷县当地农户及中药材产业的积极作用。

第三节　岷县精准扶贫政策供给与贫困农户需求的分析

一、贫困户致贫原因

（一）劳动力文化素质低

由于种种原因，众多贫困人口因贫困而失学，又因失学而成为新一代贫困人口。劳动力文化素质低，既是贫困的结果，又是造成贫困的原因。由于劳动力文化素质低，发展家庭经济缺计划、缺技术、缺管理能力、缺乏脱贫致富的信心和决心。

（二）自然环境较差

岷县茶埠镇地处山区，虽然自然环境非常适合当归、党参等中药材的生长，但受到地形的限制，农户无法使用机械种植，致使亩产效益较低，若对当地的贫困农户采取常规的扶贫措施，往往会因为自然因素无法从根本上解决种植问题而导致政策的实行效果较差。

（三）收入较低

走访了多家岷县种植中药材的农户家庭，了解到大多数家庭以务农收入为主要收入来源，部分家庭由于种植中药材的收入不能支撑家庭支出，家中的劳动力外出打工。家庭收入比较单一，导致大多数农户极易发生贫困。

（四）思想观念落后

甘肃岷县的经济发展与当地人的思想观念密不可分，由于岷县地处西北地区，与东部发达地区相比，经济发展较为落后，与外界交流甚少，因此，当地人思想较为封建落后，而农户身为社会较低层次的人，对基本的衣食住行的需求是最迫切的，往往固守成规，没有与当今的中国共同发展进步，从而使很大一部分农户成为贫困户。

（五）青壮年劳动力流失严重

受岷县当地经济因素的影响，年轻人在接受高素质教育接触外界环境后，多选择前往外地打工创业。加上岷县当地近年来中药材市场价格变动过大，中药材种植收入不理想，当地就业岗位的收入不足以满足年轻人的生活需求。因此，岷县形成了文化素质高的劳动力流出，当地从事中药材种植的劳动力多以文化素质较低的中老年人为主的现状。

农村主要劳动力流失的同时，人才流失的现象更加严重。不仅人才严重外流，人才的引进更是难上加难。这里的孩子们从小就被教育要好好学习，将来有一天能够走出大山，但是往往只注意到要走出大山开阔眼界，却没有意识到让人才回到家乡、支持家乡的建设的重要性。

二、岷县扶贫政策实施分析

（一）扶贫政策文件与执行

近年来，岷县把贫困村优势产业发展作为增加贫困群众收入的有效途径，根据地理条件、资源优势、贫困程度、发展潜力的不同，因地制宜、因户施策发展特色产业，实现每个贫困村有主导产业、每户贫困户有致富路子、每个贫困劳动力有致富技能。

2015年6月24日，岷县县政协召开九届二十一次常委会议，传达学习《中共甘肃省委、甘肃省人民政府关于扎实推进精准扶贫工作的意见》及市、县有关文件精神，安排部署县政协贯彻落实工作。县政协党组书记、主席梅彦忠主持会议并作了讲话，强调指出，要正确认识"1+17"精准扶贫政策文件的重大意义，紧紧围绕精准扶贫精准脱贫这个中心任务，深入开展调研，为县委、县政府的决策部署提供有分量、有价值的意见建议。要把"三严三实"精神体现在精准扶贫的全过程，在思想上突出一个"民"字，在行动上狠抓一个"实"字，在作风上体现一个"廉"字，推动各项工作抓实见效。

另据了解，截至2019年初岷县已建成覆盖县、乡、村的电子商务三级公共服务体系，拥有乡级电子商务服务站18个，村级电商服务点242个，开设各类土特产网店342家，电商从业人员6320多人，全县电子商务销售额达到8318.75万元。

(二) 成效

为了帮助贫困群众掌握劳动技能，提升自我发展能力，2017年以来，岷县组织县内外50多家用工企业先后深入13个乡镇53个贫困村，举办了"劳动力技能培训+企业招聘"现场会120场次，拓展了贫困群众的就业渠道。同时，整合培训资源，开展订单、定岗、定向、菜单式培训，推进培训、鉴定、输转一体化，累计培训贫困劳动力1274人，完成职业技能鉴定860人。同时，岷县积极协调金融机构加大产业信贷支持，全县共筹集风险补偿基金1062.82万元，发放精准扶贫贷款额度11.84亿元，有效破解了贫困群众发展缺资金的难题。2015年，岷县被国家商务部、财政部确定为全国电子商务进农村综合示范县。岷县县委、县政府高度重视，依托国家电子商务进农村综合示范县项目的实施，通过强化组织、政策、资金"三项保障"，搭建三级公共服务、三级物流配送、电子商务培训"三项体系"，扎实开展"电商企业联系乡镇、乡站联系村点、村点联系贫困户、合作社联系贫困户""帮扶乡村两级服务站点运营、帮群众代购、帮群众代销、帮群众开店"等"联帮带"活动，全县电子商务呈现良好发展态势。逐步探索出了"网店+合作社+贫困户"的电商扶贫新模式，涌现出了聚和泰、琪祥阁、甘农哥等一批全国网上销售知名企业。

(三) 待解决的问题

精准扶贫、精准脱贫，关键是找准路子，构建好的体制机制，在精准施策上出实招，在精准推进上下实功，在精准落地上见实效。贫困地区千差万别，不能套用一个模式，就岷县地区而言，应鼓励地方挖掘一些细化的措施。

精准了解建卡户贫困的原因，按贫困原因分类，找出贫困的根本缘由，例如：缺少优质地膜、化肥、农药等资源，从而帮助贫困户找到解决脱贫的办法，因户因人施策。

在贫困村识别上,不仅要关注贫困发生率和集体经济组织收入情况这两个重要指标,同时还要坚守住民生底线,关注贫困村基本公共服务是否实现。

控制扶贫标准,政策成效确保到户到人,并且精准脱贫标准不能过高,避免导致新的不平衡。

防止虚假脱贫。要按照"两不愁三保障"的要求,制定科学完整的指标体系,既要有收入指标,也要有发展指标,严格程序,从严从细。

三、贫困农户个案分析

(一)茶埠镇

1. 基本情况

(1)人口情况:

2018年初,茶埠镇一共有5089户人,总人口数为23466人,其中农业户5046户,农业人口23070人,占总人口的98.31%,几乎全部从事中药材种植。该镇人口全部为汉族,没有少数民族。

(2)受教育情况:

调查结果表明,茶埠镇贫困农户的劳动力文化素质状况较差,贫困人口中文盲率达44%,贫困人口平均受教育时间为1.63年,远远低于全县人口平均受教育水平。

(3)地理环境情况:

茶埠镇地处山区和半山区,地势由东向北倾斜,山区海拔2580米,半山区2300米,山区高寒阴湿,霜期长,无霜期118天,半山区较暖和,无霜期121天左右。茶埠镇年平均气温4℃,年降雨量586.5毫米。水利资源丰富,洮河、纳纳河和耳阳河纵横流经全镇。

(4)经济情况:

全镇有耕地面积25648亩,人均1.1亩。2006年粮食总产量2975吨,洋芋产量2799吨,药材总产量2309吨,当归产量340吨,农、林、牧、渔总产值2611万元,农业增加值1779吨,农民人均纯收入1550元。

2. 个体分析

农户1:

走访的第一户人家刘某,家中共4口人。老大24岁,初三辍学外出打工,由于打工时脚骨骨折,在家休养近半年,使原本不富裕的家庭雪上加霜,也使刘某一家划入了边缘户;老二16岁,在读九年级,当问及是否想学业有成后回家振兴乡村,老二表示更想去外面的世界闯荡。从事中药材种植的父母学历都为小学一年级,文化水平较低,并且没有技术人员的指导,是凭借自己和祖辈的经验人工种植。

由于家里没有了生活来源,甚至还赔了本钱,为了维持生计,刘某只能外出打工,一年也仅仅挣了10000元。前些年,刘某售卖中药材的方式是自己运到当归城销售,去年加入合作社后,大部分由合作社收购。

在问到种植过程中有哪些困难时,刘某表示药材出售难,受价格因素影响较大。希望政府能够提供更多的销售渠道,并且适当控制中药材市场价格。

图7-2 进行农户访问

农户2:

当地中药材种植户李某,家中共有6口人,其中现在仍在家中从事中药种植的是40岁的李某和其妻子。李某家庭种植中药材的总面积在7亩左右,每年党参、当归和黄芪的种植面积较平均。李某种植所得中药材大多通过商贩收购和自己送到市场来进行出售。家中世世代代从事中药材种植业。茶埠镇当地地形陡峭,李某家主要以传统人工种植方式为主,并依靠长期种植所得的自身经验进行种植活动,未在种植过程中受到技术指导。

2018年,李某在中药材种植过程中投入的种植成本(药苗、化肥、地膜等)

每亩约3000元,由于今年中药材市场价格波动过大、天气情况恶劣、家中中药材利润不理想等原因,年终收入每亩2000元,平均每亩净赔1000元。目前家庭生活开销依靠家人外出打工收入为主,李某表示目前种植中药材的收益不理想,故有缩小种植面积的意愿。

在政府扶持政策方面,李某有享受到政策补贴,且希望政府提供贷款方面的帮助。

农户3:

调查了茶埠镇的周某,周某2018年刚刚脱离当地贫困户户籍。周某家中共有5口人,现从事中药材种植的是51岁的周某和其26岁的儿子。周某未曾接受过义务教育,周某儿子则是初中学历。周某从事种植年限在5年以上,家庭总种植面积为9亩,种植方式为人工种植,且在种植过程中未受到技术人员支持,主要种植依靠传统种植的经验。

图7-3　进行农户访问

2017年周某家庭种植黄芪4亩,当归5亩,党参未种植,家庭种植中药材收入5万元;2018年种植黄芪1亩,党参8亩,当归未种植,家庭种植中药材收入25000元,赔1万元;2019年当地开展万亩当归基地后,周某全部种植当归。周某近年平均种植的净成本投入在每亩500元,在收成好的时候周某家庭在每亩地的净利润可达 3000 元。

调查过程中周某表示,虽然种植的中药材销售情况供不应求,但由于家庭种植所得药材主要依靠药贩收购,存在药贩压价的原因,种植中药材所得的收入不够维持家庭生活的支出。且希望政府能够提供相关贷款方面的帮助。

农户 4:

这户人家有 3 口人,并且一家 3 口都在种植中药材,受访者是一位 66 岁的老爷爷,由于家中收入较低,被选为建档立卡贫困户,这位老爷爷从 20 几岁就开始种植中药材,种了 40 余年。老爷爷希望在进行种植中药材中能够加大种植面积,但是由于家中地的面积有限,这一需求还没有得到满足。

在合作社成立之前,大多数药材是通过自销、商贩收购销售,益农合作社成立后,大多数经由合作社售卖,并且加入合作社后,合作社会提供技术人员进行指导,并对中药材以高于市场价进行统一收购。同时,合作社受到了政府的帮助,且合作社也给予农户一些优惠政策,例如,对于本村村民,合作社对于收购量不进行限制,有多少收多少。这也正是老人家想加大种植面积的主要原因。同时,老人家更希望政府能在优质肥料上提供相应政策。

(二) 麻子川镇

1. 基本情况

(1) 人口情况:

麻子川现辖 9 个村委会,70 个村民小组。总户数 2586 户,其中农业户 2562 户;总人口 11353 人,其中从事农业的人口为 11272 人。总人口中汉族人口 8713 人,占总人口的 76.7%;少数民族中回族、藏族、东乡族、撒拉族等占总人口的 23.3%。

(2) 地理环境情况:

麻子川镇距岷县县城 20 公里。山丘起伏,大山重叠,地形由东南、向西面倾斜,平均海拔 2700 米。境内的大拉梁是高峻雄伟的石山,悬崖峭壁上树木林立,苍翠欲滴,最高峰 3754 米。辖区总面积 170.2 平方千米,其中陆地面积为 159.4 平方千米,占辖区总面积的 93.7%;水域面积为 10.8 平方千米,占辖区总面积的 6.4%。

(3) 经济情况:

当地耕地面积 2.004 万亩,人均 1.7 亩;可利用草地面积 8 万亩,林地面积 12.5 万亩。2003 年粮食总产 2873 吨,洋芋产量 2802 吨,药材总产 899 吨,当归产量 539 吨,农、林、牧、渔总产值 1665 万元,农业增加值 1066 万元,农民人均纯收入 1162 元。

（4）受教育情况：

调查结果表明，麻子川镇贫困农户的劳动力文化程度普遍偏低。当地种植农户的学历大多为小学，也有不少未曾接受过义务教育。其中个别农户家中的最高学历为中专和大专，但学业有成后选择回乡工作的学生几乎没有。

2. 个体分析

农户 1：

当地村委会计家，共有 5 口人，从事种植的人是会计和他的妻子，两位都近 50 岁，家庭其他人员都选择外出打工。据调查，会计家祖祖辈辈都在从事中药材种植，并且多以传统的人工种植为主，且除了几年来政府派人下乡指导农户种植以外，大部分种植知识还是依靠农户长期以来的经验积累。近些年，虽然农户家庭种植的中药材基本全部售出，但由于药贩收购的中药材价位过低，加上当地天气、市场中药材价格波动过大等因素影响，使得该农户今年依靠中药材种植的收入并不理想。

在扶持方面，根据会计本人的说法：当地今年参加了当归万亩基地的计划，麻子川村是扶贫攻坚的一个重点扶贫村之一。当地新成立的合作社，将以农户自愿的形式，以高于市场价格 10% 的价格收购农户未售出的药材。此外，合作社还会在农闲时期对农户进行技术指导，并发放一些地膜和化肥。

农户 2：

麻子川镇书记一家，总共 6 口人，其中书记和他的妻子从事中药材种植工作，年龄分别为 52 岁和 48 岁，其中书记的学历为中专，妻子的学历为小学，与镇里大多数人相比，书记文化水平较高，由于书记一家地处平地，所以采用机械种植，并且在种植过程中有技术人员指导帮助解决了病虫害问题。但是，在种植过程中，仍然存在部分技术问题，由于土壤里的重金属含量无法测量，所以导致中药材收购时质量检测微量元素不达标，最后中药材不能销往加工厂、企业等地，只能拿到市场零售。

从与书记的访谈中了解到，政府虽然在技术人员方面给予支持，但是农户更希望能够给予更全面的帮助，做到精准扶贫。

农户 3：

在调查当地贫困户王某时，了解到王某家庭共 3 口人，但现今仍然从事中药材种植的只有 40 岁的王某与其 38 岁的妻子，家里孩子在上完大专后选择外出打工。王某家庭从事种植时间在 5 年以上，主要依靠家庭世代的种植经验，种植方式还是依靠传统的牛犁地和全人工种植。

王某家庭的收入主要依靠孩子外出打工，部分来源于是中药材种植。家庭种植总面积9亩，其中2019年种植当归5亩，党参和黄芪种植面积分别为2亩；2018年黄芪种植面积有4亩地，党参种植面积2亩，当归种植面积3亩。

王某在谈话中表明目前家庭种植收入的主要问题是中药材市场价格变动太大，利润太低。例如2018年，王某家庭种植的当归卖出总价格5000元；党参的干货收入4000元，湿货5000元，即党参当年总收入9000元；黄芪当年未出售完全，售出部分共3000元。影响王某种植受益的主要问题是收购价钱和天气。天气不稳定导致农户种植出现困难，且收货后难以晒干药材，导致药材损坏。

在政府扶持方面，王某今年刚接受合作社发放的化肥，且受到政府补贴，一亩地约400到500元；此外王某期待政府在农用品（例如：化肥、地膜等）方面的资助，以减轻农户种植成本的负担。

农户4：

李某家住麻子川一社，家中共有4口人，从事种植中药材人口两人，年龄分别为38岁和40岁，但是文化水平都比较低，有的连自己的名字都不会写。李某家为建档立卡贫困户，由于祖辈在种植中药材，所以自己也以种植中药材为生，也依旧采用人工种植的方式，并且从未受过技术人员的指导，种植的中药材也由药贩收购，没有大批量销往大型加工企业。在销售方面，去年的湿党参净利润为4000元，当归由于价钱太低还没有售卖。在经济方面，种植中药材所得收入勉强可以支持家庭支出，但遇到灾害天气，也会入不敷出。李某对于政府新成立的农村合作社表示很愿意加入。希望加入合作社后，能够将中药材卖个好价钱。

四、中药材种植农户的扶贫政策建议

通过调查，大部分村民希望政府给予化肥、地膜、农药等资源，在种植初期，种植成本较高，农户承担能力有限，政府应在此方面给予资助或加大贷款力度，以帮助农户减轻负担。由于农户为了高价售卖中药材，存在大量囤货提价的现象，导致中药材价格变动较大，政府应就此现象做出相应的政策导向。

由于药贩进行收购时大幅度压价，部分村民虽然种植所得的药材在市场上供不应求，但最后纯利润不容乐观，无法维持生计，大部分家庭靠外出打工补贴家用，导致种植中药材的人口越来越少。

在进行精准扶贫工作上面，应该做到"精准"为首，深入到贫困户家中，了解其贫穷的真正缘由，并且精准识别贫困户，避免造成鱼龙混杂的现象。同时政府应该大力宣传精准扶贫的相关政策，落实到每村每户，做到公平、公正、公开地设定贫困户。

第四节 农民专业合作社参与产业精准扶贫的个案分析

一、岷县益农合作社简介

（一）基本情况

岷县益农中药材种植购销农民专业合作社成立于 2016 年 8 月，注册资金 200 万，位于岷县茶埠镇大竜村 88 号，由大学生村官和大竜村村委会主任牵头、村内致富能人和积极参与的贫困户构成，目前共有社员 175 户，其中贫困户 166 户，合作社有党员 5 人、大学生 3 名、科技服务队 1 支。合作社场地占地面积 3200 多平方米，建有厂房 300 平方米，阳光烘干房 150 平方米，办公场所 110 平方米，生活区 100 平方米，并建有 20 平方米的电子商务室。

图 7-4 访员与益农合作社成员合影

(二) 经营情况

合作社主要种植加工当归、黄芪、党参三种中药材的各种规格的产品，2017年合作社种植中药材600多亩，按照标准化生产的要求生产加工中药材80吨左右，通过和外地药商、本地电商等合作，进一步提升中药材价值，年营业额达400多万元。2018年截至目前合作社加工各种中药材130多吨，主要通过药企、电商、东西部协作进行销售，营业额达600多万，带动贫困户166户，间接带动周边村庄农户300多户。

(三) 文化理念

合作社以"凝科技引领脱贫致富，聚众志共筑绿色联盟"为其发展的文化理念，以带领广大社员共同发展为最终使命，尤其是带领全村166户贫困户脱贫致富，只有长久的绿色联盟，才能助推合作社更好、更快地发展壮大。

二、岷县益农合作社现状及脱贫效果

岷县益农合作社旨在带领全村166户贫困户脱贫致富共奔小康，采用"党支部+合作社+电商+贫困户"和"制药企业+合作社+基地+农户"的产业发展模式，"统一采购、统一培训、统一购销、统一加工、统一包装、统一品牌、统一销售"的七统一经营模式，推动"保底分红+经营收益+股权收益"的利益联结机制，建立"政府引导、合作社运作、农户参与、保底分红"的利益连接机制，最大限度地激活了存量资产、自然资源及人力资源，探索出了一条以中药材为主的特色农村发展之路。

(一) 多措并举，促进贫困户增收

一是量化入股分红促增收，合作社于2017年和2018年共为贫困户分红资金92188元。二是资金入股促增收，通过农户自筹资金入股和"三变"改革等相关扶贫资金入股的方式。党的十八届三中全会指出："要加快构建新型农业经营体系，赋予农民更多财产权利。"《中共中央国务院关于加大改革创新力度加快农业现代化建设的若干意见》要求，"推进农村集体产权制度改革，探索农村集体所有制有效实现形式，创新农村集体经济运行机制""开展赋予农民对集体资产股份权能改革试点"，并在该文件中提出了三变改革。从此贫困户变成了合作社的股东，享受8%的保底分红+经营收益+股权收益，贫困户的收入不断增加。三是规范种植促增收，合作社为社员免费提供技术指导服务，发放了中药材种植技术指导手册，在中药材种植、田间管理期间，合作社邀请中药材种植的专业人员深入田间对贫困户进行技术指导。合作社用高于市场价的价格收购社员手中的药

材,每户种植中药材多收入 800 元左右。四是代购农资促增收,即通过和农资供应商沟通协商、达成协议,统一帮助贫困户代购农资,将经销商的利润让利于贫困户,减少贫困户生产投入成本,户均节约成本 200 元,2017 年共代购肥料 40 吨,节约成本 1.2 万元,2018 年帮助贫困户和社员代购肥料 60 吨,帮助贫困户节约成本 2 万元左右。五是吸纳就业促增收,吸纳贫困户劳动力到合作社就业,打造"扶贫车间",贫困户实现了在家门口就业,人均年增收 1.8 万元,合作社还提供了以劳务工资入股的模式,采用 8%保底分红+经营收益+股权收益,做到了随用随取,收益保障,极大地鼓舞了贫困户脱贫致富的信心。六是产品入股促增收,合作社将农户种植的中药材以高于市场价格进行核算,量化入股,采用 8%保底分红+经营收益+股权收益,做到随用随结算,进一步提升了贫困户种植中药材的动力。

(二)东西协作,增加贫困户收入

合作社抢抓东西部扶贫协作机遇,福建省环境保护集团向合作社入股 30 万元,用于发展壮大村集体经济和带动贫困户发展特色产业。同时,合作社加强和东部企业衔接,目前已和永辉超市、心蓝天信息科技、新华都建立业务合作关系,通过东西部协作,吸纳村内贫困户劳动力进行小包装打包工作,提高了中药材的附加值,增加贫困户收入,截至 2019 年初通过东西部协作销售额达 60 多万元,帮助贫困户社员销售中药材 10 吨左右,吸纳临时工 180 多人次。

(三)拓展销路,保障销售渠道稳定

合作社不断拓展自身销售渠道,以保障贫困户种植的中药材销路稳定。一是对接药企销售,合作社和制药企业对接,将贫困户种植的药材直接销售给制药企业,增加产品价值。二是通过电商销售,合作社建立自己的电子商务销售渠道,将精制品通过网络的渠道销售,提升产品附加值。经过近半年的试运营,现在电商日均交易额达 1500 多元,月均交易额达 4.5 万元,合作社新增就业岗位 5 个,月均工资 3000 元。

三、岷县益农合作社发展中存在的问题

(一)缺乏销售渠道

岷县益农合作社成立时间较短,经营规模较小,资金匮乏,经济实力不足,发展能力不强,缺少品牌、格局单一,难以吸引外商与其建立业务合作关系,截至 2019 年初该合作社仅与个别超市有业务合作关系,不足以满足合作社的销售需求。现阶段,该合作社存在吸引线上销售人才难的问题,以致很难进一步开

拓线上销售渠道，致使网络销售进入瓶颈阶段。

(二) 缺乏专业人才

岷县益农合作社想开拓新的销售渠道，发展线上销售模式，但由于该合作社地处岷县偏远山区，生活条件艰苦。且益农合作社仍处于起步阶段，很难提供专业人才与之工作岗位相匹配的薪资，因此，缺乏专业人才来帮助合作社发展是制约其发展速度的重要因素之一。

(三) 加工方式简单

由于国家严格把控质量监管，岷县益农中药材种植购销农民专业合作社不具备 GMP 认证资格，并且没有生产许可证等，所以合作社当前只能进行中药材粗加工，不能形成特色产品，缺乏市场竞争力。

四、岷县益农合作社发展规划

合作社要结合自身实际情况，坚持以贫困户为主体，把贫困户与合作社联结起来，以大竜村 166 户贫困户为示范点，辐射带动全镇贫困户及周边贫困户从事中药材种植、加工、贩运，突出特色产业，实施订单农业销售模式，充分发挥合作社的桥梁纽带作用，按照"551"产业扶贫模式，构建产业链发展，建设 GMP 扶贫车间，提升中药材附加值，达到产业兴旺，贫困户稳定增收的目标，实现如期脱贫。

(一) 建设 GMP 扶贫车间，提升中药材附加值

益农合作社与当地龙头企业合作，靠龙头企业带动、帮助合作社检测产品并建设了 600 平方米的 GMP 扶贫车间，打造"龙头企业 GMP 扶贫车间+合作社+贫困户"的新型产业发展模式。合作社带动周边多镇的合作社发展，由周边合作社负责种植，益农合作社负责加工，进一步规范化合作社运作，提升中药材产品质量，完善中药材产业的利益联结机制，提高规模化经营水平，提升中药材附加值，实现产业转型升级，进而不断提高贫困户收入。

(二) 建立健全标准体系，提升中药材产品质量

实行标准化种植、加工，严格按照行业标准进行生产销售；加快"三品一标"认证，发展合作社自有品牌，重视品牌效益作用，做社会认可度高的产品品牌；建立中药材质量安全追溯体系，不断提升合作社的中药材产品质量，使得由贫困户主导的产业日渐稳定，发展壮大。

(三) 发展订单农业模式，增加贫困户收入

从 2019 年开始，合作社筹划订单农业销售模式，带动周边（以茶埠镇 23 个

村为主，辐射带动周边梅川镇、禾驮乡部分村）400多户贫困户参与其中，建立了1000亩无公害绿色种植基地，打造无公害绿色品牌，抢抓东西部扶贫协作机遇，将优质的中药材销往东部市场，实现"原产地种植、加工，全国终端市场销售"这一目标，将销售终端和贫困户有机结合起来，充分发挥合作社桥梁纽带的作用。这样一来，按照每亩产量250公斤核算，贫困户每亩可增收1250~2000元不等，预计每户可增收4000~5000元不等，极大地增加了贫困户的收入。

（四）建设小型交易中心，帮助农户脱贫增收

合作社探索建立社员产品交易中心，将来采购的药企和社员们直接进行面对面交易，提高中药材价值，减轻社员的运输成本、交易成本，进一步提高农户的收入。

（五）加快营销体系建设，拓展产品销售渠道

合作社不断地拓展自身销售渠道，保障贫困户种植的中药材销路稳定。一是加强东西部协作。合作社加强和东部企业衔接，已和永辉超市、福州市心蓝天信息科技建立业务合作关系的基础上不断加强合作协作，争取和东部更多企业加强衔接，拓展销路。二是对接药企销售。合作社加大和制药企业对接，将贫困户种植的药材直接销售给制药企业，增加产品价值；三是通过电商销售，合作社可以建立自己的电子商务销售渠道，在现有淘宝销售平台的基础上，后期将进军天猫、阿里巴巴、京东、拼多多等销售平台，将精制品通过网络的渠道销售，提升产品附加值。

（六）构建"合作社联盟"

构建"合作社联盟"，将有效实现共享信息资源，统一售价，公平竞争，激发各个合作社的发展潜力，发挥各自优势，使入社贫困户获得更大的收益；构建"合作社联盟"可以缓解应聘专业人才资金短缺问题，实现人才共享，薪资共付的合作模式，切实有效地解决合作社在发展中遇到的问题，又快又好地走好脱贫之路。

五、专业合作社在扶贫攻坚中的作用评价

农民专业合作社是新时期农民群众顺应农村生产力发展要求的重大创造和农业产业经营的组织创新，是做好新时期产业扶贫脱贫的重要载体，是农民进入市场的组织者。以岷县益农合作社为例，在扶贫攻坚中的作用具体表现在以下3个方面。

（一）加强中药材种植专业技术的推广与应用

作为一种农民集体经济组织，专业合作社能够将农户吸纳到集体中去，对农

户进行有效约束和指导。专业合作社由于其自身属性影响，更有助于中药材种植技术的推广，并进行有效管理，既能让农户接受系统性的种植技术培训与实践，又能使先进的种植技术得到有效应用，进而促进中药材的产量和质量的提升。成立益农合作社，能够有效避免小规模分散经营的不足，将茶埠镇当地农户的力量集中到一起，促进新型种植中药材技术的推广与应用，为岷县中药材产业的发展注入活力。

（二）推动中药材产业经济走向产业化、规模化的发展道路

通过成立专业合作社，能使当地零散的农户得以集中起来，实现中药材产业经济规模化、产业化发展，降低种植中药材的成本，提高种植中药材的效率，同时也能有效降低种植中药材过程中的相关风险，使中药材种植实现高效率和高产出。专业合作社的建立，能够有效利用集体力量提高成员自律能力，并使种植技术、生产标准、管理措施以及销售产品更加统一，实现规模经济。同时可以有效降低种植中药材的风险，提高中药材经济产业化与规模化发展水平，进而促进岷县中药材产业的发展。

（三）维护农户切身利益

专业合作社就是以自愿联合的方式将农户组织到一起，改变过去以户为基本单位的产业模式，促进中药材生产组织化水平的提升。很多农民由于自身知识水平因素限制，无法就所遇到问题进行准确反映，并采取相应地解决措施。而对于专业合作社来说，它是代表农民基本利益的组织，能够采取相应的手段向政府和有关部门反映，帮助农户有效地解决各类问题，为农民切身利益提供有效保障。作为一种农民集体组织，专业合作社代表的是农民的意志，能够使相关种植中药材产业的活动得到统一开展，有助于农户在中药材市场竞争能力的提升。

此外，专业合作社能够有效适应中药材产业的发展趋势，妥善解决好中药材产业发展过程中遇到的相关问题及矛盾，代表着农民的基本利益诉求，对中药材产业发展有利。专业合作社的建设，能够增加合作社成员的经济利益，为农民带来有效实惠，从而带领农户走向脱贫致富的道路。

第五节　助力精准扶贫的中药材加工企业

中药材是中医药体系里的重要产业链，近年来岷县中药材产业已形成了种植标准化、加工精细化、营销市场化、产品品牌化的基本格局，形成集育种、种

植、加工、销售于一体的陇药局部产业链。此次调查调查了岷县具有代表性的四个加工企业：岷县顺兴和中药材有限责任公司、甘肃天容堂药业有限公司、甘肃岷海制药有限责任公司和甘肃九州天润中药材产业有限公司，以下分析结果均基于上述四个加工企业的调查数据。

一、中药材加工企业发展现状

（一）药源基地水平不断提高

据调查，上述四个企业均设有自己的中药材种植基地，他们从农户手中承包土地，并派出专业的技术人员进行技术指导，推广专业的种植技术，已基本实现"企业指导—农户种植"这种互利共赢的合作模式，形成了标准化、精细化的种植模式。

随着种植技术的不断提高，企业的产品均出现供不应求的现象，企业种植基地规模不断扩大。近三年基地当归、黄芪和党参种植面积变化如图7-5。

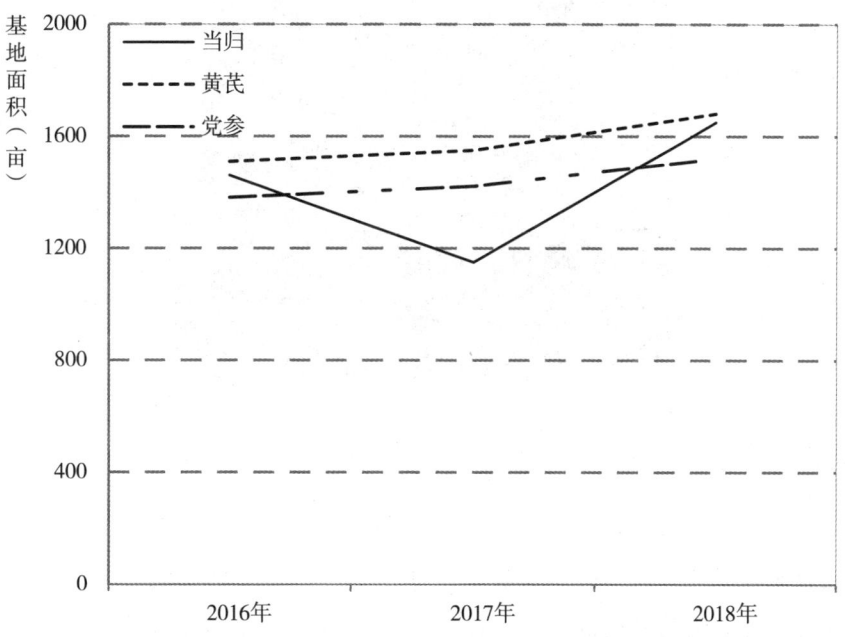

图7-5 近三年基地当归、黄芪、党参种植面积变化图

（二）品牌效应不断提升

甘肃天容堂药业有限公司、甘肃九州天润中药产业有限公司和甘肃岷海制药

有限责任公司生产的中药饮片销售至全国各地。

此外，顺兴和中药材责任有限公司于2008年通过省药监局中药饮片GMP认证，该公司生产的中药饮片主要销往一线城市及国外地区，其中"无硫全归片"广销至中国香港、马来西亚等地。通过与全国其他知名品牌的合作（例如：同仁堂、李锦记和大森林等），互惠互利，品牌效应不断提升。在当地政府的支持下，中央四台记者到企业采访并拍摄纪录片，进一步提升了当地"道地"药材的认可度及企业知名度。

图7-6 中药材加工企业现场

（三）市场不断扩大

通过企业及政府对当地"道地"药材的大力宣传，全国各地及国外客户对岷县的中药饮片和中药制剂都有极大的认可。顺兴和中药材责任有限公司已经将业务发展到海外，海外市场业务占比为10%~20%。此外，其他中药材加工企业也在积极开拓海外市场。

在发展线下销售的同时，大多数企业也致力于发展线上销售，希望走上"线上经营、线下销售"的发展道路。但是由于地域因素导致人才流失，使发展线上销售较为困难。

（四）政策效果

（1）甘肃省人民政府印发的《2019年支持未就业高校毕业生到企业就业项目实施方案》（甘政办发〔2019〕46号）中明确，省财政对通过本项目招聘的毕业生给予每人每月1500元的生活补贴，补贴期限为三年。此政策帮助部分未就业的高校毕业生解决就业问题，同时在一定程度上缓解了甘肃岷县中药材加工企业招聘难的问题。

（2）据实际调查了解到，政府有专门针对中药材企业的项目（例如顺兴和中药材有限责任公司近期申报的烘干房项目）。此外政府对企业减少税收、降低贷款利率等政策都在一定程度上降低了企业的资金压力。

（3）政府对企业的技术人员不定期提供技术培训，政府联系企业之间相互学习，互利共赢，促进了甘肃岷县中药材加工业的发展。

二、中药材加工企业助推精准扶贫的方式

岷县中药材加工企业坚持"精准识别、精准规划、精准帮扶、精准脱贫"的原则，发挥企业综合优势，重点帮扶建档立卡贫困村、贫困户，做到帮扶对象精准、帮扶内容精准，通过村企共建实现企业发展和贫困户脱贫摘帽。

（一）捐赠扶贫

企业发扬中华民族扶危济困的传统美德，弘扬社会主义核心价值观，通过捐款捐物、助学、助残、助医等形式，改善贫困户的生产生活条件。

（二）智力扶贫

企业借助自身的人才资源开展智力帮扶，提供生产技能、经营管理等技术培训，提高贫困户的自我发展能力，帮助贫困户更新生产生活观念，进而提高生产技能和生活质量。

（三）就业扶贫

企业采取多种形式，为建档立卡户提供就业岗位并在招聘时优先录用建档立卡户，加大对其培训力度，提高就业质量，增强劳动力的可持续就业能力，从而形成企业发展、贫困户脱贫摘帽这种互惠共赢的新局面。

图 7-7 访员查看中药材加工产品

三、中药材加工企业在发展中存在的问题及成因分析

(一) 存在问题

通过对岷县四家中药材加工企业的走访调查，根据调查结果总结出以下问题：

(1) 招聘难、人员流动大。由于甘肃岷县地理位置偏远，又被无数大山阻隔，经济发展落后，贫困人口众多，生活条件不理想，很难吸引高知识、高素质人才到此就业，导致该地区出现招聘难、人员流动大的情况。

(2) 企业流动资金缺乏，扩大再生产困难。部分中小型中药材加工企业流动性资金缺乏，导致扩大再生产困难，从而进一步导致企业发展不良、资金紧张，形成恶性循环。

(3) 政府主导的宣传活动对于小型企业效果不明显。中药材产业作为岷县的支柱产业，虽然政府为企业提供宣传平台，不定期举办各类中医药产业大会和博览会等宣传活动，但就政府目前推行的中药材宣传活动而言，主要作用于农户和大型企业，对于小企业受益不大。

(4) 药食同源推广力度不够。随着现代经济社会的不断发展，人们的生活水平不断提高，人们对药食同源养生的理念也逐步加强。但由于人们对药食同源的了解并不深切，同时缺少专业用药指导，导致药食滥用、误用现象渐生，这不仅没有达到预期的治疗效果，还会适得其反。因此，很多人由于缺乏用药指导而对药食同源养生的理念望而却步。

（二）成因分析

（1）招聘难主要受公司影响力、渠道、薪酬、福利等影响。其一，岷县当地中药材企业基本都是中小型企业，并且其影响力在全国范围内不高，缺少行业成果，因此人才到此就业的积极性不高。其二，企业招聘渠道单一、效果略微。各企业与高校合作不强，使高校存在应届毕业生就业难、企业存在招聘难的问题。并且，由于岷县地理位置偏远、经济落后，人均工资较低，生活水平不高，企业开出的工资达不到高水平人才的预期标准。此外，甘肃省人民政府印发的《2019年支持未就业高校毕业生到企业就业项目实施方案》中明确，省财政对通过本项目招聘的毕业生给予每人每月1500元的生活补贴，补贴期限为三年，这项政策虽然在一定程度上解决了大学生就业难、企业招聘难的问题，但在为期三年的补贴期限过后，由于员工自身能力和当地薪资水平问题，所得薪资无法达到预期，加剧了人员流动。

（2）当地中药材企业大部分规模较小，地处位置偏远落后，导致企业融资难，流动资金不足。据了解，大部分企业订单数量远超其生产能力，但由于资金问题，难以扩大生产规模，从而进一步导致企业发展不良、资金紧张，形成恶性循环。

（3）由于部分小型企业规模较小，群众关注度不高，政府为企业提供的宣传平台，以及不定期举办的各类中医药产业大会和博览会等宣传活动，对部分小企业受益不大。这些政府目前推行的中药材宣传活动，主要作用于农户和大型企业。小型企业在参与政府举办的各类宣传活动中，由于自身规模较小，流动性资金不足，无法吸引大客户，使得企业的产品销路不广，企业生产处于被动。部分企业表示，由于无法拓展销路，没有第三方牵线搭桥，订单量受限，资金周转不足，企业只能选择保守的运营模式，即按订单销售，先接订单，收到款项运转再生产。这种运营模式在一定程度上遏制了企业的发展，使得企业难以扩大生产。

（4）随着时代发展，在人们生活水平不断提高的今天，"药食同源"养生理念逐渐进入人们的生活。但又由于缺乏专业用药指导，导致药食滥用、误用现象渐生，使得许多人对"药食同源"这一养生理念望而却步。此外，除了珠三角地区的人们因为对煲汤的喜爱而欣然接受"药食同源"这一说外，在我国大部分地区，人们几乎不会在饮食中加入中药材。尤其是在北方地区，大部分人偏爱辛辣、味道偏重的菜肴，导致中药材难以加入到他们的饮食中。此外，许多百姓都对药材存有敬畏之心，在没有专业的用药指导下，不敢私自用药，更无法轻易接受"药食同源"的理念。

四、对中药材加工企业现存问题的建议

(一) 加强企业与各高校合作

企业可以与高校合作，企业提供实习岗位，高校提供技术人才，形成互利共赢的模式。根据学校教学计划，结合企业实际情况，组织及指导大学生进企业学习，培养学生的职业素质和实际操作能力，为企业输送实用型人才。同时，也能让学生进一步了解自己所学的知识在实践中可能遇到的问题，让学生到企业参观学习，了解企业的需求，让其在今后的学习中更有方向性和指导性。这种方式可以同时缓解企业招聘难、毕业生就业难的现状。

(二) 加强人才吸引力

薪资分配合理化，加强核心岗位的薪资，事情应有主次之分。例如：一条生产线上有多个工位，但是各个工位上的工作不尽相同，对于技术性比较强、劳动强度比较大的岗位，应给予与普通员工不同层次的薪资。同时，要建立企业与员工共同成长、共同发展的运作机制，分享企业利润，留住高端人才。

(三) 企业间共同合作

企业与企业间可以考虑共同合作、互利共赢的运营模式。当企业订单量超于本企业的生产能力时，可以考虑与其他企业合作，让其他企业进行生产并给予其一定的利润。这能在一定程度上解决有的企业订单量不够、生产线闲置、资源浪费以及有的企业由于生产能力所限、无法接下更多订单或者订单无法及时完成导致损失的情况。

(四) 政府加大对小型企业的关注度

对于小型企业知名度小，难以拓展销路的问题，政府应该加大对小型企业的关注度、扶持力度，帮助这些小型企业提高知名度，或者推动小型企业与大中型企业的合作，让企业与企业间互帮互助、互利共赢。

(五) 大力推广"药食同源"理念

岷县拥有中药材种植的优势资源，企业和政府应不断加强当地"道地"药材的推广力度，打造"道地"药材品牌。同时，在全国范围内大力推广"药食同源"的理念，增加岷县"道地"药材的知名度。在岷县当地，政府可以聘请专业用药指导对群众进行"药食同源"宣传，并告知群众如何避免药食滥用、误用现象。了解"药食同源"在生活中的重要性，真正发现身边的"宝"。

第六节 结论与展望

一、研究结论

本章以岷县地区中药材产业和精准扶贫的实施为背景，主要从农户、合作社、加工企业三个方面进行分析，研究精准扶贫背景下岷县中药材产业发展的情况，发现存在的问题并提出合理的建议，并对岷县中药材的发展和精准扶贫政策更好地发展得出以下结论：

（一）龙头企业带头发展

当地龙头企业应对当地精准扶贫政策的发展起到带头作用。政府通过向农户提供技术人员的支持，指导当地农户种出质检达标的中药材，再由当地企业收购。这样既提升了中药材的质量，又使当地农户收入更加稳定且有所增加，让农户保持对种植中药材的热情，保证中药材的产量，进而实现脱贫的目标。

（二）政策"精准"到家

政府在实施精准扶贫时，应做到"精准"到每家每户。深入到贫困户家中，了解其贫穷的真正缘由，并且精准识别贫困户，避免鱼龙混杂的现象。政府应该大力宣传精准扶贫的相关政策，落实到每村每户，做到公平、公正、公开地设定贫困户。精确了解建档立卡贫困户的情况，了解贫困户真正所需要的，拒绝虚假扶贫，同时，扶贫标准应适当，以免出现新的不平衡。

（三）大力发展电商销售模式

无论是农户、合作社还是加工企业，都迫切希望能够发展网上销售市场。但由于存在销售渠道、认证许可、资金短缺等问题，现阶段岷县所形成的电商销售模式不容乐观。只要能把电商销售做强做大，产品附加值提升，就能向脱贫的目标更近一步。在现如今的电商时代，企业和合作社应加大对电商销售市场开拓的关注，投入更多的精力去开拓网上销售市场，为岷县打开更大的销售市场，增加收入渠道，推动岷县经济发展。

（四）政府应加强推广精准扶贫相关政策

避免出现只对大型企业、个别贫困户实施政策的现象。现今，仍有部分农户由于文化程度低、社会信息获取渠道缺乏、对政策实施对象认识不清等原因，对精准扶贫政策了解不够透彻。因此，应加大宣传相关政策，政策实施对象知道自己是否符合相关政策标准,是否能获得政策扶持。同时,加强政策推广也能更好地推动政策的实施,让群众积极配合,积极参与,自强自立,努力实现脱贫愿望。

（五）政府调控药价

在本次调查中发现,由于有部分农户为了高价售卖中药材,而进行大量恶意囤货;同时也有部分收购商恶意压价,在低价时大量购入囤货,高价时完全不收购,导致中药材市场价格变动较大,对零散农户收入造成较大影响。政府应就此现象做出相应的政策导向,对中药材价格进行适当干预,以防出现农户为高价售卖中药材而进行囤货和药贩大幅度压价,从而导致市场价格紊乱的现象。

（六）与高校合作,加强人才吸引力

影响岷县当前发展的一大问题是人才缺乏,要想进一步推动经济发展现状,人才流动大的问题就必须解决。当地企业可以与高校合作,企业提供实习岗位,高校提供技术人才,形成互利共赢的模式。同时要建立企业与员工共同成长、共同发展的运作机制,分享企业利润,留住高端人才。合作社可以考虑联盟,共同合作,一起打造一条专业规范的网上销售渠道,这既能解决单个合作社无法给出聘请高知识高技术人才薪资的难题,又能开拓电商渠道,推动经济发展。

二、未来展望

本次调查从农户、合作社和中药材加工企业三方面进行调查研究。其中,农民专业合作社是此次调查的重点,也是近年来岷县中药材发展新的立足点。通过农民自己的自强自立,共同合作,以及在政府的政策支持下,让当地人民向脱贫目标迈进了一大步。

结合本次调查结果,在参考国内相关文献的基础上,对专业合作社未来的发展研究应该从以下几方面进行考虑:

（一）促进合作社转型升级

当地带动扶贫的主要作用者——合作社在当地转型发展存在问题。长期以来,合作社的运行主要偏重于帮助农民种植与提高中药材产量、质量,但由于当地经济因素的影响,如今的合作社需要按照社会期望向市场销售方向进行转变。

（二）深化企业改革,线上线下齐发展

当地中小型企业大都是订单销售,且当地中药材依靠传统的人工种植模式。面对网络销售高速增长的现状,很多中小企业存在转型困难、市场变动不适应等问题。将其与我国国情相结合,作者认为,未来中药材产业向网络运营方向转变是可行的，但由于受到当地经济的制约，人才引进困难，而发展线上销售模式恰恰需要大量的专业型技术人才，故人才稀缺是限制当地中药材产业发展的重要因素之一。在调查中的大多数企业表示，希望政府在人才的引进和保留方面给予切合实际的帮助。

（三）统一产品标价，实现共生共赢

"道地"药材作为岷县的特色产品，在国内外均享有良好的声誉。由于网络运营模式与传统销售模式存在差异，会对中药材价格产生影响。结合当地中药材产业发展现状及其发展的实践需要，可以将统一质量标价管理引入中药材产业领域，用于解决当地各产业间压价导致产业发展受限的问题，实现各企业共生共赢。

参考文献

[1] 刘军,张彬彬,赵婷.基于模糊评价的风电场有功功率分配算法[J].电工技术学报,2019,34(04):786-794.

[2] 张倩云.基于鲸鱼优化算法的港口吞吐量预测及其模糊评价[D].兰州大学,2018.

[3] 闫丽华,邹德超,王小乐.基于模糊评价算法的环境检测系统的设计研究[J].环境科学与管理,2017,42(12):168-173.

[4] 马剑.基于启发式模糊评价算法的配合加工调度问题研究[J].装备制造技术,2017(05):255-259.

[5] 严娅.去模糊图像的无参考质量评价方法研究[D].中国矿业大学,2017.

[6] 李乃东.基于模糊评价方法的农产品质量溯源系统的研究[D].哈尔滨工程大学,2017.

[7] 王妮,孙建民,李凯,于天彪,张天瑞.一种基于聚类分析与熵权模糊评价的虚拟企业综合决策算法研究[J].工业工程与管理,2016,21(03):25-31.

[8] 杨祥,刘美凤,邓登腾.基于RSSI技术与模糊评价的DV-Hop改进算法[J].微电子学与计算机,2016,33(02):58-62.

[9] 赵东明,朱凯峰.大学生互联网安全意识模糊评价算法的准确性优化[J].科技通报,2015,31(01):249-252.

[10] 林伟.遗传算法和模糊评价方法在教师绩效考核中的应用研究[D].东北大学,2014.

[11] 寇雯玉.智能物流配货与评价体系研究[D].长安大学,2013.

[12] 许佳琦.移动互联网视频业务用户体验质量主客观评测系统研究[D].北京邮电大学,2012.

[13] 刘茜.基于免疫算法和模糊评价的配电网自愈策略研究[D].华北

电力大学,2012.

[14] 周永勇,周湶,刘育明,杨柱石,孙才新,代姚.基于启发式搜索和模糊评价算法的配电网故障恢复[J].重庆大学学报,2010,33(05):78-82.

[15] 曹庆奎,阮俊虎,刘开第.基于隶属度转换算法的矿业投资决策模糊评价[J].河北工程大学学报(自然科学版),2010,27(01):92-95.

[16] 曹庆奎,阮俊虎,刘开第.基于隶属度转换新算法的煤气站安全性模糊评价[J].煤炭学报,2010,35(03):467-471.

[17] 李国军,钟志强.多媒体课件模糊评价及算法实现[J].鞍山师范学院学报,2009,11(06):64-67.

[18] 丛培栋.基于模糊评价法的供应链风险评价算法改进研究[D].苏州大学,2009.

[19] 刘开第,庞彦军,王进杰,眭辉强.质量管理体系运行有效性模糊评价的新算法[J].制造技术与机床,2008(12):32-35.

[20] 赵文清,贾慧敏,钱周信.多因子分层模糊评价法的算法设计探讨——模糊综合评价方法在旅游资源评价中的应用[J].数学的实践与认识,2008(07):8-14.

[21] 陈立君.教学评价的模糊评价模型及算法研究[A].中国人工智能学会计算机辅助教育专业委员会.计算机与教育——全国计算机辅助教育学会第十二届学术年会论文集[C].中国人工智能学会计算机辅助教育专业委员会:中国人工智能学会计算机辅助教育专业委员会,2005:4.

[22] 冯高斌.教学质量模糊评价技术研究[D].国防科学技术大学,2005.

[23] 赵怿甦.数据挖掘在农业环境中的应用[D].天津大学,2004.

[24] 李宗军,滕延燕.软件质量模糊评价模型及其算法[J].青岛大学学报(自然科学版),2004(02):86-90.

[25] 马恩才,朱一胜.常州市钟楼区居民慢性病患病情况调查[J].江苏生保健,2013,15(1):8-9.

[26] 中国疾病预防控制工作进展(2015年)[EB/OL].(2015-04-15).http://www.nhfpc.gov.cn/jkj/s7915v/201504/d5f3f871e02e4d6e912def7ced719353.shtml

[27] 张子武,段占祺,郭小林等.四川省贫困县医疗卫生精准扶贫研究[J].卫生经济研究,2016(12):1-3.

[28] 井珊珊,刘晓云,孟庆跃等.农村慢性病病人家庭疾病经济风险的比较研究[J].中国卫生事业管理,2014(2):76-7984.

[29] 张广科.新型农村合作医疗的疾病风险分担能力研究——基于9省调研的实证分析[J].统计研究,2014(9):70-76.

[30] 林敬德,张雷,余加席等.徐州市城乡居民慢性病疾病负担分析[J].中国公共卫生,2015(2):222-223.

[31] 周开园,张心怡,黎成,等.城镇居民基本医疗保险覆盖人群疾病负担测量分析[J]中国卫生经济,2015(4):31-33.

[32] 李友卫,刘敏,陈波,等.1984-2014年我国慢性病防控相关重要政策的回顾分析[J].中国慢性病预防与控制,2016(8):563-567.

[33] 李利.找准健康扶贫的聚集点[J].中国卫生,2016(3):15-16.

[34] 林俐.供给侧结构性改革背景下精准扶贫机制创新研究[J].经济体制改革,2016(5):190-194.

[35] 程结晶.大数据时代图书馆服务创新的内容及其策略研究[J].情报理论与实践,2016,(3):57-62.

[36] 黄奕祥.健康管理:概念界定与模型构建[J].武汉大学学报,2011,(6):73.

[37] 郝璐,陈黎明,李书章.健康管理现状与发展思考[J].解放军医院管理杂志,2014,(2):159.

[38] 傅治平.六道防线筑起贫困户健康安全网——海南省琼中黎族苗族自治县健康扶贫调研报告[N].海南日报,2017-01-11.